市民後見人養成講座

2 市民後見人の基礎知識

第3版

公益社団法人 成年後見センター・リーガルサポート 編

発行 ⊕ 民事法研究会

第３版の発刊にあたって

公益社団法人成年後見センター・リーガルサポート　理事長　矢頭　範之

　平成28年４月に「成年後見制度の利用の促進に関する法律」が成立し、平成29年３月に、①利用者がメリットを実感できる制度・運用の改善、②権利擁護支援の地域連携ネットワークづくり、③不正防止の徹底と利用しやすさとの調和の３点をポイントとして掲げた５か年計画を期間とする「成年後見制度利用促進基本計画」が定められました。

　そして今般、５か年の中間年度である令和２年３月に「成年後見制度利用促進基本計画に係る中間検証報告書」がとりまとめられました。

　この中間検証報告書においては、「市民後見人の育成に取り組んでいる市区町村は、全体の約４分の１にとどまり、育成研修の修了者数に占める後見人等の受任者数の割合も１割程度にとどまるなど、市民後見人が十分に育成・活用できていない状況である」と指摘されています。

　特に、人口規模が小さい市町村において成年後見人等の担い手が少ないとされていることから、小規模市町村において市民後見人の養成・活用事業が可能となるよう、都道府県が広域市町村による取組みを進めることや法人後見の活用等の適切な支援を行う必要があります。

　また、厚生労働省が公表した「成年後見制度利用促進施策に係る取組状況調査結果（令和２年２月27日付）」によると、市民後見人の養成事業により市民後見人として登録された人数が平成31年４月１日現在で6999人であるのに対し、そのうちの成年後見人等の受任者数は1430人にすぎません。つまりせっかく養成されたにもかかわらず約８割の方が受任できていない状態です。

　よって今後は、より市民後見人が活用されるよう、更なる市町村と家庭裁判所との更なる連携と中核機関等の整備とその機能の充実を進めていくことが肝要です。

　自治体による市民後見人関連事業の嚆矢である東京都が「成年後見活用あんしん生活創造事業」を開始して15年を経ていますが、上記のとおり市民後見人の養成と活用についてはいまだ多くの課題を抱えています。

　このような中、今般刊行する第３版では、民法および介護保険法の改正を網羅するとともに、各地の成年後見制度利用促進の取組みを踏まえ、今後の市民後見人の養成と活用がさらに促進されることを念頭に置き編集いたしました。

　本書は、市民後見人の養成の場面で活用されるほか、市民後見人が本書を傍らに置き、担当する成年後見事務において立ち止まって確認していただくような利用方法を想定しています。

　熱意あふれる市民後見人の皆さまが、その特性を活かし、全国すべての地域で必要な見識と責任をもって活躍され、成年後見制度の利用者がメリットを実感できる制度運用の一翼を担っていただけるよう、また本書がその一助となれるよう祈念しております。　　　　　　　　　　　　　　　　　　　　〈令和2年5月〉

《編者》

公益社団法人成年後見センター・リーガルサポート

〈編集担当〉〔50音順〕

秋浦良子、荒早苗、稲岡秀之、稲田真紀、井上広子、大貫正男、大貫結子、梶田美穂、木村一美、田中智子、中澤明、中野篤子、西川浩之、芳賀裕、本多絵美、松井秀樹、松内邦博、松本恵子、宮崎彩織、矢頭範之、山崎貴子、山﨑政俊、山竹葉子、吉田崇子、吉田剛、和田佳人

《第2巻執筆者一覧（50音順）》

五十嵐　禎人（医師、千葉大学教授）

生宗　悟（笠岡市社会福祉協議会かさおか権利擁護センター）

池田　惠利子（社会福祉士、いけだ権利擁護支援ネット）

伊藤　佳江（税理士、東京税理士会成年後見支援センター）

大輪　典子（社会福祉士・権利擁護センターぱあとなあ東京）

小川　政博（社会福祉士、権利擁護センターぱあとなあ埼玉）

太田　章子（最高裁判所事務総局家庭局付）

沖倉　智美（大正大学教授、社会福祉士）

小田　誉太郎（最高裁判所事務総局家庭局付）

久保　厚子（全国手をつなぐ育成会連合会会長）

小嶋　珠実（社会福祉士、一般社団法人成年後見センターペアサポート）

齋藤　敏靖（東京国際大学教授、精神保健福祉士）

阪田　健嗣（社会福祉士・権利擁護センターぱあとなあ島根）

鈴木　豊子（特定社会保険労務士）

住田　敦子（特定非営利活動法人尾張東部権利擁護センター）

全国健康保険協会

髙見　国生（認知症の人と家族の会）

舘　博文（司法書士、リーガルサポート）

田中　勇（司法書士、リーガルサポート）

橋本　健司（司法書士、リーガルサポート）

長谷川　千種（精神保健福祉士、認定成年後見人ネットワーク「クローバー」）

服部　万里子（立教大学講師、和歌山県立医科大学院非常勤講師）

羽根田　龍彦（司法書士、リーガルサポート）

福島　喜代子（ルーテル学院大学教授、社会福祉士）

細川　博司（横手市地域包括支援センター）

望月　厚子（社会保険労務士、埼玉県社会保険労務士会）

山田　美穂（志木市後見ネットワークセンター）

第 2 章　対象者を理解する・・・・・・・・・・・・・・・・・・・・141

第3章 市民後見活動の実際・・・・・・・・・・・・・・・・・・・・・・・・・・・・・ 205

第4章　対人援助の基礎 ・・・・・・・・・・・・・・・・・・・・・・・・・・・・・・・・・・・・・・ 249

第6章 家庭裁判所の役割

凡例

《法令》

医療介護一括法	地域における医療及び介護の総合的な確保を推進するための関係法律の整備等に関する法律
医療観察法	心神喪失等の状態で重大な他害行為を行った者の医療及び観察等に関する法律
景品表示法	不当景品類及び不当表示防止法
憲法	日本国憲法
後見登記法	後見登記等に関する法律
高齢者虐待防止法	高齢者虐待の防止、高齢者の養護者に対する支援等に関する法律
高齢者住まい法	高齢者の居住の安定確保に関する法律
個別労働関係紛争解決法	個別労働関係紛争の解決の促進に関する法律
児童虐待防止法	児童虐待の防止等に関する法律
障害者虐待防止法	障害者虐待の防止、障害者の養護者に対する支援等に関する法律
障害者権利条約	障害者の権利に関する条約
障害者差別解消法	障害を理由とする差別の解消の推進に関する法律
障害者雇用促進法	障害者の雇用の促進等に関する法律
障害者自立支援法	障害者の日常生活及び社会生活を総合的に支援するための法律
障害者総合支援法	障害者の日常生活及び社会生活を総合的に支援するための法律
精神保健福祉法	精神保健及び精神障害者福祉に関する法律
成年後見制度利用促進法	成年後見制度の利用の促進に関する法律

《団体》

リーガルサポート	公益社団法人成年後見センター・リーガルサポート

《その他》

後見人	成年後見人、保佐人、補助人の総称
被後見人	成年被後見人、被保佐人、被補助人の総称
監督人	成年後見監督人、保佐監督人、補助監督人、任意後見監督人の総称
成年後見支援センター（中核機関）	市民後見事業を実施する後見実施機関

第1章

成年後見にかかわる
法律・制度

I 高齢者施策

●この節で学ぶこと●

　戦後の日本の福祉制度の移り変わりとともに、老人福祉法・介護保険法をはじめとする高齢者をめぐる法制度がどのように変遷してきたか、その経緯を確認したうえで、介護保険制度の下で利用できるさまざまなサービスの内容を理解します。また、高齢者虐待の防止や対応について知識を深めることで、虐待に対し、後見人としてどのような姿勢で臨めばよいのかを学びます。

1 高齢者をめぐる法制度はどうなっているか

　ここでは高齢者にかかわる法制度の概要をつかみましょう。

⑴ 戦後の日本における福祉の移り変わり

　日本では、昭和20年に終結した第二次世界大戦で約300万人の国民が死亡し、広島・長崎の原子爆弾による壊滅的被害のほか、沖縄をはじめとする多くの地域において、多数の人々が家族を失い、家屋や生活基盤、生産基盤が被害を受けています。この戦後からの復興にあわせて、日本の福祉は再生され、こんにちに至っています。戦後すぐの頃は飢え死にする人が出る時代であったことから、福祉の基本は貧困対策から始まりました。

㈠ 日本国憲法25条の登場（昭和21年）

　日本国憲法は、終戦の翌年である昭和21年に制定されました。その25条において、以下のとおり、生存権が定められています。

《憲法25条》
　1　すべて国民は、健康で文化的な最低限度の生活を営む権利を有する。
　2　国は、すべての生活部面について、社会福祉、社会保障及び公衆衛生の向上及び増進に努めなければならない。

　これを根拠とし、親を失い飢えている子どもに対応する「児童福祉法」、戦争で身体に障害を受けた人々に対応する「身体障害者福祉法」、そして、生活困窮者に対応する「生活保護法」がつくられたのです。

㈡ 社会保障制度に関する勧告（昭和25年）

　朝鮮特需により復興し始めた日本において、昭和25年、社会保障制度審議会が

吉田茂総理大臣に対して勧告を出しました。そこでは、社会保障とは「病気、負傷、分娩、廃疾（筆者注：後遺症で仕事などができなくなること）、死亡、老齢、失業、多子その他困窮の原因に対し、保険的方法又は直接公の負担において経済保障の途を講じ」ることであり、社会保障は「社会保険」「国家扶助」「公衆衛生」「社会福祉」の４部門からなるとされ、その責任は国家にあるとしています。これが、国が社会保険や生活保障、福祉を制度化する根拠になったのです。

　(C)　社会福祉事業法（昭和26年）

　この勧告を受け、国は、社会福祉の事業とその担い手に関して、「社会福祉事業法」を定めました。この法律では、社会福祉事業（第１種社会福祉事業、第２種社会福祉事業）、社会福祉審議会、福祉事務所、社会福祉協議会、社会福祉主事、社会福祉法人等の規定が設けられました。

　(D)　福祉充実、国民皆保険の時代（昭和30年〜40年代）

　日本の経済的復興とともに「国民健康保険法」「国民年金法」「知的障害者福祉法」「母子及び寡婦福祉法」（現在の「母子及び父子並びに寡婦福祉法」）「老人福祉法」「児童手当法」等が制定されました。これらにより、日本では、すべての国民が、医療保険や年金による保障を受けられることになりました。また、老人医療費は無料になりました。しかしその後、昭和58年に「老人保健法」（現在の「高齢者の医療の確保に関する法律」）が制定されたことで、老人医療に自己負担が導入されています。老人保健法では、そのほか、老人健康診査、介護老人保健施設などリハビリテーションによる在宅復帰が位置づけられました。

　(E)　福祉改革と民間活力導入（昭和50年〜60年代）

　経済成長と国民生活の向上、高齢化の急速な進展の中で、初めて消費税が導入されました（☞(2)）。その導入目的として、日本の高齢者福祉を支えることがあり、その具体的な目標として「高齢者保健福祉推進10か年戦略」（通称：ゴールドプラン）が策定されました。この中で、高齢者の保健・医療・福祉が一体のものとなり、施設福祉から在宅福祉への転換が行われ、高齢者福祉サービスの量の目標数値が出されたのです。

　この福祉サービスを具体化するため、市町村ごとに、老人保健福祉計画が制定されることとなりました。この高齢者福祉の計画づくりを参考に、市町村では障害者プラン、子育て支援のエンゼルプラン（次世代育成）等の計画策定へと広がりました。

　(F)　社会福祉の基礎構造改革（平成12年）

　戦後の50年間日本の福祉事業を規定してきた社会福祉事業法が、平成12年に

「社会福祉法」に改正・改称されました。これは従来、税金を財源として措置（行政判断）により行われてきた福祉を、利用者みずからが選択でき、自己決定できるしくみへと変えたものです。これに伴い、福祉事業に民間企業などを担い手として活用することや、福祉サービス利用者の負担を応能負担（所得に応じた負担）から応益負担（受けたサービスの量に応じた負担）へと転換しました。これが、その後の介護保険制度や障害者支援費制度における1割負担へと具体化されていったのです。

(G)　介護保険法施行（平成12年）

介護保険のスタートに先立ち、平成10年に「特定非営利活動促進法」が制定され、地域のボランティア等の非営利活動を行う団体が法人格をもつことができるようになりました。

そして、平成9年に制定されていた介護保険法が、平成12年4月に施行されました。介護保険制度では、法人格を有していることが介護事業参入の条件とされ、NPO法人も営利企業も含めて、介護保険の事業者になることが可能となりました。

(H)　支援費制度から障害者自立支援法へ

平成15年には障害者福祉の分野に支援費制度が始まりました。この支援費制度では、身体障害と知的障害のみが対象とされ、精神障害が対象から外れていました。

この支援費制度によって、障害福祉の分野においても受けたサービスの量に応じて支払いする応益負担が導入されることとなりました。ところが、サービスが応益負担になると、障害の重い人ほど職業につきにくく、所得が低い状況であるにもかかわらず、サービスを多く利用し自己負担が多くなることから生存・生活することが難しくなるため、見直しの必要性が指摘され、再度の見直しが行われました（☞Ⅱ）。平成17年に「障害者自立支援法」が制定され、身体障害・知的障害・精神障害の3障害を統合した福祉制度となりました。この「障害者自立支援法」も自己負担が前提になっており、平成22年「障害者総合支援法」に変わり、難病も含め障害の特性を配慮した選択制の導入が行われました。

(2)　日本の社会保障給付費の推移と対応に向けた課題

このような高齢者・障害者等を取り巻く福祉政策が充実する一方で、社会保障給付費は高騰を続け、その負担に国民がどのように対応していくのかという課題が投げかけられるようになりました（図表2-1）。

平成元年に高齢者福祉への対応を掲げて3％の消費税が導入されました。これが、平成9年には5％にアップされ、平成24年には「社会保障と税の一体改革」

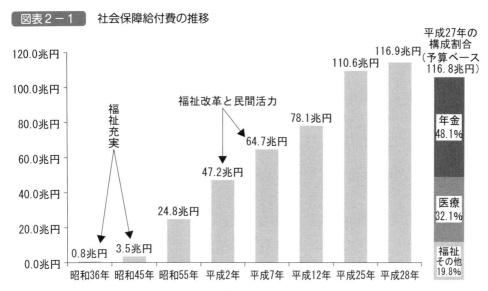

図表２－１　社会保障給付費の推移

（出典）　国立社会保障・人口問題研究所「社会保障給付費」

として、消費税率の上昇と社会保障の見直しが法制化されました。平成26年には
８％になり、平成31年（令和元年）には10％にアップされました。

<u>(3)　老人福祉法に基づく主要な高齢者福祉サービスの内容</u>

　日本では、昭和30年代から40年代にかけて国民健康保険制度が導入され、誰も
が健康保険の下で医療サービスを受けられるようになりました。また、加齢によ
り退職した高齢者の生活を支える国民年金制度が制定され、老後の経済の安心が
確保されました。このような中、高齢者の福祉を法制化した老人福祉法が昭和38
年に制定されました。全国の老人パワーで制定された、世界で初めて「老人」名
の付いた法律です。

　この老人福祉法では、現在、以下のような高齢者向けの事業（サービス）が定
められています。この①～⑥を老人居宅生活支援事業といいます（老人福祉法５
条の２第１項）。

　①　老人居宅介護等事業（老人福祉法５条の２第２項）　　居宅で、入浴、排泄、
　　食事等の介護を行うサービスです。介護保険法では、居宅介護サービス費、
　　定期巡回・随時対応型訪問介護看護もしくは夜間対応型訪問介護の地域密着
　　型介護サービス費、介護予防訪問介護サービス費などがあります。

　②　老人デイサービス事業（老人福祉法５条の２第３項）　　日中、送迎付きの
　　デイサービス（通所介護）を行うものです。

　③　老人短期入所事業（老人福祉法５条の２第４項）　　施設などにショートス
　　テイするものです。

④　小規模多機能型居宅介護事業（老人福祉法5条の2第5項）　　介護保険の
サービスで、ホームヘルプサービス・デイサービス・ショートステイを1つ
の事業所がまとめて行います。

⑤　認知症対応型老人共同生活援助事業（老人福祉法5条の2第6項）　　介護
保険のサービスで、認知症高齢者を対象としたケア付き住宅のサービスです。
グループホームともいわれます。個室、3食付き、9人までの小規模で行わ
れます。家賃・食事代は自費で、介護サービスについてのみ介護保険の対象
となります。

⑥　看護小規模多機能型居宅介護事業（老人福祉法5条の2第7項：平成27年に
複合型サービスより名称変更）　　介護保険のサービスで、訪問介護、訪問入
浴介護、訪問看護、訪問リハビリテーション、居宅療養管理指導、通所介護、
通所リハビリテーション、短期入所生活介護、短期入所療養介護、定期巡
回・随時対応型訪問介護看護、夜間対応型訪問介護、認知症対応型通所介護
または小規模多機能型居宅介護を、2種類以上組み合わせることにより提供
するパッケージ化されたものです。現状では訪問介護、訪問看護、通所介護、
ショートステイの4種が組み合わされ提供されています。

⑦　福祉用具の給付・貸与（老人福祉法10条の4第2項）　　ベッドや眼鏡、杖
などのレンタルや、ポータブルトイレの購入費の負担を介護保険で賄うもの
です。

⑧　老人健康保持事業（老人福祉法13条1項）　　地方公共団体が、老人の心身
の健康の保持に資するための教養講座、レクリエーションその他広く老人が
自主的かつ積極的に参加することができる事業を行うものです。老人クラブ
等が実施しています。

⑨　老人福祉施設（老人福祉法5条の3）　　老人デイサービスセンター、老人
短期入所施設、養護老人ホーム（経済的困窮者で養護を必要とする人の老人ホ
ーム）、特別養護老人ホーム（身体上・精神上の著しい障害により介護を必要と
する人の老人ホーム）、軽費老人ホーム（無料・低額で食事など日常生活の便宜
を与える入所施設）、老人福祉センターおよび老人介護支援センター（地域の
老人福祉の相談窓口）のことをいいます。

(4)　居住サービス

(A)　有料老人ホーム（老人福祉法29条）

有料老人ホームとは、常時1人以上の老人を入所させて、生活サービスを提供
することを目的とした施設です。(3)の老人福祉施設には含まれません。

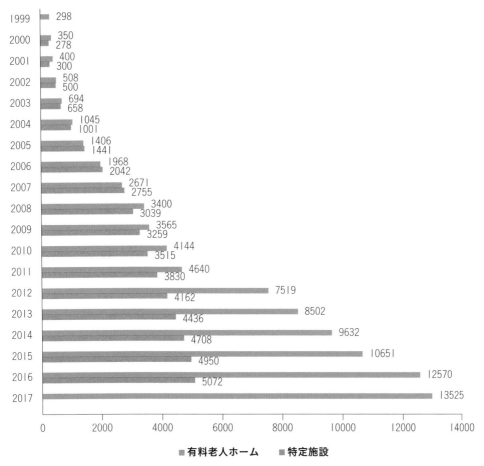

図表2−2 有料老人ホームと特定施設数

年	有料老人ホーム	特定施設
1999	298	
2000	350	278
2001	400	300
2002	508	500
2003	694	658
2004	1045	1001
2005	1406	1441
2006	1968	2042
2007	2671	2755
2008	3400	3039
2009	3565	3259
2010	4144	3515
2011	4640	3830
2012	7519	4162
2013	8502	4436
2014	9632	4708
2015	10651	4950
2016	12570	5072
2017	13525	

■ **有料老人ホーム**　■ **特定施設**

(出典)　有料老人ホームについては厚生労働省「社会福祉施設等調査」、特定施設については
　　　　独立行政法人福祉・医療機構 WAN NET。

　ここでいう「老人」とは、65歳以上の高齢者を指します。また、有料老人ホームを運営するには、設置者は、事前に都道府県に届け出ることになっています（届出制）。介護保険が導入される以前は数も少なく（全国で300カ所未満）、一定程度の資金がある人が入所する高額なタイプが多くみられました。介護保険が導入された後は、賃貸型で個室（トイレ付き）、食堂や風呂が別の小規模（30人〜50人程度）のタイプが増えており、設置数も急増しています。また、(B)に説明する特定施設入居者生活介護事業者になるところと、ならないところがあります。

　(B)　特定施設入居者生活介護（介護保険法）

　有料老人ホーム、軽費老人ホーム（ケアハウスを含みます）、養護老人ホーム、旧適合高齢者専用賃貸住宅を運営する事業者が、人を雇用し、介護サービスを提供する事業を行うことを都道府県知事に届け出ると、介護保険法における特定施設入居者生活介護の事業者としての指定を受けることができます。ここは終身介

護を受けることができます。この場合には、介護サービスについてのみ介護保険が適用されます。また、みずから介護サービスを提供するのではなく、介護サービス事業所と提携して、外部から介護サービスを導入するタイプの「外部サービス利用型」という特定施設入居者生活介護もあります。

　特定施設入居者生活介護の介護保険の単価は決められており、利用者は1割負担です（平成27年8月からは、一定以上の所得がある人は2割負担、平成30年からは3割負担となっています）。

(C)　シルバーハウジング（世話人付き高齢者賃貸住宅）

　昭和62年から当時の建設省と厚生省により制度化された世話人（LSA：ライフ・サポート・アドバイザー）が配置された高齢者賃貸住宅です。住宅はバリアフリー対応で台所・風呂・トイレがあり、緊急通報装置が整備されています。LSAは入居者の相談や緊急通報による安否確認を行います。事業主体は公的住宅供給主体（地方公共団体、住宅・都市整備公団、地方住宅供給公社など）で、入居対象は日常生活において自立可能な60歳以上の高齢者単身世帯、高齢者のみからなる世帯、または高齢者夫婦世帯です。介護が必要なければ自宅と同様に外部からサービスを導入します。

(D)　サービス付き高齢者向け住宅（高齢者住まい法）

　サービス付き高齢者向け住宅は、厚生労働省と国土交通省が共同で制度化したものです。平成18年にスタートした高齢者住まい法が平成23年4月に改正され、新たにサービス付き高齢者向け住宅が制度化されました。入居者の安否確認と相談への対応が付帯サービスとして位置づけられています。従来の高齢者専用賃貸住宅（高専賃）が変わったものです。

　サービス付き高齢者向け住宅が導入されるまでは、高齢者専用賃貸住宅等が全国でつくられていました。この高齢者専用賃貸住宅（高専賃）、高齢者円滑入居賃貸住宅（高円賃）、高齢者向け優良賃貸住宅（高優賃）は、平成23年の高齢者住まい法への改正により、平成24年3月で廃止となりました。ただし、制度が廃止された後も、それまでと同じように事業を行うことができ、その場合には、平成24年3月31日までに、「サービス付き高齢者向け住宅」として登録を行うか、老人福祉法における「有料老人ホーム」（住宅型有料老人ホーム）の届出を行うなどの手続が必要となりました。この手続をしない場合には、「無届施設」となります。

　サービス付き高齢者向け住宅では、居室の広さは高専賃と同じ25㎡とされています。ただし、食堂や風呂を共有にすれば、18㎡とすることも可能です。住宅は、

手すりの設置、段差解消を行うといったバリアフリーが条件です。この住宅に介護サービスを併設することで、効率的にサービスを提供することができます（図表2－3）。住宅については、民間住宅メーカーが建設して賃貸で貸与し介護事業所が介護サービスを自費と介護保険で提供するタイプや、介護事業者が一体的に建設・賃貸サービス提供をするタイプができています。また、既存の他の介護サービスにサービス付き高齢者向け住宅を併設するタイプや医療機関に併設するタイプなどがあります。

　平成23年10月から受付が始まり、平成28年3月末で20万戸が登録されました。

図表2－3　サービス付き高齢者向け住宅（サービスは安否確認と相談機能）

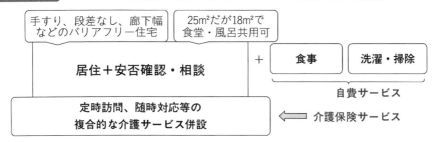

介護サービス併設（定時巡回随時対応型＋看護・介護）や通所などについて、複数のサービスを併設させることで、効率的なサービス提供をします。営利法人、社会福祉法人、医療法人も運営することが可能です。

図表2－4　介護が必要になったらどうするか？

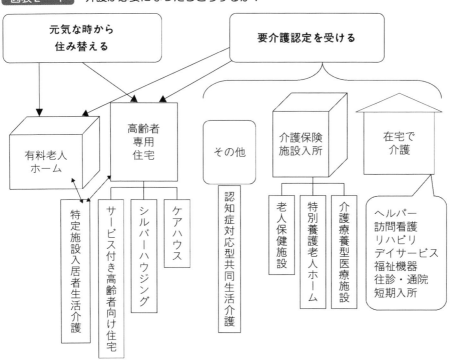

厚生労働省は、10年間で60万戸をつくる計画です。

2 介護保険制度

(1) 介護保険とはどのような制度か

(A) 介護保険制度の概要

日本は世界で最も高齢化が進んだ国になりました。高齢者人口は増加し、その半面で全人口は減り始め、同時に少子化も進んでいます。一人暮らしの高齢者や老夫婦のみの世帯が増え、3世代同居世帯は全世帯の2割を割り込んでいます。介護が必要になっても、家族だけでは対応できない状況が拡大してきたのです。

介護保険は、高齢になり介護が必要になったときに、保険で介護サービスを受けることのできる公的なしくみとして、平成12年に導入されました。強制加入であり、65歳以上の人および40歳〜65歳の医療保険加入者が保険料を支払うことになります。そして、介護が必要になれば、居宅サービスや施設サービスを受けることができ、その利用料の9割が介護保険で賄われ、利用者は1割を負担することになります（平成27年8月からは、一定以上の所得がある人については2割負担、平成30年8月から3割負担となっています）。

平成18年度には介護保険法が改正され、従来の施設サービス・居宅介護サービスに加え、市町村の住民だけが受けられる地域密着型サービスが創設されました。

(B) 被保険者、介護保険料

介護保険の被保険者は、40歳以上の国民です。

強制加入とされており、40歳以上になると、健康保険料に上乗せされて、介護保険料を支払うことになります。2号被保険者の場合、保険料の個人負担は半額で、残りの半額は事業主が負担します。65歳になると介護保険料は年金から徴収されることとなり、保険料の全額を支払います。

65歳以上の介護保険料は年金額や他の所得に応じて9段階に設定されています（段階は市町村で分化できます）。また、市町村ごとに保険料が異なります。介護保険料は、3年ごとにサービス給付額を予測して見直され、市町村議会で決定と、各市町村の決定で介護保険料が決まります。

(C) 介護保険を利用するには要介護認定が必要（図表2−5）

介護保険では、健康保険とは異なり、保険証があればサービスを受給できるというしくみではありません。保険者（市町村）の要介護認定を受けることで、要介護等の必要性が認められ、介護保険証に要介護度と有効期間が記載され、介護

保険サービスを受給することができるようになります。要介護認定を受けるためには、市町村に申請書を提出します。

　要介護等の認定を受けると、その結果は介護保険証に記載されます。その要介護度により、居宅でサービスを利用する場合の保険給付額の上限が定められ、受給できるサービスの種類も決まることになります。要介護度によっては使えないサービスもあります。

　図表2－5の要介護度別の金額は、自宅で介護を受ける際に、毎月介護保険で支払われる金額の上限です。介護サービスには、それぞれの単価が決められており、自宅で利用したサービスの1カ月の総額の1割を自己負担し、9割（平成27年8月からは、一定以上の所得のある人は2割負担・8割給付、平成30年から3割負担、7割給付となっています）が保険から支払われることになります。要介護度別の上限を超えた分は全額が自己負担になります。平成27年8月から、サービスを利

第1章

図表2－5　要介護認定の手続の流れ

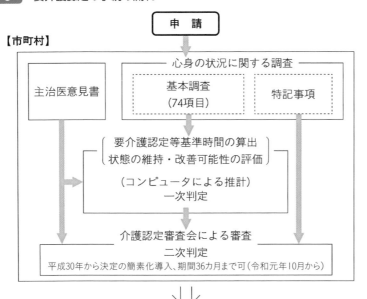

要介護度	新単位	旧単位
要支援1 （290円）	5万0320円	5万0030円
要支援2 （580円）	10万5310円	10万4730円
要介護1 （730円）	16万7650円	16万6920円
要介護2 （890円）	19万7050円	19万6160円
要介護3 （1170円）	27万0480円	26万9310円
要介護4 （1320円）	30万9380円	30万8060円
要介護5 （1520円）	36万2170円	36万0650円

用するときに、介護保険証に加え、負担割合証が必要になり毎年更新されます。

　施設に入所した場合などは、上記金額とは関係なく、施設の種類別に、１日に介護保険から支払われる額が定められており、その１割（または２割または３割）が自己負担になります。また、家賃の支払いと食事代が自己負担になります。

　⒟　サービス利用契約を結び自己負担を支払う

　サービス利用者は、みずからの選択に基づいて、サービス事業所と契約を行い、サービスを受けます。

　サービスを利用するにあたり、利用者の相談に乗り、ケアプラン作成のサポートをするのが、ケアマネジメント事業所（居宅介護支援事業所等）の介護支援専門員（ケアマネジャー）です（図表２−７）。

　サービスを利用する場合、要介護度に応じて定められた給付限度額の枠内のサービスを利用したときは、利用者が利用料の１割（または２割または３割）をサービス事業者に支払い、残りの９割（または８割または７割）は、保険者（市町村）から直接、サービス事業者に支払われます。給付限度額を超えたサービスは、利用者が全額を負担することになります。サービス単価は国が定める公定価格で、３年ごとに見直しが行われ令和３年から変更が予定されています。

　サービス事業所は毎月、介護給付費申請書等を国民健康保険団体連合会へ送付します。一方、ケアプランを作成したケアマネジャーが毎月、サービスについて

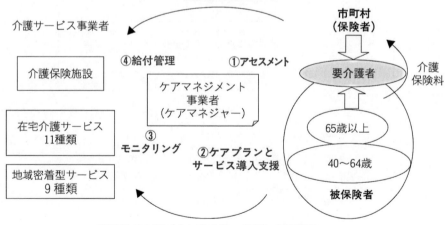

図表２−６　介護保険とケアマネジメント

**利用料の９割（または８割・７割）は保険者から
サービス事業者に支払われる**

※ケアマネジメント（居宅介護支援と介護予防支援）のみは自己負担ゼロ。
※第２号被保険者は、特定疾病等（加齢に伴う介護の必要な疾患）が原因で要介護・要支援になった者に限られます。

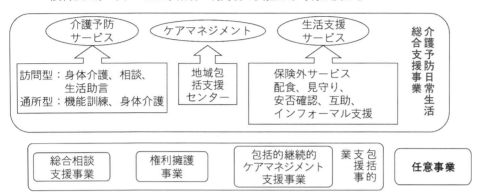

図表2－7　介護予防日常生活総合支援事業

○対象者は、要支援＋65歳以上の2次予防対象者（要介護のおそれのある人）
○市町村の判断で行い、利用者の状態増や意向に応じて、予防給付か総合サービスかを市町村が判断する⇔適切なケアマネジメント
○財源は、予防給付と同一（国25％・都道府県12.5％・1号保険料20％・2号保険料30％）でサービス事業者・利用者の負担は市町村が決める

の給付管理（請求書チェック）を行います。要支援の人は、予防プランを契約した地域包括支援センターが予防の給付管理を行います（地域包括支援センターは居住地ごとにどこの地域包括支援センターかを市町村が定めています。選択はできません）。

　(E)　介護保険サービスの自己負担とその軽減措置

　このように、介護サービスの利用者は、介護保険サービスを利用した額の1割（または2割または3割）を自己負担しますが、その負担額にいくつかの軽減措置があります。

　第1は、毎月の負担が一定額を超えると支払った額が戻る「高額介護サービス費」です。その世帯の所得により、自己負担額の上限が異なりますが、どの所得でも一定金額を超えた負担額が利用者に還付されるしくみになっています。

　第2は、施設やショートステイを利用する場合に、非課税世帯の人を対象に家賃（居住費）や食事代の自己負担額を減らす「負担限度額認定証」の発行です。

　第3は、平成20年4月から導入された「高額医療・高額介護合算療養費制度」です。これは、同じ世帯で医療保険と介護保険の両方を利用した場合に、年単位で、さらに自己負担の軽減を図る制度です。

　そのほかに、所得が低い人は1割負担が3％などに減額される措置もあります。

　これらの手続の窓口は介護保険証を発行している市町村です。地域包括支援センターや担当ケアマネジャーに相談してください。

　(F)　サービス事業所の指定

　介護保険が適用されるサービスを提供する事業所（介護給付・予防給付）は、都道府県から指定を受けなければ、介護保険が適用されるサービスを提供することはできません。指定は、サービス種別ごと、事業所ごとに受けることになります。

　指定基準を満たさない事業所は介護保険でサービスを提供することはできませんので、利用者がサービス利用料の全額を負担することになります。また、指定を受けた事業所でも、違反や不正があった場合には、指定が取り消されることがあります。指定基準としては、サービスの質を保つために、運営基準、人員基準、設備や建物の基準などが定められており、その内容は、サービスによって異なります。

　介護保険のサービスのうち、平成18年度から誕生した地域密着型サービスについては、市町村が指定を行います。したがって、サービス事業所の有無や量は、市町村により異なります。

　指定を受けた事業所では、6年ごとに指定の更新が必要となります。更新されない事業所は、それ以後、介護保険でサービスを提供することができなくなります。

⑵　介護予防のしくみ

㈠　平成18年度から軽度と中重度で給付が分化された

　平成17年に介護保険法が改正され、平成18年度から、要介護認定の段階が、従来の6段階（要支援・要介護1〜5）から7段階（要支援1・2、要介護1〜5）へと変更されました。従来「要介護1」の人は、有効期間が切れる「要介護認定の更新」のときから「要介護2」になります。「要介護1」の認定は「認知症」など一部に限定されました。

　要支援1と要支援2の軽度要介護者については、地域包括支援センターが介護予防プランを作成し、介護予防サービスを利用するようになりました。

　要介護1〜5に認定された人は、従来どおりケアマネジャーがケアプランを作成し、介護サービスを利用します。

㈡　介護予防日常生活総合支援事業

　平成23年に、2回目の介護保険法の改正が行われました。

　この改正の中で、要支援と認定された人への予防給付を、市町村の判断で、介護保険の予防給付から外れ市町村事業である「介護予防日常生活総合支援」へと切り替えられる変更が行われました（図表2−7）。予防デイサービスや予防訪問介護サービスなどの予防給付とするか、地域の支え合いを基礎とした日常生活

支援で対応するかについては、市町村が判断します。平成27年の介護保険制度改正で、要支援の予防訪問介護は予防サービスから外れました。予防給付も介護予防日常生活総合支援も財源は同じですので、市町村は介護保険からの給付額を減らすことができます。

(C) 平成27年度介護保険制度改正

平成26年に医療介護一括法が制定され、平成27年4月から施行されました。主な改正の内容は次の10点です。

① 平成27年8月から、所得に応じ、2割の自己負担に変更された。

② 平成27年8月から施設・ショートステイの家賃・食事代の低所得者への減額条件について、資産（預金貯金、株券、国債、タンス預金）が届出制に変更された。

③ 65歳以上の第1号被保険者について、介護保険料は9段階に変更し、最低を平均の30％にした（従来50％）。

④ 重度者に絞るために、予防訪問介護サービス、予防通所介護サービスは、平成27年度〜29年度内に市町村事業へ移行する。

⑤ 要支援については、原則として認定をせず、チェックリストでサービス利用の可否を決める（市町村が決定）。

⑥ 平成27年4月から入所条件を変更し、特別養護老人ホームの入居要件は要介護3以上とする。

⑦ 居宅介護支援事業所の指定は都道府県から市町村に変更する（平成30年4月）。

⑧ 住宅改修について、事業所は届出のあるところに限定される。

⑨ 小規模通所介護の条件が定員18人以下に変更になり、平成28年4月から地域密着型サービスに移行（療養通所介護も同様）。

⑩ お泊りデイサービスについて、従来は保険対象外として基準が定められていなかったが、平成27年4月に人員、設備、利用基準のガイドラインが定め、都道府県への届出制に変更された。

(D) 平成29年介護保険法改正のポイント

平成29年の介護保険法等の改正による平成30年の介護保険制度改正で以下5点が変わりました（④⑤を除き平成30年4月施行）。

① 市町村の評価を毎年行い、その成果に合わせて市町村に「金」出す税制インセンティブの開始。

② 小規模多機能型サービス等を普及するためデイサービス等に指定拒否のしくみ導入

③ 介護療養型医療施設は「医療」「看取り」「生活支援」機能の「介護医療院」に移行

④　地域共生型社会の実現のため、障害者福祉、児童福祉に共生型訪問介護、共生型デイサービス、共生型ショートステイが誕生した。

⑤　介護保険に所得に応じて３割負担導入（平成30年８月施行）

⑥　40歳以上の介護保険納付金に人数比例から「報酬額に応じた負担」導入（平成29年８月分より適用）

3　介護保険で利用できる在宅・施設サービス

(1)　介護サービスにはどのようなものがあるか

(A)　施設サービス

介護保険施設としては、介護老人福祉施設（特別養護老人ホーム）、介護老人保健施設および介護療養型医療施設の３種類があります。なお、介護療養型医療施設は「介護医療院」になります。

(a)　介護老人福祉施設（特別養護老人ホーム）

昭和38年に制定された老人福祉法に基づいて設置された老人福祉施設サービスです。寝たきりの高齢者と、認知症で介護が必要な高齢者が対象とされています。

ケアマネジャーの作成する施設サービス計画に基づいて起床から食事、排泄、入浴、移動、リハビリなど、生活全体の介護が、施設プランに基づいて個別に提供されます。

従来は４人部屋が基準でしたが、介護保険では、平成13年以後に申請する特別養護老人ホームについては、個室で10人単位のユニットケアが基本になりました。平成13年以前からあった特別養護老人ホームについても、ユニット型への転換が進められています。現在は約40％が個室ユニットです。入所100人に１人のケアマネジャーを配置され施設ケアプランに基づくサービスを利用します。

(b)　介護老人保健施設

昭和58年に制定された老人保健法に基づいて、昭和62年に運営が開始された施設です。管理者は医師とされています。病院の退院患者や施設入所者、または在宅要介護者が、入所してリハビリをし、在宅に戻るための在宅復帰施設です。平成12年からは介護保険法に位置づけられました。

ケアマネジャーの作成する施設サービス計画に基づいて、看護サービスや医学的管理の下で、介護、機能訓練、必要な医療が提供されます。

(c)　介護療養型医療施設

介護保険が適用される医療に対応する老人病床です。精神科の病床で、認知症

への専門的な対応をする慢性期の認知症疾患療養病棟もこれに含まれます。

　認知症や精神障害など、特別養護老人ホームや介護老人保健施設ではケアできないような、重度の認知障害のある要介護者が対象です。平成29年の介護保険法改正により、「介護医療院」に変わることになりました。

(B)　居宅サービス

　居宅サービスとしては、訪問介護、訪問入浴介護、訪問看護、訪問リハビリテーション、通所介護、通所リハビリテーション、居宅療養管理指導、短期入所生活介護、短期入所療養介護、特定施設入居者生活介護、福祉用具貸与があります。

　居宅系のサービスとしては、このほかに、特定福祉用具購入、住宅改修、居宅介護（介護予防）サービス計画（ケアプラン）作成のサービスがあります。

　そして、これらのサービスを受けるにあたり、居宅介護支援（ケアマネジメント）によって、総合的な支援計画を立てることになります。

(a)　居宅サービスを利用する前提としての居宅介護支援

　介護保険の居宅サービスを利用するにあたり、利用者は、居宅介護支援により、生活の再構築の支援を受けます。要介護度、介護が必要になった原因、現在の生活上の課題、病状の管理、今後起こりうる状態悪化の危険性を予測してその予防を行うなど、総合的な支援を組み立てます。

　また、介護者の負担を軽減し、金銭的な負担を考慮しながら、要介護者みずからの力や意欲を活かせるように支援します。状態によっては、施設入所や医療機関への入院などについて、必要な情報提供なども行います。

(b)　訪問介護

　訪問介護は、身体介護、生活援助、通院等乗降介助の３種に分類されます。

① 　身体介護：更衣、洗面、移動、整容、排泄、食事、入浴、清拭、体位交換、移乗や移動、通院、外出、就寝、自立支援の見守り、食事処方に基づく調理等。

② 　生活援助：掃除、買い物、調理、衣服の整理、薬の受け取り、ベッドメイク。

③ 　通院等乗降介助：介護タクシー（ヘルパー資格をもつ運転手が通院の乗り降りを介助するもので、車いすのまま乗れる車などもあります。タクシー代は自費です）による通院の際の乗り降りの介助。

　生活援助は、利用者が独居しているか、または同居している家族に障害や疾病がある場合、その他、必要な場合に限って利用することができます。平成29年の介護保険法改正に伴い、介護度別に利用回数の基準が設定されました。

(c)　訪問入浴介護

訪問入浴介護は、日本では30年以上の歴史があります。自宅の浴槽で入浴が困難な要介護者に対して、自宅に浴槽を運び入れ、寝たままの状態で入浴を提供するサービスです。自宅の風呂に入れないような要介護者が対象となります。

(d)　訪問看護

要介護認定を受けた65歳以上または40〜64歳の介護保険第２号被保険者で要介護認定を受けた人に対して行われる訪問看護には、介護保険が適用されます。看護師は、医療機関から訪問してくることも、看護師が管理者である訪問看護ステーションから訪問してくることもあります（訪問看護ステーションの中には理学療法士等によるリハビリテーションも含まれます）。

訪問看護の導入やその内容は、主治医が決めることになります。たとえば、（診療の補助としての）服薬管理、褥瘡の処置、浣腸、摘便、創傷処置、吸引や吸入、膀胱カテーテルの交換、在宅酸素療法の指導、胃瘻の管理、注射や点滴管理、緊急時の対応、リハビリテーションのほか、要介護者や介護者への精神的支援や在宅療養の指導相談などがあります。ガン末期や急性増悪と主治医が診断した場合には「医療保険」に変わります。

(e)　訪問リハビリテーション

訪問リハビリテーションは、居宅の要介護者等に対して、医師の指示書に基づき、理学療法士・作業療法士・言語聴覚士が自宅を訪問し、個別リハビリテーションを提供するサービスです。

このサービスは、医療機関でなければ提供することができません。

(f)　通所介護

通所介護は、従来、デイサービスと呼ばれていました。老人福祉法に基づき実施されていたものが、平成12年から介護保険の対象になりました。

サービスの内容としては、事業所までの送迎、機能訓練、社会的交流、入浴、食事などがあります。高齢者にとっては外出する機会ができ、人との交流、入浴、看護師による状態観察を受けることができます。また、介護する家族も、休息をとることができます。大規模、通常規模、小規模、認知症専用とに分かれ、認知症専用通所介護は地域療養型サービスです。小規模型も平成28年度から地域密着型サービスに変わりました。

(g)　通所リハビリテーション

通所リハビリテーションは、従来、デイケアと呼ばれていたものです。医療機関に通って受けるサービスで、平成12年から介護保険の対象になりました。

事業所により、2時間〜7時間などと時間を決め、事業所への送迎、リハビリテーション、食事、介護、入浴などを提供するタイプがあります。短時間のサービスを提供する事業所は少ないのが実態です。このサービスは医療機関でなければ提供することができません。

(h)　居宅療養管理指導

居宅療養管理指導は、医療機関や調剤薬局などが、自宅での療養指導として提供するサービスです。これは要介護認定の限度額の外に位置づけられていますので、限度額を気にする必要はありません。

サービス内容は、以下の5種類です。

①　病院の医師や歯科医師による医学的な管理指導または療養の指導を受けることができます。

②　薬剤師による薬に関する指導や助言を受けることができます（調剤薬局からも受けることができます）。

③　居宅療養管理指導事業所に所属している管理栄養士から、計画的な医学管理を行っている医師の指示による栄養管理の指導・助言を受けることができます。

④　指定居宅療養管理指導事業所の歯科衛生士・保健師・看護師が、訪問歯科診療を行った歯科医師の指示により、自宅を訪問して行う口腔ケアを受けることができます。

(i)　短期入所生活介護、短期入所療養介護──短期入所サービス2種

短期入所生活介護・短期入所療養介護はいずれも、施設を短期間利用するサービスです。前者が福祉施設、後者が医療機関でのショートステイです。1泊2日から利用できますが、月に30日以上利用した場合は減額になります。また要介護認定期間の半分を超える合計日数は認められません。送迎付きの移動が可能であれば利用できます。

介護や機能訓練、入浴などのサービスが提供されます。

認知症の人や、中重度の要介護状態にある人を介護している家族に必要なサービスで、外国ではレスパイト（介護者のための休息サービス）として位置づけられています。食事代、家賃（居住費）が自己負担になります。

(j)　特定施設入居者生活介護

特定施設入居者生活介護については、①(4)(B)を参照してください。

(k)　福祉用具貸与・購入

福祉用具のレンタルによるサービスです。貸与料金の9割または8割・7割が

介護保険から支払われることになります。単価は、メーカーやタイプによって異なりますが、1割または2割・3割負担で利用できます。

介護保険の対象になる福祉用具は、ベッド（手すり・テーブル・スライディングボードやスライディングマットを含みます）、マットレス、車いす、車いすクッション、床ずれ防止用具、リフト（段差解消器や風呂用リフトを含みます）、体位変換器、手すり、スロープ、歩行器、歩行補助杖、認知症の徘徊センサーです。

価格は、事業所が自由に設定することができます。この中には、搬送費やメンテナンス費も含まれています。平成29年の介護保険法改正により平成30年10月から全国平均価格より上限が設定され、これより高いものは保険外になります。

また、トイレや入浴に使用する福祉用具を購入する場合は、購入費の9割または8割・7割が介護保険の対象になります。上限は10万円です。

（I）　住宅改修

住宅改修は、現物給付のサービスです。改修費用のうち9割または8割・7割までが介護保険の対象となります（ただし、上限が20万円となっています）。

対象となるのは、段差、手すり、ドア変更、床材、便器などの改修に限定されます。事前に、市町村に申請して了解を得ることが必要です。平成27年度から届け出た事業所のみがこのサービスを提供でき、市町村に事前に届け出て了解がないと実施できません。手続方法は市町村により異なります。

（C）　地域密着型サービス

地域密着型サービスとしては、認知症対応型通所介護（認知症の専用デイサービス）、小規模多機能型居宅介護（訪問介護・デイサービス・宿泊の3つのサービスを1つの事業所がまとめて提供するもの）、認知症対応型共同生活介護（認知症のケア付き住宅）、地域密着型特定施設入所者生活介護（29人までの有料老人ホームで特定申請したもの）、地域密着型介護老人福祉施設入所者生活介護（29人までの特別養護老人ホーム）、夜間対応型訪問介護（夜間定時訪問の他に随時に対応してくれるホームヘルパー）の6種類がありました。これに、平成24年からは、定期巡回・随時対応型訪問介護看護と複合型サービス（看護小規模多機能型サービスに名称変更）が追加されました。また、平成28年度から小規模通所介護と療養通所介護の2種のサービスが地域密着型通所介護として追加されています。

ただし、介護予防給付の対象となる地域密着型サービスについては、認知症対応型通所介護、小規模多機能型居宅介護、認知症対応型共同生活介護（要支援2のみ）の3種のみであり、介護保険施設サービス（入所）は認められていません。

地域密着型サービス９種
（市町村の住民のみ）

小規模多機能型居宅介護
夜間対応型訪問介護
小規模特定施設
小規模介護老人福祉施設
認知症対応型共同生活介護
認知症対応型通所介護
定期巡回・随時対応型介護看護
看護小規模多機能型居宅介護
地域密着型通所介護

第１章

(2) 介護予防サービスにはどのようなものがあるか

(A) 要支援者の予防給付

予防給付は、介護状態の改善など、介護が必要な状態にならないようにするための介護予防を目的として、地域包括支援センターの作成する予防プランに基づいて利用されます。

(B) 予防給付のサービス種類

予防給付サービスの種類は、基本的には(1)の居宅サービスと同様です。ただし、夜間対応型訪問介護、地域密着型特定施設入所者生活介護、地域密着型介護老人福祉施設入所者生活介護が対象サービスに入っていません。平成27年から３年以内に順次、予防訪問介護と予防通所介護は市町村の地域支援事業に変更になりました（これによりサービス内容が市町村により異なることになります）。

要支援者が受けることのできる地域密着型サービスは、以下の４種類です。

① 介護予防認知症対応型通所介護

② 介護予防小規模多機能型居宅介護

③ 介護予防認知症対応型共同生活介護（要支援２のみ利用できます）

④ 介護予防小規模通所介護（定員18人以下のデイサービス）

(3) 要支援のサービスが平成27年度から変更

平成26年に介護保険法が改正され、要支援者へのサービスが、平成30年度から全国市町村の事業に変更されることになりました（介護予防・日常生活支援統合事業）。変更は市町村ごとに行われますので、変更時期は異なりました。

変更されるのは予防通所介護と予防訪問介護の２種ですが、利用人数は、要支援のサービス利用者全体の85％にあたります。

(A) 予防訪問介護は５類型

訪問介護の利用者の約３割が要支援です。市町村事業に変更になると、図表２－８の５つのサービスになりました。どれをいくらで、どのような条件にするか

第
1
章

図表2－8　総合事業訪問型介護サービスの5類型

サービス類型	サービス内容	提供事業者	基　準	提供者
1　訪問型 国基準	訪問介護	事業者指定	予防給付	訪問介護員
2　訪問型サービスA 市町村独自	生活援助等	委託／指定	緩和基準	雇用労働
3　訪問型サービスB 住民主体の支援	住民主体	補助／助成	最低限	ボランティア
4　訪問型サービスC 短期集中予防	保健師等の 居宅指導	直接／委託	独自基準	医療職市町村
5　訪問型サービスD 移動支援	移送前後の 支援	補助／助成	最低限	ボランティア

図表2－9　総合事業通所型サービスは4類型

サービス類型	サービス内容	提供事業者	基　準	提供者
1　通所型国基準	通所介護	事業者指定	予防給付	通所従事者
2　通所型サービスA 市町村独自	ミニデイサービス	委託/指定	緩和基準	雇用労働＋ ボランティア
3　通所型サービスB 住民主体支援	自主的憩 体操運動	住民主体	補助/助成	最低限 ボランティア
4　通所型サービスC 短期集中予防	運動器向上 栄養改善	直接/委託	独自基準	医療職

平成29年の介護保険法改正により平成30年改正からさらに変わりました。上記の訪問型サービスが国基準サービスと市町村独自サービスに分かれました。通所型サービスも変更になりました。

は、市町村により異なります。「現行のサービスと同等」の対象者の選定は、市町村により異なります。

　⒝　予防通所介護は4類型

　通所介護の利用者の3割が要支援です。市町村事業に変更になると、図表2－9の4つのサービスになります。どれをいくらでどのような条件にするかは、市町村により異なります。「現行のサービスと同等」の対象者の選定は、市町村により異なります。

　⒞　地域支援事業は次の4種

　変更した場合に市町村が行う介護予防・生活支援サービス事業は、上記の2種を含めて次の4種です。

　①　訪問型サービス（予防訪問介護）

　②　通所型サービス（予防通所介護）

　③　その他の生活支援サービス（互助・民間サービス、ボランティアによる生活支援）

④　介護予防ケアマネジメント（総合事業に移行した人のケアプラン作成）

　また、変更した市町村は、要介護認定をする代わりに「チェックリスト」でサービス対象者を選定し、要介護認定を行わないとする方法が示されています。要介護認定をして要支援者を選定するか、チェックリストを活用するかは、市町村の判断になります。しかし、要支援認定を受けなければ、要支援の受けられる住宅改修や福祉用具、その他の介護予防サービスの対象にはなりません。

　この地域支援事業の財源は、介護保険２分の１、税金２分の１です。金額は、移行時期により異なります。

　平成29年の介護保険法の改正により平成30年から、さらに変わりました。上記の訪問型サービス通所型サービスが総合事業に変わりました。

⑷　地域包括支援センターの役割

　⒜　地域包括支援センターとは

　地域包括支援センターは、平成18年４月から市町村が設置した総合相談のための機関です。介護保険法では、地域支援事業として位置づけられています。

　地域包括支援センターでは、介護予防や要支援認定者への介護予防マネジメント、虐待防止や権利擁護、ケアマネジャー支援などの事業を行っています。

図表２－10　地域包括支援センターの機能強化

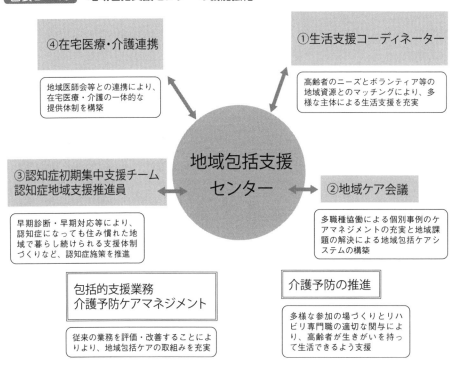

（出典）　厚生労働省平成26年７月28日全国介護保険担当課長会議資料をもとに作成

図表2－11　地域包括支援センター

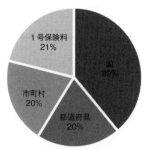

地域支援事業財源

地域支援事業
・包括的支援事業
・地域包括運営
・地域ケア会議
・在宅医療介護連携
・認知症初期集中支援チーム
・生活支援コーディネーター
・協議体
・任意事業
・介護給付費適正化、家族介護
　支援、その他の事業

■ 国　■ 都道府県　■ 市町村　■ 1号保険料

　平成27年度から、地域包括支援センターの機能強化として、新たな業務が4種追加されました（図表2－10、①～④）。

　(B)　地域包括支援センターの人員配置

　地域包括支援センターには、保健師・社会福祉士・主任ケアマネジャーの配置が定められています。

　(C)　地域包括支援センターの財源

　地域包括支援センターの財源は、65歳以上の1号被保険者の保険料と税金で賄われます（図表2－11）。

(5)　介護サービス事業の倫理と経営

図表2－12　指定取消事業所数平成12～28年

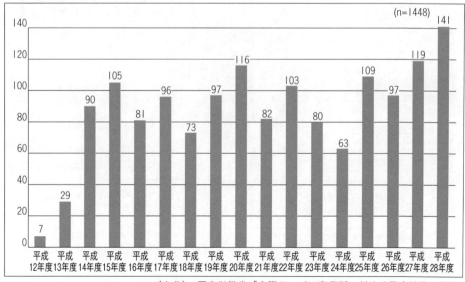

（出典）　厚生労働省「介護サービス事業所に対する監査結果の状況」

　介護保険は国民の総合的な助け合いによる保険制度であり、公正に運営されなければなりません。公正な運営がされなくては、制度が悪用されるおそれもあり、国民からの信頼が得られない制度になりかねません。そのためにケアマネジメントが導入され、1人の利用者に1人のケアマネジャーが配置されることとなり、ケアマネジメントの利用料には介護保険から10割が給付されることとなっています。このケアマネジメントにも介護保険の1〜3割負担を導入する案が国から出されています。

　しかし、現実は、指定が取り消される事業所のうち2番目に多いのが、ケアマネジャーが所属する居宅介護支援事業所です（厚生労働省平成28年度介護サービス事業所に対する監査結果の状況）。

　図表2−12は平成12年度から平成28年度までに指定が取り消された介護サービス事業所数です。今後の事業運営で、コンプライアンスが重要であることを示しています。

（第1章 ①1〜③　服部　万里子）

4　高齢者虐待防止法

(1)　高齢者虐待の防止に向けた後見人の役割

　被後見人を取り巻く状況や環境は、絶えず変化していくものです。とりわけ高齢者に関しては、身体や精神の機能が年齢を重ねるとともに徐々に低下していくのが一般的です。したがって、高齢者を支援する者は、日々の変化をみながら、適切なタイミングで、個々の状況に応じた適切な支援をしていくことが必要となってきます。

　しかし、実際には、支援をする側、たとえば家族からみると、適切な介護をしたいという思いはあったとしても、家族の生活等における諸事情のために十分な支援をすることができない場合もあります。責任感の強い家族の中には、ストレスを抱えながらも、日々、一所懸命に介護等の支援を続けている人もいます。適切な介護サービス等を利用することが家族の負担を減らす解決策の1つになりますが、介護サービスについて家族が十分に理解していなかったり、本人が介護サービスを受けることをかたくなに拒絶していたりして、介護サービスの利用が困難な状態にあるという事案もみられます。

　また、高齢者が介護施設等に入所している場合においては、職員等から適切な

介護がなされていなかったり、抑圧的な待遇を受けていたりするなど、利用者の人権に対する配慮に問題がある場合もあります。一方、入所している高齢者の家族の中には、すべてを施設任せにして、高齢者を見守るどころか、かかわりを拒絶する場合もあります。

　このように複雑に絡み合った事情や背景があるため、高齢者が、適時に適切な介護サービスを受けているとはいえないのが現実です。その結果として、高齢者が不自由・不快な思いをすることになったり、家族の介護ストレスのはけ口が高齢者に向けられたり、介護施設等で不適切な待遇を受けたりすることがあります。そして、「高齢者虐待」につながっていくことが少なくありません。

　高齢者虐待は、現在、社会的に大きな問題となっています。

　ここでは、この社会的な問題にまでなっている「高齢者虐待」について、まず、高齢者虐待の未然防止および対応をするための知識を深め、そのうえで、後見人としてどのような姿勢で臨めばよいのか、といったことを学びます。

　後見人が後見事務を遂行していくうえで、さまざまな形で被後見人の生活を見守っていくことになります。その見守りの中で、被後見人が、もし家族から虐待を受けていたとしたら、もし施設の職員から虐待を受けていたとしたら、後見人は、それを発見して救済できる最も身近な支援者の1人であることを忘れてはなりません。後見人には、この重大な責任があることを念頭におきながら読み進めてください。

(2) 高齢者虐待の防止に向けた対応のポイント

(A) 被虐待者である高齢者の保護・支援が優先

　虐待を受けている高齢者は、生命や身体に影響を及ぼす深刻な事態に陥っている可能性があります。ですから、高齢者虐待を発見した場合には、一刻も早く対応する必要があります。

　なかには、迅速な治療を要する場合もあります。そのような場合は、高齢者を虐待者と分離するなどして、虐待を受けている高齢者の保護を最優先にして対応を進めることになります。

　しかし、最も望ましいのは、虐待を未然に防止することです。そのためには、日頃からの地域での見守りや、関係者による見守りが欠かせません。各地域において社会資源を最大限に有効活用し、虐待の発生しにくい地域づくりをしていく必要があります。

(B) 複雑な背景があることを念頭においた高齢者本人の意思を尊重した総合的な支援

　高齢者虐待が行われる背景には、複雑に絡み合った複数の要因がある場合が多いといえます。いつ終わるとも知れず、徐々に負担が大きくなるばかりの介護ストレスが原因で、養護者による虐待が発生している場合もあります。養護者の収入が少なかったりなかったりすることが原因で、養護者が高齢者の財産を搾取する場合もあります。さらには図表2－15・2－16の虐待が複合的に発生している場合（たとえば養護者が年金を搾取しており、それによって高齢者が必要なサービスを受けられないまま放置されているなど）もあります。

　また、そもそも、高齢者虐待には、発見されづらいという特徴があります。高齢者を介護している家族による虐待の場合は、高齢者が虐待を受けているように見えても、高齢者が家族をかばったり、虐待を届け出ることに対する報復の意味での虐待を恐れたりするなどして、高齢者が虐待されているという事実を打ち明けない場合もあります。更には、判断能力が低下していたり欠如していたりする高齢者は、適切な介護サービスを受けられず（ネグレクト）不自由な生活をしていたり、あるいは、暴力等の身体的虐待を受けていたりしたとしても、他人に自分の意思を伝えること自体が困難な状況におかれている場合もあるのです。

　このように、虐待が発生する背景には、さまざまな事情があることを認識しておきましょう。そのうえで、高齢者からうかがえる表面的な情報だけでなく、支援をしていく過程で、高齢者の真意を確認し、その背景を配慮し、高齢者の最善の利益となるように、虐待を受けている高齢者を支援していくことはもちろん、虐待者である養護者も含めた総合的な支援をしていく必要があることも認識しておきましょう。高齢者虐待防止法においても、虐待をしている養護者を罰するのではなく、養護者を支援することが規定されています。

(C)　連携の必要性

　虐待防止に向けた対応は、虐待を発見した者（たとえば後見人）が、その救済のために身を挺して果敢に立ち向かい、その虐待者と対峙する、というものではありません。

　前述したように、虐待は、さまざまな要因が絡み合って生じているため、それぞれの分野の専門職（機関）が、適切な時期に、適切な対応をするのが、高齢者の権利擁護のためには最善の方法であるといえます。

　したがって、虐待が発見された場合は、各地域で、市区町村が中心となり構築されている高齢者虐待防止に関するネットワークを活用し、対応していくことが基本となります。

(3)　高齢者虐待防止法とはどのような法律か

(A)　高齢者虐待防止法

　平成18年4月1日に、「高齢者虐待の防止、高齢者の養護者に対する支援等に関する法律」（高齢者虐待防止法）が施行されました。この法律では、国や地方公共団体が必要な体制の整備をすることが定められており、現在では、各地域において、高齢者虐待の防止に向けた実践的な取組みがされています。

　これ以前には、「児童虐待の防止等に関する法律」（児童虐待防止法）、「配偶者からの暴力の防止及び被害者の保護等に関する法律」（DV防止法）が施行されており、高齢者虐待防止法はそれに続く3つ目の虐待の防止に関する法律です。

　高齢者虐待防止に向けた実践的な取組みをするためには、基礎的な知識として高齢者虐待防止法を理解しておくことが欠かせません。ここでは、この法律の概要を説明します。

(B)　定　義

　高齢者虐待防止法においては、図表2-13のとおり、高齢者、養護者、高齢者虐待について定義されています。養介護施設従事者等については、図表2-14のとおりです。高齢者虐待の行為については、養護者による高齢者虐待が図表2-15、養介護施設従事者による高齢者虐待が図表2-16のように規定されています。つまり、65歳以上の高齢者に対して、養護者や養介護施設従事者等が図表2-15・2-16に該当するような行為をした場合が、高齢者虐待に該当するということになります（具体的な高齢者虐待の行為については、図表2-17をご覧ください）。

　さらに、高齢者虐待防止法27条においては、このような虐待以外に、財産上の不当取引による被害の防止等についても、市町村が一定の関与をすべきことを規定しています（☞(6)）。

　また、明確には定義されていないものの、身体拘束も、場合によっては虐待に該当すると考えられていますので、厚生労働省の「身体拘束ゼロへの手引き」を参考にして注意する必要があります。

　同様に、セルフネグレクトについても明確に定義されていませんが、状況に応じて、高齢者虐待に準じた対応をすることが好ましいと思われます（次頁）。

(4)　高齢者虐待の未然防止および対応の実践

(A)　早期発見のために

高齢者虐待防止法5条1項では、次のように定められています。

図表2－13	高齢者、養護者、高齢者虐待の定義

※条数は高齢者虐待防止法

高齢者 （2条1項）	65歳以上の者
養護者 （2条2項）	高齢者を現に養護する者であって養介護施設従事者等以外のもの
高齢者虐待 （2条3項）	養護者による高齢者虐待（図表2－15）および養介護施設従事者等による高齢者虐待（図表2－16）

図表2－14	養介護施設従事者等の定義

※条数は高齢者虐待防止法

養介護施設 （2条5項 1号）	老人福祉施設、有料老人ホーム、介護老人福祉施設、介護老人保健施設、介護療養型医療施設、地域密着型介護老人福祉施設、地域包括支援センター
養介護事業 （2条5項 2号）	老人居宅生活支援事業、居宅サービス事業、地域密着型サービス事業、居宅介護支援事業、介護予防サービス事業、地域密着型介護予防サービス事業、介護予防支援事業
養介護施設 従事者等 （2条5項 1号・2号）	「養介護施設」または「養介護事業」の業務に従事する者

第1章

図表2－15	養護者による高齢者虐待行為（高齢者虐待防止法2条4項）

身体的虐待	高齢者の身体に外傷が生じ、または生じるおそれのある暴行を加えること
介護・世話の放棄・放任	高齢者を衰弱させるような著しい減食、長時間の放置、養護者以外の同居人による虐待行為の放置など、養護を著しく怠ること
心理的虐待	高齢者に対する著しい暴言または著しく拒絶的な対応その他の高齢者に著しい心理的外傷を与える言動を行うこと
性的虐待	高齢者にわいせつな行為をすること、または高齢者をしてわいせつな行為をさせること
経済的虐待	養護者または高齢者の親族が当該高齢者の財産を不当に処分することその他当該高齢者から不当に財産上の利益を得ること

図表2－16	養介護施設従事者等による高齢者虐待行為（高齢者虐待防止法2条5項）

身体的虐待	高齢者の身体に外傷が生じ、または生じるおそれのある暴行を加えること
介護・世話の放棄・放任	高齢者を衰弱させるような著しい減食、長時間の放置その他の高齢者を養護すべき職務上の義務を著しく怠ること
心理的虐待	高齢者に対する著しい暴言または著しく拒絶的な対応その他の高齢者に著しい心理的外傷を与える言動を行うこと
性的虐待	高齢者にわいせつな行為をすること、または高齢者をしてわいせつな行為をさせること
経済的虐待	高齢者の財産を不当に処分することその他当該高齢者から不当に財産上の利益を得ること

図表2－17　高齢者虐待の具体的事例

虐待行為の類型	内容と具体例
身体的虐待	暴力的行為などで、身体にあざ、痛みを与える行為や、外部との接触を意図的、継続的に遮断する行為 【具体的な例】 ・平手打ちをする、つねる、殴る、蹴る、無理矢理食事を口に入れる、やけど・打撲させる ・ベッドに縛り付けたり、意図的に薬を過剰に服用させたりして、身体拘束、抑制をする／等
心理的虐待	脅しや侮辱などの言語や威圧的な態度、無視、嫌がらせ等によって精神的、情緒的苦痛を与えること 【具体的な例】 ・排泄の失敗を嘲笑したり、それを人前で話すなどにより高齢者に恥をかかせる ・怒鳴る、ののしる、悪口を言う ・侮辱を込めて、子供のように扱う ・高齢者が話しかけているのを意図的に無視する／等
性的虐待	本人との間で合意が形成されていない、あらゆる形態の性的な行為またはその強要 【具体的な例】 ・排泄の失敗に対して懲罰的に下半身を裸にして放置する ・キス、性器への接触、セックスを強要する／等
経済的虐待	本人の合意なしに財産や金銭を使用し、本人の希望する金銭の使用を理由無く制限すること 【具体的な例】 ・日常生活に必要な金銭を渡さない／使わせない ・本人の自宅等を本人に無断で売却する ・年金や預貯金を本人の意思・利益に反して使用する／等
介護・世話の放棄・放任	意図的であるか、結果的であるかを問わず、介護や生活の世話を行っている家族が、その提供を放棄または放任し、高齢者の生活環境や、高齢者自身の身体・精神的状態を悪化させていること 【具体的な例】 ・入浴しておらず異臭がする、髪が伸び放題だったり、皮膚が汚れている ・水分や食事を十分に与えられていないことで、空腹状態が長時間にわたって続いたり、脱水症状や栄養失調の状態にある ・室内にごみを放置するなど、劣悪な住環境の中で生活させる ・高齢者本人が必要とする介護・医療サービスを、相応の理由なく制限したり使わせない ・同居人による高齢者虐待と同様の行為を放置すること／等

（出典）　一般財団法人医療経済研究・社会保険福祉協会医療経済研究機構「家庭内における高齢者虐待に関する調査（平成15年度）」

養介護施設、病院、保健所その他高齢者の福祉に業務上関係のある団体及び養介護施設従事者等、医師、保健師、弁護士その他高齢者の福祉に職務上関係のある者は、高齢者虐待を発見しやすい立場にあることを自覚し、高齢者虐待の早期発見に努めなければならない。

被後見人が高齢者である場合、その後見人は、この規定の「その他高齢者の福祉に職務上関係のある者」に該当するといえますから、高齢者虐待の早期発見に努める必要があります。

早期発見のために活用できるのが、図表2-18のようなチェックリストです。その地域にあった一覧表を作成し、活用している地域もありますから、地域の市町村や地域包括支援センターに確認してみるとよいでしょう。

そして、実際に虐待を発見した場合は、その虐待者が虐待しているという自覚や高齢者が虐待を受けているという自覚の有無を問わず、速やかに市町村に通報するように努める必要があります。

実際に虐待と思われる行為の現場に直面すると、チェックリストを活用したとしても、それが本当に虐待なのかどうか、判断に迷う場合も少なくないと思われます。しかし、虐待かどうかを判断するのは通報を受けた市町村ですから、現場を発見した人が「虐待ではないかもしれない」と軽々に判断するのではなく、虐待を受けている可能性があると思われるのであれば、市町村や地域包括支援センターに相談するなど、積極的な対応をするべきでしょう。

なお、高齢者虐待防止法では、通報が、秘密漏示罪およびその他守秘義務に関する法律の規定にかかわらず、通報した人が保護されるように規定されています。ただし、養介護施設従事者等による虐待の場合において、その通報が「虚偽」であった場合や「過失」があった場合は通報者が保護されないこととされているので、注意が必要です。

⒝　連携体制

虐待が発見された場合は、通報、迅速な対応、そして虐待を受けた高齢者や虐待をした養護者への支援といった、一連のかかわりが必要となってきます。

前述したように、虐待が発生する背景には、複雑な要因が重層的に絡み合って生じている場合が少なくないため、このような問題に包括的に対応することは、市町村のみでは難しいことがあります。そこで、高齢者虐待防止法16条では、次のように、連携協力体制を整備することが求められています。

第1章

> 　市町村は、養護者による高齢者虐待の防止、養護者による高齢者虐待を受けた高齢者の保護及び養護者に対する支援を適切に実施するため、老人福祉法第20条の7の2第1項に規定する老人介護支援センター、介護保険法第115条の46第3項の規定により設置された地域包括支援センターその他関係機関、民間団体等との連携協力体制を整備しなければならない。

　具体的なネットワークの例としては、民生委員、地域住民、社会福祉協議会等からなる「早期発見・見守りネットワーク」、介護保険サービス事業者等からなる「保健医療福祉サービス介入ネットワーク」、行政機関、法律関係者、医療機関等からなる「関係専門機関介入支援ネットワーク」があります。このようなネットワークを活用し、各地域における虐待問題に対応していくことになります（残念ながら、これらのネットワークがまだ十分に整備されていない地域もあります）。

(5)　高齢者虐待の実態

(A)　実態把握

　高齢者虐待については、毎年、厚生労働省から、「高齢者虐待の防止、高齢者の養護者に対する支援等に関する法律に基づく対応状況等に関する調査結果」（以下、「厚労省調査」といいます）が公表されており、虐待の傾向や対応状況等を把握することができます。そこで、平成29年度の厚労省調査から、高齢者虐待の実態をみてみることとします。

(B)　厚労省調査の概要

　平成29年度の厚労省調査結果を見ると、平成28年度と比較して、市町村等への相談・通報件数は、養介護施設従事者等による虐待が10.2％、養護者による虐待が7.5％増加しています。また、虐待の事実が認められた事例の件数は、養介護施設従事者等による虐待が12.8％増加、養護者による虐待は4.2％増加しています。最近では、養介護施設従事者等によるものは増加の一途をたどっていますが、養護者によるものは平成24年にいったん減少に転じたもののそれ以降にはまた増加となってしまっています。

　相談通報者としては、養介護施設従事者等による虐待では、「当該施設職員」が23.2％と最も多く、次いで「家族・親族」が20.9％となっています。一方、養護者による虐待では、「介護支援専門員」が28.1％を占め、次いで「警察」が23.0％となっています。

　養介護施設従事者等によるものの傾向に大きな変化はありませんが、養護者によるものは近年警察の割合が高くなってきています。

　虐待の種別では、養介護施設従事者等による虐待では、「身体的虐待」が59.8

％と最も多く、次いで「心理的虐待」が30.6％となっています。養護者による虐待でも同様の傾向があり、「身体的虐待」が66.7％と最も多く、次いで「心理的虐待」が39.1％となっています。

　養介護施設従事者等による虐待に特有の項目を見てみると、虐待の事実が認められた施設・事業所の種別では、「特別養護老人ホーム（介護老人福祉施設）」が30.4％と最も多く、次いで「有料老人ホーム」が21.6％となっています。虐待を行った養介護施設従事者等の年齢では、「30歳〜39歳」が22.3％と最も多く、次いで「40〜49歳」が17.1％、「50〜59歳」が15.9％となっています。職種では、「介護職」が79.7％となっています。

　一方、養護者による虐待に特有の項目を見てみると、虐待者との同居・別居の状況では、「虐待者とのみ同居」が50.5％と半数近くを占めています。家族形態では、「未婚の子と同居」が35.7％と最も多く、次いで「夫婦のみ世帯」が22.0％となっています。また、被虐待高齢者から見た虐待者の続柄は、「息子」が40.3％と最も多く、次いで「夫」が21.1％、「娘」が17.4％の順となっています。このほかにも多くの調査結果が報告されています。これらの情報を参考に、虐待が発生しやすい環境等その特色に理解を深めておく必要があります。

(6)　成年後見制度と高齢者虐待防止

(A)　成年後見制度の有用性

　成年後見制度は、判断能力が不十分な人の権利を擁護するための１つの制度であり、虐待の未然防止および対応に関しても有効な手段となります。

　たとえば、後見人が選任されると、後見事務の一環として、後見人は、被後見人を見守ることになります。その過程において、被後見人の状況の変化に気づきやすくなるといえます。身体やその機能に異常はないか、精神面（感情面）での変化はないか、悪質な訪問販売による不必要・不相応な商品が置かれていないかなどといったことは、比較的、表面化しやすく気づきやすいものです。後見人は、被後見人のこのような異常や変化にいち早く気づき、それに対応することのできる立場にいます。後見人は虐待防止に関しても期待されている存在なのです。

(B)　成年後見制度の活用

　前述のように虐待防止に有用な成年後見制度ですが、成年後見制度を利用するためには、家庭裁判所に申立てをする必要があります。多くの場合、本人の４親等内の親族が申立てをすることで、後見等が開始され、親族または第三者が後見人に選任されることになります。しかし、なかには、申立てをすることのできる唯一の親族が虐待者であったり、親族がいても本人とのかかわりを拒絶したりす

図表2-18 高齢者虐待発見チェックリスト

虐待が疑われる場合の「サイン」として、以下のものがあります。複数のものにあてはまると、疑いの度合いはより濃くなってきます。これらはあくまで例示ですので、この他にも様々な「サイン」があることを認識しておいてください。

《身体的虐待のサイン》

チェック欄	サイン例
	身体に小さなキズが頻繁にみられる。
	太腿の内側や上腕部の内側、背中等にキズやみみずばれがみられる。
	回復状態が様々な段階のキズ、あざ等がある。
	頭、顔、頭皮等にキズがある。
	臀部や手のひら、背中等に火傷や火傷跡がある。
	急におびえたり、恐ろしがったりする。
	「怖いから家にいたくない」等の訴えがある。
	キズやあざの説明のつじつまが合わない。
	主治医や保健、福祉の担当者に話すことや援助を受けることに躊躇する。
	主治医や保健、福祉の担当者に話す内容が変化し、つじつまがあわない。

《心理的虐待のサイン》

	かきむしり、噛み付き、ゆすり等がみられる。
	不規則な睡眠（悪夢、眠ることへの恐怖、過度の睡眠等）を訴える。
	身体を萎縮させる。
	おびえる、わめく、泣く、叫ぶなどの症状がみられる。
	食欲の変化が激しく、摂食障害（過食、拒食）がみられる。
	自傷行為がみられる。
	無力感、あきらめ、投げやりな様子になる。
	体重が不自然に増えたり、減ったりす

る。

《性的虐待のサイン》

	不自然な歩行や座位を保つことが困難になる。
	肛門や性器からの出血やキズがみられる。
	生殖器の痛み、かゆみを訴える。
	急に怯えたり、恐ろしがったりする。
	ひと目を避けるようになり、多くの時間を一人で過ごすことが増える。
	主治医や保健、福祉の担当者に話すことや援助を受けることに躊躇する。
	睡眠障害がある。
	通常の生活行動に不自然な変化がみられる。

《経済的虐待のサイン》

	年金や財産収入等があることは明白なのにもかかわらず、お金がないと訴える。
	自由に使えるお金がないと訴える。
	経済的に困っていないのに、利用負担のあるサービスを利用したがらない。
	お金があるのにサービスの利用料や生活費の支払いができない。
	資産の保有状況と衣食住等生活状況との落差が激しくなる。
	預貯金が知らないうちに引き出された、通帳がとられたと訴える。

《ネグレクト（介護等日常生活上の世話の放棄、拒否、怠慢）のサイン（自己放任も含む）》

	居住部屋、住居が極めて非衛生的になっている、また異臭を放っている。
	部屋に衣類やおむつ等が散乱している。
	寝具や衣服が汚れたままの場合が多くなる。
	汚れたままの下着を身につけるようになる。
	かなりのじょくそう（褥瘡）ができてきている。

	身体からかなりの異臭がするようになってきている。
	適度な食事を準備されていない。
	不自然に空腹を訴える場面が増えてきている。
	栄養失調の状態にある。
	疾患の症状が明白にもかかわらず、医師の診断を受けていない。

《セルフネグレクト（自己放任）のサイン》

	昼間でも雨戸が閉まっている。
	電気、ガス、水道が止められていたり、新聞、テレビの受信料、家賃等の支払いを滞納している。
	配食サービス等の食事がとられていない。
	薬や届けた物が放置されている。
	ものごとや自分の周囲に関して、極度に無関心になる。
	何を聞いても「いいよ、いいよ」と言って遠慮をし、あきらめの態度がみられる。
	室内や住居の外にゴミがあふれていたり、異臭がしたり、虫が湧いている状態である。

《養護者の態度にみられるサイン》

	高齢者に対して冷淡な態度や無関心さがみられる。
	高齢者の世話や介護に対する拒否的な発言がしばしばみられる。
	他人の助言を聞き入れず、不適切な介護方法へのこだわりがみられる。
	高齢者の健康や疾患に関心がなく、医師への受診や入院の勧めを拒否する。
	高齢者に対して過度に乱暴な口のきき方をする。
	経済的に余裕があるように見えるのに、高齢者に対してお金をかけようとしない。
	保健、福祉の担当者と会うのを嫌うようになる。

《地域からのサイン》

	自宅から高齢者や介護者・家族の怒鳴り声や悲鳴・うめき声、物が投げられる音が聞こえる。
	庭や家屋の手入れがされていない、または放置の様相（草が生い茂る、壁のペンキがはげている、ゴミが捨てられている）を示している。
	郵便受けや玄関先等が、1週間前の手紙や新聞で一杯になっていたり、電気メーターがまわっていない。
	気候や天気が悪くても、高齢者が長時間外にいる姿がしばしばみられる。
	家族と同居している高齢者が、コンビニやスーパー等で、一人分のお弁当等を頻繁に買っている。
	近所づきあいがなく、訪問しても高齢者に会えない、または嫌がられる。
	高齢者が道路に座り込んでいたり、徘徊している姿がみられる。

（出典）　東京都福祉保健局「高齢者虐待防止に向けた体制構築のために──東京都高齢者虐待対応マニュアル」

第1章

ることがあるために、申立人が見つからず、後見等の開始に結び付けられない場合もあります。

このようなときには、親族の申立てではなく、市町村長による申立てを検討することになります。

高齢者虐待防止法では、27条2項において、「市町村長は、財産上の不当取引の被害を受け、又は受けるおそれのある高齢者について、適切に、老人福祉法第32条の規定により審判の請求をするものとする」として、市町村長申立ての適切な活用について定めています。また、28条においては、「国及び地方公共団体は、高齢者虐待の防止及び高齢者虐待を受けた高齢者の保護並びに財産上の不当取引による高齢者の被害の防止及び救済を図るため、成年後見制度の周知のための措置、成年後見制度の利用に係る経済的負担の軽減のための措置等を講ずることにより、成年後見制度が広く利用されるようにしなければならない」と規定し、成年後見制度が積極的に活用されることを求めています。

このように、高齢者虐待防止法において、虐待の未然防止および対応の有用な手段として、成年後見制度の活用が期待されています。

(7) まとめ

市民後見人は、その地域に密着しており、地域独自の社会資源も把握していると思われるため、高齢者虐待防止に関するネットワークだけでなく、それ以外のさまざまなネットワークも活用しやすい立場にあるといえます。市民後見人は、このような地域の社会資源を最大限に活用し、虐待が起きないように、まずは日々の見守りに重点をおいて取り組むことが期待されます。そして、もし虐待を発見した場合には、適切な対応をとることも期待されています。

市民後見人が見守っているにもかかわらず、被後見人が虐待を受けていることを見逃すようなことがあってはなりません。そのためにも、虐待に関する意識を念頭におきつつ、日々後見事務を行っていく必要があります。

（第1章①④　舘　博文）

《コラム》　虐待防止と成年後見

　高齢者虐待防止法は、平成18年に施行されました。平成24年10月には、障害者虐待防止法も施行されています。

　平成29年度における高齢者虐待の相談・通報件数は、養護者による虐待に関するものが3万0040件とはじめて3万件を超え、養介護施設従事者による虐待に関するものが1898件とますます増加しています。

　認知症高齢者は、虐待のみでなく、自分自身の身に起こっている不利益や権利侵害について、十分に認識することが難しい状況にあり、対抗手段もとれないことがあります。この状況は、認知症高齢者だけでなく、判断力に障害をもつ人々についても同様といえます。

　認知症や障害があろうと、本人の人生はあくまでも本人のものです。そして、後見人は、そのような状態にある人であっても権利侵害などされず、人間としての尊厳が守られ、人生の主役として生きられることをめざして支援をしていく存在です。

　虐待をはじめとする権利侵害に対しては、早期に発見し、早期の対応として、本人の権利と生活を守るために、成年後見制度を利用すべきことはいうまでもありません。特に、以下のような状況では、権利擁護・虐待対応として成年後見の利用が重要となっており、後見人のかかわりが期待されているところです。

① 　経済的虐待などの場面で、本人の生活（介護・医療）のための年金など収入・資産の確保をする、あるいは財産の回復を図る場合

② 　本人に対する家族の介護放棄や介護や福祉サービスの利用拒否などの場面で、生活上の判断について、本人の意思決定にかかわり、本人の利益のために判断をすることで、養護者の意思を遮断する場合

③ 　措置解除し、資産を本人のために活用しながら、本人の最善の利益をめざす場合

④ 　再び権利を侵害されることを予防する場合

　虐待等の権利侵害が起こっている場合に、家族等が申立てにかかわることのできない場合には、市町村長申立てによって成年後見につなげる必要があります。また、本人の資産が少なくても、「成年後見制度利用支援事業」によって、本人の権利が守られ、安心して生活を送ることができるように、後見人が支援することが求められます。

　また、近年では有料老人ホームも含めて養介護施設従事者等の虐待についての相談・通報数が増加していることにも注意が必要です。

　虐待は、家族においても施設においても、不適切なケア・かかわりの積み重ねであると考えることもできます。その意味では、どこにでも起こりうるものです。だからこそ、高齢者虐待防止法は、虐待者を罰することを目的としているのではなく、虐待者をも支援することで、その不適切なかかわりの原因を根本からなくすことを目的としているのです。そして、その対応の責任が自治体にあることを明確にしているのです。

　成年後見制度利用促進法の成立によってこの虐待の解決のためにも首長申立て等がより活用され後見人が、本人の権利擁護をめざし、求められる役割を果たしていくことが期待されています。

（池田　惠利子）

Ⅱ　障害者施策

●この節で学ぶこと●

　日本における障害者福祉の変遷を確認したうえで、障害者基本法、障害者総合支援法、障害者虐待防止法、精神保健福祉法の理念や現状を、成年後見制度とのかかわりの中で理解します。特に、障害者総合支援法の下で利用できるさまざまなサービスの内容を理解します。

1　障害者をめぐる法制度はどうなっているか

(1)　日本における障害者福祉の移り変わり

　日本では、第二次世界大戦が終わって間もなく、身体障害者福祉法、知的障害者福祉法が施行されました。その後、同じ時期に制定された精神衛生法が、精神保健法への改正を経て、平成７年に精神保健福祉法へと改正されました。これによって、身体障害、知的障害、精神障害のある人たちが、福祉の対象となったのです。そこでは、行政が個々の障害のある人にとって必要な福祉サービスを決めるという措置制度により、福祉制度が実施されていました。

　しかし、この措置制度の見直しを柱の１つとした社会福祉基礎構造改革が実施され、平成12年に介護保険制度や成年後見制度が始まりました。そして、平成15年から、障害者福祉の分野でも福祉サービスを利用するための契約制度が実施されました。これを支援費制度といいます。当時、契約をするのが自力では困難な重度の知的障害者が福祉サービスを利用するためにどうすればよいかという質問が国会で出され、これまでどおり家族が契約をすればよい、とした答弁が議論を呼びました。この福祉サービスの契約制度は、その後、障害者自立支援法に、そして平成25年から施行された障害者総合支援法に引き継がれることになりました（☞②）。なお、同法は平成28年に改正され、就労定着支援や自立生活援助が新たに加わっています。

　このような、新たな障害者福祉の改革が始まっています。この変化の大きな背景の１つは、2006年（平成18年）に国連で採択された障害者権利条約です。これまでにも、障害者の人権にかかわることとして、「知的障害者の人権宣言」「障害者の人権宣言」「国際障害者年」「国連・障害者の十年」など世界的な動きがあり、

日本でもさまざまな活動が行われてきました。わが国は障害者権利条約を批准するために法の成立や改正により準備を重ね、平成23年に障害者基本法を改正し、障害の定義を見直す等し、その後障害者虐待防止法や障害者総合支援法、障害者差別解消法が成立しています。これらの法整備がなされた後、平成26年１月に障害者権利条約が批准されました。

(2) 2006年に採択された障害者権利条約の理念

障害者権利条約は、2006年（平成18年）12月13日に国連で採択されました。日本はその翌年に署名し、2014年（平成26年）に批准しました。

ここでは、障害者権利条約の理念にのっとり、後見人として意識しておかなければならない２点を示します。

第１点が、障害者権利条約１条と関連して、障害は、個々の人にある身体的・精神的・知的な障害が課題となるわけではなく、社会の偏見や考え、制度、習慣など、種々の障壁と作用することにより、障害のある人の平等な社会参加を妨げることがある（社会モデル）、ということを認識しておくことです。後見人は、被後見人の見た目の「障害」にだけ注目してその障害を軽減するための教育者や訓練者になってはならず、本人の権利擁護者として、障害のある人の平等な社会参加のため、社会に対して働きかけ、環境を変えていくことがその責務であることを知っておく必要があります。

第２点が、障害者権利条約12条で示される「法律の前にひとしく認められる権利」を強く意識することです。成年後見人は、成年被後見人についての包括的な代理権や取消権をもつことになります。しかし、それらを安易に行使するのではなく、成年被後見人のためにやむを得ない場合にのみ行使するという意識をもつことが重要です。成年後見制度では自己決定の尊重と保護のバランスが重視されますが、この保護は、保護する側の考えを一方的に保護される者に押しつけるのではなく、保護される当事者の意思をできる限り尊重し、意思決定のための支援を行ったうえのものであるという前提つきの保護でなければならないことを意識すべきです。

(3) 「障害」の概念を定義する障害者基本法とその改正

わが国では、障害については、障害者基本法に定義されています。

障害者基本法２条によると、障害とは身体障害、知的障害、精神障害、その他の心身の機能の障害をいうとされています。

また、障害者基本法２条では、社会的障壁という新しい概念も定義されています。障害がある人にとって、日常生活または社会生活を営むうえで障壁となるよ

うな社会における事物、制度、慣行、観念その他一切のものを「社会的障壁」とし、この障害と社会的障壁により、継続的に日常生活または社会生活に相当な制限を受ける状態にある者を障害者としています。つまり、本人に帰属する障害と、社会に帰属する社会的障壁によって、生活上の支障が生じている人を「障害者」と定義していることになります。

　この定義からみてもわかるように、単に「障害」があるだけでは障害者といえず、社会との関係の中で障害者が存在することになります。ですから、障害のある人が社会の中で生きていくための責任は社会が負うものだといえます。

　このような障害観や社会的障壁という考え方は、障害者基本法の平成23年の改正によって導入されたものです。それまでの医学モデルの視点で定義されていた障害観を改め、「生活上の支障」という視点が障害の定義に取り入れられています。その結果、発達障害者支援法や障害者自立支援法（当時）の対象とはされていたものの、障害の分類では不明確とされていた、知的障害を伴わない高機能自閉症やアスペルガー症候群（当時、現在は自閉スペクトラム症に包括されている）については精神障害として、また、身体障害を伴わない高次脳機能障害についても精神障害として支援していくことが再確認されました。さらに、これまで障害として分類されてこなかった難病も、「その他の心身の機能の障害」として支援の対象にする方向で考えられました。

(4)　その他の障害者福祉に関する法制度の動向

　わが国では、国連で採択された障害者権利条約の批准に向け、障害者をめぐる法制度の改正が行われました。その中で、障害の定義を変えるという大きな改正が行われた障害者基本法については前に説明したとおりですが、それ以外の法制度の施行・改正について、以下でふれます。

(A)　障害者総合支援法の制定

　平成18年に施行された障害者自立支援法は、平成22年の「障がい者制度改革推進本部等における検討を踏まえて障害保健福祉施策を見直すまでの間において障害者等の地域生活を支援するための関係法律の整備に関する法律」による改正を経て、平成25年から「障害者の日常生活及び社会生活を総合的に支援するための法律」（障害者総合支援法）に改められました。この障害者総合支援法は、平成28年にも改正されています。

　障害者総合支援法の詳細は後述しますが、障害者に対する日常生活・社会生活の支援により、共生社会を実現するため、社会参加の機会の確保および地域社会における共生、社会的障壁の除去などを法の理念としており、「共生」という言

葉に、障害者権利条約のソーシャルインクルージョン（社会的包摂）が含まれています。

　具体的には、法で提供されるサービスの対象である障害者の範囲（障害児の範囲も同様に対応）の見直しや障害支援区分が創設されました。前者は、361疾患の難病患者も対象とし（令和元年7月時点）、また、サービスの対象に障害者手帳の交付を必須としておらず、障害者手帳が支給されていなかったとしても一定の手続を踏むことで福祉サービスを受けることができます。後者は、発達障害等の障害特性を踏まえ、生活のしにくさといった見地から支援程度を決定する社会モデルを採用している点が特徴としてあげられます。あくまでも、障害のある人が地域で生活していきやすいように社会の支援が不可欠であるという考えに立っています。

　⒝　障害者虐待防止法の制定

　障害者虐待防止法（☞4）が、平成24年10月から施行されました。この法律において、養護者による虐待、障害者福祉施設従事者等による虐待に加え、「滋賀サン・グループ事件（滋賀県）」「水戸アカス事件（茨城県）」等を経て、使用者による虐待が障害者虐待として定義づけられた意義は大きいといえます。

　そのほかにも、合理的な理由がない身体拘束を虐待と位置づけたこと、施設利用者同士の争いを放置することも虐待と位置づけたことなど、高齢者虐待防止法の課題を受けてこの法律が制定されたことは評価できるでしょう。

　⒞　障害者差別解消法

　障害者権利条約では障害に基づく差別は禁止され、また、日本の障害者基本法4条でも差別禁止がうたわれています。

　近年は、障害を理由とした明らかな差別（たとえば障害のある人の利用を断った民間のスポーツクラブ、車いすの利用者の乗車を断る乗合バス）、すなわち「直接差別」は、改善されつつあります。その一方で、障害があっても利用は可能であるが、エレベーターなどが設置されておらず実質的に障害のある人が利用できないような公共施設や、障害者雇用の募集要項に自力通勤を条件にしているなど、障害を理由とした差別をしているとはいえないが、実質的な差別につながる「間接差別」が課題となってきました。

　そして、障害者権利条約の採択を契機として、新たに、「合理的配慮を提供しないこと」も差別の1つと考えられるようになりました。この「合理的配慮を提供しないこと」とは、聴覚障害のある人の職場に手話通訳者が配置されない、車いす利用者がいる学校に車いす用トイレを設置しない、知的障害のある人に対し

第
1
章

《コラム》　水戸アカス事件、滋賀サン・グループ事件

　平成7年、茨城県水戸市にあるダンボール加工会社「アカス紙器」の社長が、障害者雇用により国から交付される特定求職者雇用開発助成金の不正受給による詐欺容疑で逮捕されました。その後の捜査で、長年にわたり、その社長が、従業員の知的障害者に対して身体的虐待、性的虐待などさまざまな虐待を行っていたことが判明しました。しかし、起訴されたのは詐欺罪および一部の暴行傷害罪のみでした。平成9年3月、水戸地方裁判所は被告人に対して懲役3年・執行猶予4年の判決を言い渡しました。その判決に憤った被害者の家族や支援者が、裁判所を立ち去ろうとする被告人やその弁護士に対して暴行・監禁をしたとして逮捕されたことでも社会の注目を集めました。不起訴となった性的虐待事件については、民事事件として提訴され、損害賠償が認められています。

　また、翌年、滋賀県の肩パッド製造会社「サン・グループ」で働いていた知的障害者らが、日常的に殴る蹴るの暴行を受け、また、障害者基礎年金を横領されたとして、同社の元社長、就職あっせんなどをした国・県に対して損害賠償を求めました。元社長は横領事件について有罪となり、労働基準監督署が必要な調査をしていれば同社への是正勧告ができたのに措置を怠った、などとして国などの違法性が認定されました。

　これらの事件によって、障害者雇用の場における虐待への対応が、検討されるようになっていったといえるでしょう。

（参考文献）　毎日新聞社会部取材班『福祉を食う』

　て当事者も理解できるようなわかりやすい福祉サービスの契約書を用意しないなど、障害のある人が普通の生活を送るために必要な配慮や工夫をせず、社会参加を妨げることをいいます（障害者権利条約2条）。ただし、その配慮や工夫に過重な負担がないことが前提とされており、何が過重な負担とされるのかが今後、問題になると思われます。

　障害者権利条約の批准に向けて改正された障害者基本法では、4条で差別禁止が定められており、そこでは「必要かつ合理的な配慮がされなければならない」と表現されています。障害者権利条約で示される「合理的配慮」と障害者基本法の「合理的な配慮」が同じ内容を指すのかどうか、差別の認定や救済機関をどのようにしていくか等の検討が重ねられ、平成25年に「障害を理由とする差別の解消の推進に関する法律」（障害者差別解消法）が成立しました（平成28年4月より施行）。

　障害者差別解消法では、「障害を理由とした不当な差別的取扱い」と「合理的配慮を提供しないこと」を差別とし（7条・8条）、これらの差別を国や地方公共団体（7条）、民間企業（8条）等に禁止しています。ただし、民間企業等には「合理的な配慮をするように努めなければならない」としており、合理的配慮の

不提供が具体的に何を指すのかなど、さらなる検討が必要と思われます。

　また、国・地方自治体による紛争の防止・解決に必要な体制整備が図られることになっていることから（障害者差別解消法14条）、障害のある人の権利擁護者である後見人は、直接差別だけでなく合理的配慮の不提供をも敏感に察し、必要に応じて紛争解決機関に相談するなどして、被後見人の権利をまもっていく必要があります。

(D)　障害者雇用促進法

　雇用契約は一身専属的なものだといわれています。そのため、後見人がかかわることはないと思われがちです。しかし、本人に代わって雇用契約を結ぶことはなくても、障害のある被後見人が適切な職場環境で働いているのか見守ることが求められる場合や、就労していた人が中途障害などにより判断能力が不十分になって後見人が選任される場合もありますから、後見人としては、障害者雇用の制度について知っておくことが求められます。

　障害者雇用制度とは、事業内容ごとに決められた「障害者雇用率」に相当する人数の障害者を雇用していない事業主から「障害者雇用納付金」を徴収し、それを障害者職業リハビリテーションの運営費として利用し、障害者の職業の安定を図るための制度です。そして、この制度を定めているのが、「障害者の雇用の促進等に関する法律」（障害者雇用促進法）です。

　ここ数年間で、障害のある人が働きやすいよう、さまざまな法改正が行われました。

　まず、平成18年に、障害者雇用率を算出する際の対象者に、精神障害者や在宅就業障害者が含まれるようになりました。

　次に、平成21年から、段階的に障害者雇用納付金の対象となる事業者が拡大され、平成27年には、101人以上の従業員のいる企業が対象となりました。さらに、週20時間以上の短時間労働者も障害者雇用率を算出する際の対象になっています。

　平成25年度からは障害者の法定雇用率が引き上げられ、民間企業2.0％、国・地方公共団体2.3％、都道府県等の教育委員会2.2％となっています。なお、身体障害者・知的障害者だけでなく、精神障害者についても平成30年から雇用が義務づけられました。

　就労している被後見人のために、雇用契約の内容が、障害者雇用制度はもちろん、労働契約法や労働基準法といった労働関係法令に基づいているのか、職場で虐待やいじめといった権利侵害が生じていないかなど、その職業生活を見守っていくことも、後見人の役割といえます。たとえば、特に理由なく、また、その理

由が適切に説明されることなく最低賃金が支払われないことは使用者虐待と考えられ、被後見人の雇用条件について把握することが重要です。

(5)　「障害」のとらえ方

(A)　「障害」という文字の使い方

「障害」という言葉は、「障碍」と記されることがあります。「障」も「碍」も「妨げる」という意味をもちます。ここからは、障害のある人が社会から疎外されているという印象を受けます。

「碍」という文字が使われるものに「碍子」があります。この「碍子」は、電柱に置かれており、電気を通さない役割があります。障碍という言葉は、障碍のある人たちの社会参加を阻害されてきたことを示す言葉といえます。

他方、「碍」が「害」に変わることでネガティブなイメージを与えやすいのも事実です。実際、「障害」の「害」という文字の響きが偏見をもたれやすいという理由で、自治体によっては「障がい」あるいは「しょうがい」とひらがな表記をするところがあります。ただし、障害のある当事者の中には、表現にはさほどこだわらず、実質的な社会参加を求めていくという考え方の人が多いようです。

このように実質的な社会参加を実現するために、障害者基本法1条は、障害者の自立および社会参加の支援を国や地方自治体の責務と定めており、社会参加に向けた努力を、障害のある人たちに求めるのではなく、社会に求めています。同法3条では、社会のあらゆる分野での社会参加と差別禁止がうたわれています。これは、成年後見制度の基本理念の1つであるノーマライゼーションと同様の考えを示しているものです。

(B)　民法の「精神上の障害」と、障害関係法の「障害」とは違うのか

民法7条では、「精神上の障害」によって判断能力を欠く常況にある場合に成年後見が開始されると定められています。ここでいう「障害」が、知的障害や精神障害と混同されることがあります（なお、主に高齢期にみられる認知症を精神障害に含めるかどうかという議論もあります）。

しかし、前に説明したように、福祉分野で取り扱う障害とは、本人の能力だけでなく、社会の対応も含めた「生活のしにくさ」が根底にあるものですから、この2つは、異なる概念です。

したがって、民法の「精神上の障害」については、福祉法上の障害や医学上の診断名にとらわれず、個人の判断能力の程度を、裁判所が個々に判断すると考えるのが適切と思われます。

成年後見の利用に向けた申立てをする際には、医師の診断書が必要となります

が、そこには、「精神上の障害」ではなく、医学的な診断名として「知的障害」「認知症」等が記載されます。なお、平成31年4月から取り入れられた成年後見の申立てに用いられる診断書には生活上の特徴を加味することが求められています。

　(C)　障害者手帳

　障害者と認定されると、都道府県あるいは政令指定都市に対して障害者手帳の交付を求めることができます。知的障害のある人に交付される療育手帳については、知的障害者福祉法ではその交付対象者の定義はなく、自治体により対象者および障害程度を決める基準が異なる場合があるので、注意が必要です。障害程度を決定する材料の1つが、知的障害者更生相談所で実施する知能検査で得られる知能指数です。後見人としては、障害程度や知能指数だけでなく知的能力等の障害特性について知っておくことも重要です。

2　障害者総合支援法とはどのような法律か

　平成25年から障害者総合支援法が施行されました。ここでは障害者総合支援法を概観することにします。

(1)　障害者総合支援法の成立過程

　平成12年の介護保険制度の開始からやや遅れ、障害者福祉の分野でも、障害のある人が利用する福祉サービスを行政が決めて提供するという「措置制度」から、福祉サービスの利用者とサービスを提供する事業者とが直接「契約」する制度に変更されました。平成15年から「支援費制度」とよばれる契約制度が始まり、平成18年からは、支援費制度を踏襲する「障害者自立支援法」が施行されました。そして、施行当時に指摘されたいくつかの課題の解決等を目的に、平成22年に、「障がい者制度改革推進本部等における検討を踏まえて障害保健福祉施策を見直すまでの間において障害者等の地域生活を支援するための関係法律の整備に関する法律」が施行され、一部の課題解決への糸口が示されることとなりました。そして、平成24年の「地域社会における共生の実現に向けて新たな障害保健福祉施策を講ずるための関係法律の整備に関する法律」によって、障害者自立支援法が改正・改称されて「障害者総合支援法」が成立し、平成25年から施行されました。

(2)　障害者総合支援法の特徴

　障害者総合支援法の特徴としては、その前身となる障害者自立支援法の特徴もあわせて、以下のものがあげられます。

① 障害者福祉サービスの一元化

② 福祉サービス利用の手続や基準の透明化と明確化

③ 所得に応じた利用者負担

④ 障害福祉計画に基づいたサービスの確保

⑤ 障害児を対象としたサービスの児童福祉法への一本化

(A) 障害者福祉サービスの一元化

現在の日本では、障害者基本法により、「障害」とは知的障害、身体障害、精神障害、その他の心身の機能の障害と定義されています。障害者総合支援法の第一の特徴として、知的障害、身体障害、精神障害、その他の心身の機能の障害という障害の種別にかかわらず、同様のサービスが提供される点があげられます。それまで、サービスは、身体障害者福祉法や知的障害者福祉法など障害別の福祉法に基づいて提供されてきました。これらの法律は今でも有効ですが、障害者総合支援法によるサービスは、障害者基本法で定義される障害のある人すべてに提供されます。従来の障害の定義ではどの障害に分類されるか明確でなく福祉の谷間におかれていた人たち（知的障害を伴わない発達障害のある人や高次脳機能障害のある人など）は精神障害のある人として、また、難病患者（令和元年7月1日から361疾患が対象）はその他の心身の機能の障害がある人として、障害者総合支援法の対象となっています。

(B) 利用の手続や基準の透明化と明確化

障害者総合支援法では、サービスの支給決定の透明化・明確化を図るため、全国一律の障害支援区分が設けられました。従前の障害者自立支援法における障害程度区分の認定調査項目が障害のある人の実態や特性に応じたものではなかったこと、区分を認定する審査会に障害当事者の関与が不十分であったこと、区分によって利用できるサービスが制限されることなどの問題があげられていたことから、障害のある人たちの生活実態により適合した調査方法が検討されました。その結果、障害特性に配慮し、しかも当時者の生活のしにくさを重視する社会モデルを基本とした障害支援区分が採用されています。

(C) 所得に応じた利用者負担

障害者自立支援法が施行された当初から課題となっていたのが、利用者負担の問題です。障害者自立支援法の成立時は、福祉サービス利用料の定率負担（1割）の導入で、障害程度区分が重く支援が必要な人ほど金銭的な負担が増大し、サービス利用を控えることを余儀なくされた人もいました。この定率負担については、障害者自立支援法の施行当初から当事者団体等による批判の声がなされており、

訴訟にまで至っていました。

　障害者総合支援法では、実質的に、障害のある人本人および配偶者の家計の負担能力に応じた費用負担（応能負担）が採用されています。一定以上の所得がある人には費用負担が求められることがありますが、その場合でも、障害者総合支援法に基づくサービス、介護保険法に基づくサービスや補装具にかかった費用を合算し、一定の額を超えた場合に高額障害福祉サービス費等が支給されることになっています。

　⒟　意思決定支援

　平成23年に改正された障害者基本法23条1項は「国及び地方公共団体は、障害者の意思決定の支援に配慮しつつ、障害者及びその家族その他の関係者に対する相談業務、成年後見制度その他の障害者の権利利益の保護等のための施策又は制度が、適切に行われ又は広く利用されるようにしなければならない」ことが示されています。これを受け、障害者総合支援法42条1項は「指定障害福祉サービス事業者及び指定障害者支援施設等の設置者は、……障害者等の意思決定の支援に配慮するとともに、……障害福祉サービスを当該障害者等の意向、適性、障害の特性その他の事情に応じ、常に障害者等の立場に立って効果的に行うように努めなければならない」とされ、意思決定支援に配慮するよう福祉事業者等に求めています。

　また、障害者総合支援法の附則3条では、法の施行から3年後である平成28年4月をめどに「意思決定支援の在り方」などについて検討を加えることになっています。現在までのところ、意思決定支援の定義、支援の具体的な内容やしくみ（誰が・どの場面で・どのような障害を有する者に対し、どのように実施）、意思決定支援にかかわる人材育成などが検討され、「意思決定支援ガイドライン」の作成などが進められています。

　このように、障害者総合支援法に規定されるサービス事業所等には、意思決定支援が求められていることを踏まえ、後見人も被後見人の意思決定支援には十分に配慮していくことが求められます。少なくとも、関係機関が集まるサービス担当者会議に被後見人とともに参加し、被後見人の意思を代弁しつつ、関係機関と連携をとっていくことが求められています。

　⒠　平成28年の障害者総合支援法の改正

　平成28年に障害者総合支援法が改正されました。主な改正の内容は以下のとおりです。（平成30年4月1日から施行）

　①　施設やグループホームを退去し、単身生活を始めた人の定期巡回や臨時対

第1章

応サービスを提案する自立生活援助の創設

②　職場・家族との連携により一般就労を支援する就労定着支援の創設

③　医療機関に入院中の人に対する重度訪問介護の提供

　⒡　その他

　上記以外にも、障害者総合支援法の特徴として、障害福祉計画に基づいたサービスの確保や障害児を対象としたサービスの児童福祉法への一本化などもあげられますが、後見人の活動には直接関係しないため、ここでは省略します。ただし、被後見人の子どもに障害がある場合、あるいは地域の福祉サービスがあまりにも不足している場合に、福祉サービスの整備を要求していくためにこれらの特徴を把握することも必要になります。たとえば、市町村が発行する「障害者福祉の手引」などを確認しておくとよいでしょう。

(3)　相談支援事業所はどういった役割を担うか

　障害者総合支援法によるサービスについて、その内容が複雑でよく理解できないという声をしばしば耳にします。このような状況に対応していくために、後見人としては、市町村がほぼ毎年発行している「障害者福祉の手引」を取り寄せて確認し、ちょっとしたことでも市町村に問い合わせていく姿勢が不可欠といえます。

　しかし、老老介護や老障介護という実情が報道され、障害のある人あるいは認知症の高齢者への支援をすべて家族等が背負い込むことの負担の大きさが指摘されているように、後見人であっても、1人で障害のある人の生活と人生を抱え込むのは、困難であり、危険なことです。

　障害のある人への支援をするときに連携をとるべき機関の1つが、相談支援事業所に配置された相談支援員です。

　相談支援事業所は、障害者福祉サービスを利用しようとする人（場合によってはその家族）が希望する生活を実現するため、総合的支援の方針および生活全般の質を向上させるための課題等を勘案したサービス等利用計画を作成します。この相談支援事業所が制度上に位置づけられる前は、サービス等利用計画の作成支援は、自治体の障害福祉を、担当職員が担っていました。現在では、それに加えて、同じ役割を相談支援事業所が担う体制ができたのです。そして、その機能は、平成24年からさらに強化されています。

　また、相談支援事業所は、福祉サービスを利用するためのサービス利用計画を作成する「サービス利用支援」と、計画されたサービスが適切に提供されているかどうかのモニタリングを行う「継続サービス利用支援」を合わせた「計画相談

支援」を行います。

　そのほか、福祉サービスを利用する手続の代行あるいは支援を依頼できる場合もあります。また、各自治体が発行する手引きなどで福祉サービスの概要は理解できても、いざサービスを利用しようとしたときのさまざまな手続（たとえば、障害支援区分認定の申請書、自立支援医療の申請書などといった書類への記入を求められたり、福祉サービス事業所へのサービス提供の依頼など）を進める際に支援を受けることもできます。

　相談支援事業所は、介護保険における地域包括支援センターや居宅介護支援事業所と同じく、基本的に無料で利用することができます。遠方の施設や医療機関へ同行してもらう場合には、交通費等の実費が請求される場合がありますが、日当などが請求されることはありません。

(4)　障害者総合支援法と介護保険法との関係——高齢の障害者の場合にどちらを利用するか

　障害のある人が、65歳以上で要介護あるいは要支援状態となった場合や、40歳以上65歳未満で特定疾患により要介護あるいは要支援状態となり、介護保険の対象となることがあります。

　このような場合には、原則として、介護保険法で提供される保険給付が、障害者総合支援法で提供される自立支援給付よりも優先されることになっています。

　ただし、現に障害者総合支援法の居住施設を利用している場合には、その施設を利用している間は障害者総合支援法の自立支援給付を受けることになります。

　また、必ずしも介護保険が画一的に優先されるわけではありません。市町村のサービスの整備状況や、本人の心身の状態により、どちらの法律による給付が優先されるか、検討されることになります。状況によっては、どちらからも給付を受けることができます。

　使用する器具の特殊性や、利用している施設への適性などから、障害者総合支援法の福祉サービスを利用し続けられる場合もありますので、どのサービスを利用していくことが本人にとって望ましいのか、本人の希望とともに、専門性に基づいた見解も重要になります。

　なお、平成28年の障害者総合支援法の改正により、低所得の高齢障害者が介護保険を利用する場合に負担を軽減するしくみが設けられています。

（第1章Ⅱ①②　小嶋　珠実）

3　障害者総合支援法で利用できる在宅・施設のサービス

　平成25年4月に改正施行された「障害者の日常生活及び社会生活を総合的に支援するための法律」（以下、「障害者総合支援法」といいます）では、1条（目的）において、障害者や障害児が「基本的人権を享有する個人としての尊厳」を有する存在であることが明記されるとともに、その対象となる障害福祉サービスの基本的な骨格が定められました。①身体・知的・精神の各障害福祉サービスの一元化、利用者本位のサービス体系の再編、③支給決定のしくみの透明化と利用者負担、④就労支援の強化などをポイントとして制定されました。

　さらに、施設に入所していた障害者や共同生活援助を利用している障害者が、「本人が希望する場所で、自分らしい生活を円滑に、かつ安全に営むことができる」ように、生活と就労に対する支援の一層の充実と高齢障害者による介護保険サービスの円滑な利用を保障するために、平成30年4月1日に改正施行した。この背景には、地域生活に移行する障害者や一般就労に移行する障害者の急激な増加があると考えられています。

(1)　平成30年4月改正施行の主な内容

(A)　自立生活援助の創設

　施設入所支援や共同生活援助を利用していた障害者が、地域で安心して一人暮らしができるように定期的な巡回訪問や随時の対応により、円滑な地域生活に向けた相談、助言等の支援を一定期間にわたり行うサービスです。

(B)　就労定着支援の創設

　一般就労をしようとする障害者が、就労に伴う生活上の課題に対応できるよう事業所、家族等との連絡調整等の支援を一定期間にわたり行うサービスです。

(C)　重度訪問介護の訪問先の拡大

　最重度の障害者であって、重度訪問介護を利用している者が入院した時に、入院中の医療機関においても利用者の状態を熟知しているヘルパーの継続した利用が可能になります。

(D)　高齢障害者の介護保険サービスの円滑な利用

　65歳以上の福祉サービスでは介護保険が優先されているが、これまで長期間にわたって障害者福祉サービスを利用していた高齢障害者に、これまでと同様のサービスを提供するとともに、利用者負担の軽減できるしくみを設けることで、介護保険サービスの円滑な利用を促進するしくみです。

(E)　障害児に対する支援の創設、強化

①居宅訪問によって障害児の児童発達支援を提供するサービスの創設、②保育所等訪問し支援の対象の拡大、③医療的ケアを要する障害児に対する支援、④補装具費の支給範囲の拡大（貸与の創設）、⑤障害児への計画的支援体制の構築を目的とした障害児福祉計画の策定、などの障害児に対する支援を強化、拡充を図る施策が盛り込まれています。

(2)　障害者総合支援法による福祉サービスのしくみ——自立支援給付と地域生活支援事業

障害者総合支援法によって提供される福祉サービスは、大きく2つに分けることができます。

1つは、利用者一人ひとりの障害の程度、社会生活、介護者、居住など利用者の状況に需要に合わせて、個別に支給決定、給付が行われる自立支援給付（同法6条以下）です。

もう1つは、それぞれの地域の社会資源の状況や地理的な条件、利用者の条件などを考慮し、利用者一人ひとりの状況に応じて、効果的・効率的に柔軟なサービス提供を行う地域生活支援事業（同法77条以下）です（図表2-19）。

図表2-19　自立支援給付と地域生活支援事業

第
1
章

　これらのサービスを利用しようと希望するすべての障害者や障害児が、障害の種別や手帳の有無に関係なくサービスを利用できるようになったことが、障害者総合支援法の大きな特徴です。

　また、これまで施設の中で24時間生活をしてきた障害者が、地域の中で他の人々とともに生活する暮らしへ移行をめざして、日中は活動を中心とした通所サービスを利用し、夜間は住まいの場として入所施設やグループホームなどを利用して生活支援を受ける、といったように、複数のサービスを組み合わせて利用することができるようになりました。このことによって、施設に入所している人であっても、居宅で生活している障害者と同様のサービスを利用できるシステムが整えられました。

　自立支援給付の主な内容としては、次のような個別給付サービスがあります。
①　日常生活において必要な介護サービスを受ける介護給付
②　社会の一員として生活することができるよう就労や訓練としての支援を受ける訓練等給付
③　従来の更生医療・育成医療・精神通院医療など、医療費の自己負担分に対する福祉的助成制度の自立支援医療
④　義肢、車いすなど補装具の購入、修理をした場合の補装具

　介護給付や訓練等給付は、サービスを利用したいと希望する障害者や家族からの申請に対して、障害のある人の心身の状況（障害支援区分）の認定と、サービス利用の意向、社会活動や介護者、居住などの状況を調査したうえで、市町村が、サービスを利用する必要があるかどうかについて決定します。サービスの利用を希望した人は、その決定を受けて、指定を受けた事業者のサービスを利用することができます。

　ここで、自立支援給付で利用することができる介護給付サービスにはどのようなものがあるかを確認しておきましょう。サービスごとに対象となる障害者と主なサービス内容をまとめたものが、図表２－20です。

(3)　自立支援給付の内容はどのようなものか

　(A)　介護給付

　介護給付とは、居宅介護、重度訪問介護、同行援護、行動援護、療養介護、生活介護、短期入所、重度障害者等包括支援、施設入所支援などを利用した際に、個別的に提供されるサービスや重度障害者が地域で生活することを支援するために提供されるサービスのことをいいます。

　ここからは、介護給付について、①居宅における生活を支援するサービス、②

図表２−20　障害支援区分と利用できる介護給付サービス

区分 / 福祉サービス	区分なし	区分1	区分2	区分3	区分4	区分5	区分6	備考
居宅介護（ホームヘルプ）		○	○	○	○	○	○	通院介助（身体介護あり）は、区分2以上で特定の条件に該当する人が対象です。
重度訪問介護					○	○	○	重度の肢体不自由者または重度の知的障害者、もしくは精神障害により、行動上著しい困難を有する人で常に介護を必要とする人に自宅で入浴、排せつ、食事の介護、外出時における移動支援を行います。
同行援護	視覚障害により、移動に著しい困難を有する人の外出時の必要な援助を行います。							
行動援護				○	○	○	○	行動障害等、特定の条件に該当する人が対象になります。
重度障害者等包括支援							○	意思疎通に著しい困難を有する人で、特定の条件に該当する人が対象となります。
短期入所（ショートステイ）		○	○	○	○	○	○	
療養介護						○	○	気管切開を伴う人口呼吸器による呼吸管理および筋ジストロフィー症患者が対象です。
生活介護			※	○	○	○	○	通常は区分3以上の障害者が対象です。施設入所支援を伴う場合は区分4以上の障害者が対象です。※50歳以上の場合は、通常は区分2以上、施設入所支援を伴う場合には区分3以上の人が対象になります。
施設入所支援				※	○	○	○	生活介護の対象者で区分4以上、または自立訓練等の対象者で特定の条件に該当する人が対象です。※50歳以上の場合は区分3以上の人が対象になります。

○＝各サービスを利用できる障害支援区分

自立生活援助	障害者支援施設やグループホームで生活していた人や一人暮らしで日常生活を営むうえで支援が必要な人が対象です。
共同生活援助（グループホーム）	生活介護・就労継続支援の日中活動している障害者が対象です。身体障害者は日常生活における身体介護を必要とする人が対象です。

第1章

夜間の居住を支援するサービス、③日中の活動を支援するサービスなど、目的ごとに、サービスの内容と対象者をみていくことにしましょう。

(a) 居宅における生活を支援するためのサービス（訪問系サービス）

(ア) 居宅介護（ホームヘルプサービス）

居宅介護は、一般的には「ホームヘルプサービス」とよばれることもあります。

障害者は、食事や入浴、排泄、家事など、居宅で生活するうえで必要とされる相談、助言、生活全般にわたる身体介護を受けることができます。

障害支援区分1以上の人が利用できます。ただし、身体介護を伴う通院介助については、障害支援区分2以上の人が対象となります。

(イ) 重度訪問介護

重度訪問介護は、常に介護を必要とする障害者は、食事や入浴、排泄などの身体介護、調理や洗濯などの家事援助に加えて、コミュニケーションの支援、外出時の移動介護など総合的な支援を、障害者の居宅を訪問して提供します。

常時介護を必要とする重度の肢体不自由者、または、重度の知的障害者もしくは精神障害により行動上著しい困難を有する障害者であって、常時介護を要する方が利用できます。具体的には、障害支援区分4以上で、両手足のうち二肢以上に麻痺がある人、障害支援区分の認定調査項目のうち「歩行」「移乗」「排尿」「排便」のいずれの項目も「できる」以外に認定されている人が対象となります。

(ウ) 同行援護

同行援護は、視覚障害により、移動が著しく困難な人に対して、外出時に本人に同行し、移動に必要な情報や外出先で必要となる視覚的な情報を、代読したり代筆したりすることによって支援するものです。さらに、外出先において必要な移動・食事・排泄などが総合的に提供されます。

利用することができるのは、移動に著しい困難を感じている視覚障害者です。同行援護アセスメント票の「視力障害」「視野障害」「夜盲」のいずれかが1点以上であり、かつ「移動障害」が1点以上の場合に利用できます。さらに、身体介護を必要とする人については、障害支援区分が2以上で、認定調査ア項目において「歩行不能」「移動介助」などの認定が必要になります。

(エ) 行動援護

行動援護は、重度の知的障害者、精神障害者、発達障害者など、行動上著しい困難のある人に、自傷・異食・徘徊などといった危険を回避するために必要な援護、外出支援を受けることができるものです。

利用することができるのは、知的障害、精神障害または発達障害により、さま

ざまな行動を行ううえで常時介護を必要とする障害者であって、障害支援区分３以上、障害支援区分の認定項目のうち、行動障害、コミュニケーション、てんかんに関する12項目が10点以上の人が対象となります。

(オ)　重度障害者等包括支援

重度障害者等包括支援は、常時介護の必要性がとても高い人が利用できるサービスです。24時間の対応や、ケアマネジメントなどのサービスに対応することができる事業所が、サービス等利用計画に基づいて、居宅介護など複数のサービスを包括的に提供することになります。

利用できるのは、常時介護を必要とする障害者であって、介護が必要な程度が著しく高く、障害支援区分６以上であって、意思疎通が著しく困難な障害者です。

具体的には、四肢のすべてに麻痺があり、寝たきりの状態にある障害者のうち、人工呼吸器に伴う呼吸管理を行っている身体障害者、重症心身障害者、強度行動障害のある人が対象となります。

(b)　夜間の居住を支援するためのサービス——施設入所支援

施設入所支援は、生活介護、自立訓練または就労移行支援を利用している障害者が、夜間における排泄、入浴、食事などの日常生活に必要な支援・介護を受けることができるものです。

利用できるのは、通所が困難で生活介護・自立訓練・就労移行支援を利用している障害者です。生活介護の利用者については、障害支援区分４以上であること、自立訓練や就労移行支援の利用者であり、地域の社会資源の状況等により通所が困難であることが必要になります。

利用できる期間については、そのサービスを利用している期間に限定されているので注意が必要です。

(c)　日中活動を支援するためのサービス

(ア)　短期入所（ショートステイ）

短期入所は、ショートステイともよばれています。自宅で生活している障害者を介護している人が、病気や旅行、その他の理由で介護できないことがあります。そのような場合に、短期間、障害者支援施設等で、入浴、排泄、食事など日常生活に必要なサービスを受けられるというものです。

利用できるのは、障害支援区分１以上の障害者です。

(イ)　療養介護

療養介護とは、常時介護を必要とする人のうち、長期間の入院による医療的なケアが必要な人が、主に昼間に、入院中の病院・施設等において、医療的管理の

下での機能訓練、療養上の管理、看護、介護、日常生活のサービスを受けることができるものです。

具体的には、①医療的管理の下で食事、排泄、入浴などの介護、②日常生活上の相談支援、レクリエーション活動などの社会参加活動支援、③身体能力・生活能力の維持・向上に向けた機能訓練などの支援を受けることができます。

利用できるのは、病院・施設等への長期入院による医療的なケアを必要とする障害者であって、常に介護を必要としている、①障害支援区分6以上であり、気管切開を伴う人工呼吸器による呼吸管理を行っているALS（筋萎縮性側索硬化症）患者など、②障害支援区分5以上の筋ジストロフィー患者または重度心身障害者、とされています。

㈦　生活介護

生活介護は、昼間に、障害者支援施設などで、入浴、排泄、食事などの介護や日常生活に必要な支援、軽作業などの生産活動や絵画、陶芸など創作的活動の機会の提供などのサービスを受けられるものです。

利用できるのは、地域や入所施設において安定した生活を送るために常時介護等の支援を必要とする障害者であって、①障害程度区分3以上（施設入所支援をあわせて利用する場合は区分4以上）である人、②年齢が50歳以上の場合は障害程度区分2以上（あわせて施設入所支援を利用する場合は区分3以上）の人です。

⒝　訓練等給付

訓練等給付は、機能回復訓練、生活訓練、就労に向けた訓練、働く場の提供などのサービスから構成されています。

⒜　日中の活動を支援するためのサービス

㈠　自立訓練等

自立訓練は、地域生活への移行支援を目的として、利用者が、自立した日常生活・社会生活を送ることができるように、障害者一人ひとりの状況、生活の場となる環境、利用できる社会資源などを考慮して、一定期間、受けることのできるサービスです。

サービスには、身体機能面に着目した機能訓練と、生活能力面に着目した生活訓練があり、障害者本人が選択した場所（自宅など）で利用できます。

機能訓練は、地域生活への意向を考えている身体障害者、難病患者に必要な身体機能を維持・向上させるために、身体的リハビリテーションや歩行訓練、家事など日常生活上の活動、コミュニケーションの訓練、それに必要な相談、支援を個別支援計画に基づき一定期間（18ヵ月）を利用することができます。

　生活訓練は、知的障害者・精神障害者・発達障害者が利用することができます。地域での日常生活で必要となる食事や家事など日常生活の訓練、それに伴う支援、相談などを個別支援計画に基づいて、24カ月以内を標準として受けることができます。長期の入院・入所者については、36カ月以内の延長が認められています。

　　(イ)　就労移行支援

　就労移行支援は、一般就労を希望する65歳未満の障害者に、事業者や企業での実習などをとおして、就労に必要な知識や能力の向上のために必要な訓練を行います。適性に応じた職場開拓、求職活動の支援、就労後の職場定着支援等のサービスを、一定期間（24カ月以内）利用できるというものです。

　　(ウ)　就労継続支援

　就労継続支援は、一般の事業所への就労が困難な65歳未満の障害者に、就労の機会を提供するとともに、生産活動、その他の活動の機会をとおして、就労に必要な知識や技能の向上を図るために必要な訓練を受けるというものです。就労継続支援には、雇用契約を締結して支援を受ける雇用契約型就労継続支援（A型）、雇用契約を結ばない非雇用契約型就労継続支援（B型）があります。

　雇用型就労継続支援（A型）を利用している人は、事業所と雇用契約を結ぶのですから、その立場は労働者となります。したがって、労働関係法の適用を受けることになり、最低賃金以上の賃金が支払われることになります。利用期間に制限がないため、特性に応じて十分な訓練や経験を積むことができます。

　一方、非雇用型就労継続支援（B型）を利用している人は、事業所と雇用契約を結ばず、利用者のニーズに応じて柔軟な支援が受けることができます。しかし、労働法規が適用されないため、賃金（工賃）は、最低賃金より低い金額が支給される場合が多くなります。

　　(エ)　就労定着支援

　就労定着支援は、就労移行支援等を利用して一般就労に移行した障害者が就労を継続するための支援を行います。相談を通じて、就労自体への支援ではなく、就労以外の生活面の課題を把握し、必要な指導、助言、相談などの支援を受けることができます。さらに、一般企業、関係機関との連絡調整や課題解決に向けた支援も利用することができます。利用期間は、原則として３年間とされています。

　(b)　夜間の居住場所を支援するためのサービス

　　(ア)　共同生活援助

　共同生活援助は、一般的には「グループホーム」とよばれています。平成26年４月１日より、それまでの共同生活介護（ケアホーム）が共同生活援助（グルー

プホーム）に一元化されました。

　一人で生活することが難しい身体障害、知的障害、精神障害のある人が集まって、地域のアパート、一戸建てなどで生活する場を設け、世話人などにより生活の支援を受けることができます。夜間、休日の生活の場を提供するとともに、相談援助、食事、入浴、排せつの介助、金銭管理、健康管理、緊急時の対応など生活支援を行います。

　また、地域における住まいの多様化に伴い、新たに「サテライト型住居」が創設されました。「サテライト型住居」は、グループホームの趣旨を踏まえたうえで、利用者の「1人で暮らしたい」というニーズに応えるため、それに近い形態となっているサービスです。

(イ)　自立生活援助

　自立生活援助とは、一人暮らしを望む知的障害者や精神障害者に対して、本人の意思を尊重した地域生活を支援します。定期的な巡回による食事、掃除の確認や公共料金、家賃などの支払いの確認、地域住民と良好な関係の構築などを確認し、自立した日常生活を営むための環境調整などを行います。そのうえで、必要がある場合は、訪問、定期的な巡回、電話等を利用して助言や相談を行います。利用期間は1年間ですが、必要な場合には期間を更新延長することができます。

(C)　自立支援医療

　自立支援医療とは、障害者や障害児が心身の障害を軽くすることを目的として、自立した日常生活や独立した社会生活を営む能力を回復・改善するために必要な医療を受けた場合に、利用者の個別負担能力、障害の状況、個別的な事情を踏まえて、医療費が支給されるサービスです。

　これまでの障害児者に対する公費負担医療制度（育成医療、更生医療、精神通院医療）が、所得と医療費の双方に着目した見直しを行い、統一された負担のしくみとして自立支援医療へと一本化されました。

　さらに、提供される医療内容は、これまでのサービス内容から低下させることなく、従来の内容を継続して提供することが求められています。

　しかし、更生医療は市町村、育成医療と精神通院医療については都道府県と実施主体が異なることから、支給申請から認定への手続についても、従来どおりの機関が受給者証を交付するものになっています。

　利用者は、同一の月に利用した自立支援医療の1割を原則として負担することになっています。しかし、低所得世帯に限らず、継続的に相当額の医療費負担が生じる人（高額医療継続者）、育成医療を利用していた障害児を扶養している世帯

などを対象として、負担額の上限を設定し、負担を軽減する措置を講じています。

　⒟　補装具

　補装具の購入、修理等については、これまでの現物支給から、実際に要した費用を補助する制度へと大きく内容が変わりました。他の福祉サービスと同様に、購入・修理の費用と所得の双方を考慮した負担のしくみに統一され、本人または保護者からの申請によって、市町村が支給することになりました。

　また、補装具とは、障害者等が失われた身体の機能を保管する用具であり、車いす、義足、盲人用安全杖、義眼などがあります。次の要件をすべて満たすものと定義されました。

　①　身体の欠損または損なわれた身体機能を補完・代替するもので、障害種別に対応して設計・加工されたもの

　②　身体に装着（装用）して日常生活または就労・就学に用いるもので、同一製品を継続して使用するもの

　③　給付に際して専門的な知見（医師の判定書または意見書）を要するもの

　補装具と同様に、障害による身体機能を保管する制度として、日常生活用具があります。

　今回の見直しにより別表のとおり整理されていますので注意が必要です。（図表２−21）

　⒠　療養介護医療

　医療が必要な状態にある障害者について、常時介護が必要とする場合に、病院や施設での機能訓練、療養上の看護・管理、医学的管理の下で介護や日常生活の世話を受けた場合の医療に限って要した費用が療養介護医療費として受けることができます。

　⒡　特定障害者特別給付

　施設入所支援、共同生活援助、その他の障害者福祉サービスの支給決定を受けている障害者・障害児のうち、所得の低い人は、そのサービスを利用している期間に限って、指定障害者施設

図表２−21　補装具の具体例

障害の種別	補装具の種目
肢体不自由	義肢（義手、義足）、装具、座位保持装置、車椅子、電動車椅子、歩行器、歩行補助杖（カナディアン・クラッチ、ロフストランド・クラッチ、多点杖、松葉杖）　※18歳未満の場合は、座位保持椅子、起立保持具、頭部保持具、排便補助具
重度の肢体不自由かつ音声、言語障害	重度障害者用意思伝達装置
視覚障害	盲人安全杖、義眼、眼鏡（矯正眼鏡、遮光眼鏡、コンタクトレンズ、弱視眼鏡）
聴覚障害	補聴器、標準難聴用（箱形、耳掛形）、高度難聴用（箱形、耳掛形）挿耳形（レディメイド、オーダーメイド）、骨導形（箱形、眼鏡形）

や共同生活援助を行う住居での食費や、居住に要した経費のうち光熱水費の一部を、特定障害者特別給付費として受けることができます。

(G)　高額障害者福祉サービス等給付

同一世帯内に福祉サービスを利用する人が複数いる場合には、その世帯が支払う福祉サービスの利用者負担は高額になり、家計に与える影響も大きくなると考えられます。このような場合、世帯における負担を軽減するため、世帯の利用者負担を月額上限負担額まで軽減する、高額障害者福祉サービス費が市町村から支給されます（☞(2)参照）。

(4)　地域生活支援事業の内容はどのようなものか

地域生活支援事業は、障害者や障害児が、個人として尊重された日常生活・社会生活を営むことができるように、地域の特性や利用者の状況に応じ柔軟な形態で提供される事業で、利用者の身近な都道府県・市町村が実施主体となります。提供される内容は、地域における社会資源の状況や地理的条件などを踏まえて、都道府県・市町村の障害福祉計画に基づいて、効率的に展開されます。

地域生活支援事業は、おもに障害者と障害児により身近な存在である市町村が実施主体となって行われます。都道府県が行う地域生活支援事業では、市町村が行う事業の補完的役割を担っています（図表2-22）。

ここでは、地域生活支援事業を、事業の実施主体である市町村と都道府県に分類し、それぞれの主要な事業についてみていきます。

(A)　市町村が実施する地域生活支援事業（障害者総合支援法77条）

(a)　相談支援事業

障害者等が福祉サービスを利用しようと考えたとき、それぞれの福祉サービスの内容、対象、費用などサービスの全体像を把握することは難しく、どこを利用してよいか迷ってしまいます。このようなニーズに対応するため、相談支援事業は、障害者、障害児の保護者等からの相談に応じて、必要な情報の提供、あっせんなどの支援をとおして、障害者等が地域で自立した日常生活・社会生活を営むことができるように支援するものです。

支援の内容について説明していきます。

(i)　障害者相談支援事業

障害者やその家族、支援者などから、福祉に関するさまざまな問題の相談に応じ、必要な情報提供、助言、福祉サービスの利用支援を行います。また、障害者虐待の防止および早期発見等のため、関係機関との連絡調整など、障害者の権利を擁護するために必要な援助を行います。

図表2－22 地域生活支援事業の一覧

①市町村地域生活支援事業	②都道府県地域生活支援事業
【必須事業】 (1) 理解促進研修・啓発事業 (2) 自発的活動支援事業 (3) 相談支援事業 　① 基幹相談支援センター等機能強化事業 　② 住宅入居等支援事業（居住サポート事業） (4) 成年後見制度利用支援事業 (5) 成年後見制度法人後見支援事業 (6) 意思疎通支援事業 (7) 日常生活用具給付等事業 (8) 手話奉仕員養成研修事業 (9) 移動支援事業 (10) 地域活動支援センター機能強化事業 【任意事業】 (1) 日常生活支援 　① 福祉ホームの運営 　② 訪問入浴サービス 　③ 生活訓練等 　④ 日中一時支援 　⑤ 地域移行のための安心生活支援 　⑥ 巡回支援専門員整備 　⑦ 相談支援事業者等（地域援助事業者）における退院支援体制確保 　⑧ 協議会における地域資源の開発・利用促進等の支援 (2) 社会参加支援 　① レクリエーション活動支援 　② 芸術文化活動振興 　③ 点字・声の広報等発行 　④ 奉仕員養成研修 　⑤ 複数市町村における意思疎通支援の共同実施促進 　⑥ 家庭・教育・福祉連携推進事業 (3) 就業・就労支援 　① 盲人ホームの運営 　② 知的障害者職親委託	【必須事業】 (1) 専門性の高い相談支援事業 　① 発達障害者支援センター運営事業 　② 高次脳機能障害及びその関連障害に対する支援普及事業 (2) 専門性の高い意思疎通支援を行う者の養成研修事業 　① 手話通訳者・要約筆記者養成研修事業 　② 盲ろう者向け通訳・介助員養成研修事業 　③ 失語症者向け意思疎通支援者養成研修事業 (3) 専門性の高い意思疎通支援を行う者の派遣事業 　① 手話通訳者・要約筆記者派遣事業 　② 盲ろう者向け通訳・介助員派遣事業 　③ 失語症者向け意思疎通支援者派遣事業 (4) 意思疎通支援を行う者の派遣に係る市町村相互間の連絡調整事業 (5) 広域的な支援事業 　① 都道府県相談支援体制整備事業 　② 精神障害者地域生活支援広域調整等事業 　③ 発達障害者支援地域協議会による体制整備事業 【任意事業】 (1) サービス・相談支援者、指導者育成事業 　① 障害支援区分認定調査員等研修事業 　② 相談支援従事者等研修事業 　③ サービス管理責任者研修事業 　④ 居宅介護従業者等養成研修事業 　⑤ 身体障害者・知的障害者相談員活動強化事業 　⑥ 音声機能障害者発声訓練指導者養成事業 　⑦ 精神障害関係従事者養成研修事業 　⑧ 精神障害支援の障害特性と支援技法を学ぶ研修事業 　⑨ その他サービス・相談支援者、指導者育成事業 (2) 日常生活支援 　① 福祉ホームの運営 　② オストメイト（人工肛門、人工膀胱造設者）社会適応訓練 　③ 音声機能障害者発声訓練 　④ 児童発達支援センター等の機能強化等 　⑤ 矯正施設等を退所した障害者の地域生活への移行促進 　⑥ 医療型短期入所事業所開設支援 　⑦ 障害者の地域生活の推進に向けた体制強化支援事業 (3) 社会参加支援 　① 手話通訳者の設置 　② 字幕入り映像ライブラリーの提供 　③ 点字・声の広報等発行 　④ 点字による即時情報ネットワーク 　⑤ 都道府県障害者社会参加推進センター運営 　⑥ 奉仕員養成研修 　⑦ レクリエーション活動等支援 　⑧ 芸術文化活動振興 　⑨ サービス提供者情報提供等 　⑩ 障害者自立（いきいき）支援機器普及アンテナ事業 　⑪ 企業ＣＳＲ連携促進 (4) 就業・就労支援 　① 盲人ホームの運営 　② 重度障害者在宅就労促進(バーチャル工房支援) 　③ 一般就労移行促進 　④ 障害者就業・生活支援センター体制強化等 (5) 重度障害者に係る市町村特別支援

第1章

　地域において相談支援事業が効果的に行われるためには、障害者を地域で総合的に支えるネットワークが必要です。そのため、市町村は、自立支援協議会を設立し、地域における支援体制づくりにおいて重要な役割を担うとともに、社会資源の開発、改善を行うことになります。

　市町村は、地域における相談支援の拠点として、基幹相談支援センターを設置できることになり、相談支援体制がさらに強化されました。また、自立支援協議会の運営が基幹相談支援センターの役割として位置づけられ、地域支援体制づくりに重要な役割を果たすことになりました。

　障害者総合支援法に基づく福祉サービスを利用するにあたって、障害者、障害児の保護者がサービスの支給決定を受ける際には、福祉サービス利用計画の作成、福祉サービス提供事業者、地域や施設へのサービス利用のあっせん、調整、モニタリングなどの支援を受けることができます。この場合、指定特定相談支援事業者は、計画相談支援給付費を市町村から受け取ることができます。

　このサービスは、福祉サービスを適切に利用し、利用状況をモニタリングすることで、サービス利用計画を見直し、常に適切な支援を行うことのできる状況を継続させていくケアマネジメントの手法が取り入れられた支援であるといえます。

(ii)　住宅入居等支援事業

　住宅入居等支援事業は、「居住サポート事業」ともよばれています。

　賃貸借契約に基づいて、住宅（公営住宅、民間の賃貸住宅）への入居を希望している障害者に対して、入居に必要な調整等の支援や家主等への相談、助言をとおして地域生活の支援を受けられるものです。

　具体的には、保証人が必要となる場合は、市町村の物件のあっせん、入居契約の手続支援、緊急時の対応（24時間サポート）、地域の関係機関との連絡・調整などといった入居に必要な支援、家主などへの相談と助言をとおして、障害者の地域での生活を支援することになります。あんしん賃貸支援事業（国土交通省が実施）との連携により、一層手厚いサポートが行われています。

(b)　成年後見制度利用支援事業・成年後見制度法人後見支援事業（☞第1巻第1章Ⅹ2）

　成年後見制度の利用を促進するための事業です。成年後見制度法人後見支援事業は、後見等の業務を適正に行う法人を確保、支援することを目的としています。

　利用できるのは、知的障害や精神障害のために判断能力が不十分であって、福祉サービスの利用契約の締結、年金等の金銭管理などが適切に行われるようにするため、成年後見制度を利用することが有用と認められる障害者です。このよう

な人が、成年後見制度の利用の経費に補助が必要と認められた場合に、申立てにかかる経費、後見人等の報酬（全額または一部）を補助するというものです。

（c）　意思疎通支援事業

意思疎通支援事業は、「コミュニケーション支援事業」ともよばれています。

聴覚、資格、音声機能、言語機能などの障害により意思疎通を図ること、コミュニケーションをとることが難しい障害者に対して、手話通訳者や要約筆記者などを派遣することによって、障害者とその他の人との間での意思疎通ができるように、意思を仲介することで、意思疎通が困難な障碍者が地域で生活することを支援する事業です。

手話通訳者、要約筆記者等を派遣する事業、（公共の場に）手話通訳者などを設置する事業、会議・集会などにおける点訳・音声訳などによる支援があります。

（d）　日常生活用具給付等事業

重度の障害者等が、自立した地域生活・社会生活を支えるために必要な用具（生活支援用具）等の日常生活用具を、市町村から給付または貸与する事業です。

日常生活用具給付等事業は、自立支援給付事業の補装具と間違われることがあるので、その対象となる用具や手続などについて、注意が必要です。

日常生活用具給付等事業の対象となる用具は、以下の条件をすべて満たすものです（図表2－23）。

①　障害者等が安全かつ容易に使用でき、実用性のあるもの

②　障害者等の日常生活上の困難を改善し、自立を支援し、社会参加を促進するもの

③　用具の製作・改良・開発にあたって、障害に関する専門知識・技術を要するもので、日常生活品として一般に普及していないもの

図表2－23　日常生活用具の具体例

種類	日常生活用具の品目
介護・訓練支援用具	入浴担架、特殊寝台、訓練椅子、特殊尿器　など
自立生活支援用具	入浴補助用具、便器、頭部保護帽、移動・移乗支援用具、Ｔ字杖、棒状の杖、聴覚障害者用屋内信号機　など
在宅療養等支援用具	吸入器、透析液加湿器、酸素ボンベ運搬車、盲人用体温計　など
情報・意思疎通支援用具	携帯用会話補助装置、点字ディスプレイ、点字タイプライター、盲人用時計、視覚障害者用携帯レコーダー　など
排泄管理支援用具	収尿器、ストマ用装具　など
居宅生活動作補助用具	手すりの取り付け、段差の解消などの改修費とこれに付帯して必要な住宅の改修費

(e)　移動支援事業

　障害者は、障害が原因となって外出を控えてしまう傾向にあります。このことは、障害者等が社会に参加し、地域での社会生活を営んでいくために、大きな障害になりかねません。

　そこで、屋外での移動が困難な障害者が、日常生活を円滑に営むためには、それぞれの地域特性や利用者の障害特性に応じた外出支援が必要になります。移動支援を実施することで、地域行事への参加、冠婚葬祭、官公署用務、通院など、障害者の社会参加をとおしてその人らしい生活を送ることを支援するものです。

　移動支援事業は、各市町村の地域特性や個々の利用者の状況・ニーズに応じた柔軟な形で実施されることになっています。

　移動支援の方法は、①個別的な支援が必要な障害者等に対してガイドヘルパーがマンツーマンによる「個別支援型」、②屋外での同一イベントへの参加、同一目的地までの移動など、複数の障害者等を同時に支援する「グループ支援型」、③さまざまな地域行事への参加、公共施設、駅、病院など障害者等が利用する機会が多いと考えられる場所を経路として、福祉バス等を用いて送迎を行う「車両移送型」となど、柔軟な形態での支援が行われます。

(f)　地域活動支援センター機能強化事業

　地域活動支援センターは、障害者等が、地域において自立した日常生活や社会生活を営むことができるように、通所して創作的活動や生産活動の機会を得ることができ、それによって社会との交流が促進され、日常生活に必要な支援を適切かつ効果的に受けられる施設です。

　このような地域活動支援センターがもつ基本的な機能をさらに充実・強化することで、障害者等の地域生活支援の促進を図ることを目的にした事業です。

　この事業を実施するにあたり、市町村の創意工夫の下で、事業を展開することが可能になっています。

①　地域活動支援センターⅠ型　精神保健福祉士など専門職員を配置し、相談事業に加え、医療・福祉や地域の社会基盤との連携強化のための調整、地域住民ボランティアの育成、障害に対する啓発事業を行います。

②　地域活動支援センターⅡ型　地域において雇用・就労が難しい在宅の障害者が、機能訓練、社会適応訓練などのサービスを受けることによって、自立と生きがいを高めることを目的にしています。

③　地域活動支援センターⅢ型　地域での実績が5年以上あり、安定的な運営がなされている小規模作業所の充実を図るためのものです。

（B）　都道府県が実施する地域生活支援事業（障害者総合支援法78条）

（a）　専門性の高い相談支援事業

　近年、地域生活支援事業では、発達障害や高次脳機能障害などのように、専門性の高い障害についての相談や情報提供が求められるようになっています。

　これらのニーズに対して、都道府県は、専門性の高い相談支援事業や広域的な対応の事業を必須事業として実施し、福祉サービスを提供する事業者を養成する事業、障害者等が地域で自立した社会生活を営むために必要な事業、社会福祉法人等が行う事業に対して支援する事業を行っています。

　専門性の高い事業としては、以下のものがあります。

①　発達障害者支援センター運営事業　発達障害の早期発見と、より効果的な支援を行うために、発達障害者およびその家族に対して、専門的な相談支援を行い、発達障害者に発達支援・就労支援を行うとともに、医療、保健、福祉、教育等の関係施設・機関への情報提供や研修を行います。

②　高次脳機能障害支援普及事業　高次脳機能障害者を支援するための拠点を定め、地域生活や就労などの専門的な相談支援を行うこと、市町村や関係機関との地域ネットワークを構築すること、人材育成を図る研修会を開催すること、地域における適切な支援と地域住民に対する広報・啓発などを実施することにより高次脳機能障害者への支援の充実を図ります。

（b）　広域的な支援事業

　地域生活支援事業の中には、1つの市町村の範囲を超えた対応が求められる広域的な支援事業が含まれています。高次脳機能障害・発達障害などの障害者・障害児およびその家族への支援、相談支援体制の整備、専門員の養成、研修などがその例です。このような広域的な支援については、都道府県が行う事業に位置づけられています。これが「都道府県相談支援体制整備事業」です。

　この事業は、障害者等が地域で自立した社会生活を営むことができるように、都道府県が相談や支援に関するアドバイザーを配置し、地域のネットワーク構築に向けた指導・調整、広域的に対応すべき事例について助言などをとおして、地域の相談支援体制の整備を推進させるための支援です。アドバイザーには、地域における相談支援体制整備について実績を有し、相談支援に相当期間従事した経験があり、障害者福祉などの専門的な知識をもっている人が配置されます。

　事業内容としては、次のようなものがあります。

①　地域のネットワーク構築に向けた指導・調整

②　地域で対応が困難な事例に対する助言

③　権利擁護、就労支援など地域における専門的支援システムの構築支援

④　複数の圏域にまたがる課題解決に向けた体制整備への支援

⑤　相談支援従事者の養成とスキルアップ研修

⑥　地域の社会資源の点検・開発に関する援助

(c)　サービス・相談支援者、指導者養成事業

福祉サービスや相談支援が円滑に実施されるようこれらのサービスに必要な指導者を養成して、これらのサービス等の質の向上と人材確保を図ることを目的にした事業です。

①　全国一律の基準に基づいて、客観的かつ公平・公正に障害者給付等が行われるよう、障害支援区分認定調査員を対象に開催される研修

②　相談支援専門員を養成する研修

③　障害福祉サービスの質を確保するため、個別支援計画の作成、サービス提供プロセスの管理を行うサービス管理責任者に対する研修

④　適切な居宅介護を提供するために必要な知識・技術を兼ね備えた従事者の養成を目的とした居宅介護従事者等養成研修

⑤　手話通訳または要約筆記に必要な知識・技術の習得だけでなく、その役割と責務に限らず、障害者福祉についても理解している手話通訳者および要約筆記者を養成する研修

⑥　盲聾者の自立と社会参加を支援する盲聾者通訳・介助員の養成研修

⑦　相談対応能力の向上と相談員間の連携を図る身体障害者・知的障害者相談員活動強化事業

⑧　疾病等により咽頭を摘出し音声機能を失った人に対して発声訓練を行う指導者を養成する研修

⑨　精神医療等に従事する者等に対し、専門的な能力の向上および人材育成を進めることを目的とした精神障害者関係従事者養成研修

⑩　その他、移動支援事業等が円滑に実施されるよう、サービスを提供する者の資質向上を図る事業

さらに、サービス管理責任者などの養成についての指導者の養成は国が担う事業に位置づけられ、統一研修として実施されています。

(5)　利用者負担のしくみと軽減策

福祉サービスを利用するときの利用者負担は、所得に応じて負担上限額が設定され（応能負担）、1カ月に利用したサービス量にかかわらず、それ以上の負担は生じません。

また、以下の軽減策があります。

①　利用者負担の負担上限額の設定（所得段階別）

②　医療型個別減免（医療費、食事療養費とあわせて上限額が設定されています）

③　高額障害福祉サービス等給付費（同一世帯での所得段階別で負担の上限が設定されています）

④　補足給付（入所施設の食費・光熱水費負担が減免されます）

⑤　食費の人件費支給による軽減措置

⑥　補足給付（家賃負担が軽減されます）

⑦　生活保護への移行防止（負担の上限額が下げられます）

入所施設利用者（20歳以上）の場合には、①③④⑦を利用することができます。

グループホームを利用している人の場合には、①③⑥⑦を利用することができます。また、食費や居住費については実費負担ですが、通所サービスや短期入所を利用した場合には、⑤の食費の人件費支給による軽減措置が受けられます。

通所施設（事業）を利用している場合には、①③⑤⑦を利用することができます。

ホームヘルプ利用者は、①③⑦、医療型施設利用者（入所）は、①②③⑦を受けることができます。

医療型施設利用者（入所）は、①②⑦を利用することができます。

以下では、①～⑦について、それぞれ説明していきます。

(A)　利用者負担の上限額

福祉サービスの定率負担は、所得に応じて次の4つの区分で上限額が設定されています。利用したサービス量にかかわらず、それ以上の負担は生じないことになります。

①　生活保護：生活保護受給世帯　負担上限額0円

②　低所得：区市町村民税非課税世帯　負担上限額0円

たとえば3人世帯で障害者年金1級を受給している場合、収入がおおむね300万円以下の世帯です。

③　一般1：市町村民税課税世帯（所得割16万円未満）　負担上限額9300円（障害児で通所施設、ホームヘルプ利用の場合は4600円）収入がおおむね600万円（障害児の場合890万円）以下の世帯です。

④　一般2：①～③以外　負担上限額3万7200円

なお、20歳以上で入所施設を利用している人またはグループホーム等を利用している人で、市町村民税課税世帯の場合は、一般2となります。

所得を判断する際の世帯の範囲については、次のとおりです。

18歳以上の障害者（施設に入所している18歳・19歳を除きます）　世帯の範囲は、障害のある人とその配偶者です。

障害児（施設に入所する18歳・19歳を含みます）　世帯の範囲は、保護者の属する住民基本台帳上の世帯になっています。

(B)　医療型個別減免

療養介護を利用する場合は、福祉サービス部分の負担額と医療費・食事療養費を合算して、上限額を設定し、それ以上が減免となります。

20歳以上の入所者で、低所得（市町村民税非課税）の人は、少なくとも2万5000円が手許に残るように、利用者負担額が減免されます。

(C)　高額障害福祉サービス費

同一世帯でのその月に受けたサービス等の負担合算額が基準額を上回る場合は、高額障害福祉サービス等給付費が支給されます。

介護保険のサービスも利用している場合は、その負担額も含んだ合算額が基準額を超える場合には、高額障害福祉サービス等給付費等を支給されます。

(D)　補足給付（食費・光熱水費負担の減免）

20歳以上の入所者の場合、居住費や食費等実費負担についても、減免措置があります。

入所施設の食費・光熱水費の実費負担については、5万3500円を限度として施設ごとに額が設定されることになりますが、低所得者に対する給付については、費用の基準額を5万3500円として設定し、食費・光熱水費の実費負担をしても、少なくとも手許に2万5000円が残るように補足給付が行われます。

なお、就労等により得た収入については、2万4000円までは収入として認定されません。また、2万4000円を超える額については、超える額の30％は収入として認定されません。

通所施設等の場合は、低所得、一般1（グループホーム利用者（所得割16万円未満）を含む）の場合、食材料費のみの負担となります。なお、食材料費は、施設ごとに額が設定されます。

(E)　補足給付（家賃負担の軽減）

グループホームの利用者について家賃が助成されるものです。

具体的には、グループホーム（重度障害者等包括支援の一環として提供される場合を含みます）の利用者（生活保護または市町村民税非課税の世帯）が負担する家賃に対して、利用者1人あたり月額1万円を上限として、補足給付が行われます。

補足給付の額は、家賃が 1 万円未満の場合は実費、 1 万円以上の場合は 1 万円が上限になります。

⒡　生活保護への移行の防止

以上のような負担軽減策をしても、自己負担や食費等実費を負担することにより、生活保護の対象となる場合には、生活保護の対象とならない額まで、自己負担の上限額や食費等の実費負担額が引き下げられます。

利用者負担については、自分が受けたサービスについて各自の所得や能力に応じて負担する「応能負担」が基準となっています。また、障害福祉サービスと補装具の利用者負担を合算し、負担が軽減されることにもなっています。

利用する障害福祉サービスによって負担額や軽減措置が変わりますので、市町村の窓口で確認しましょう。

（第 1 章Ⅱ3　阪田　健嗣）

4　障害者虐待防止法

⑴　障害者虐待防止法はどのような法律か

障害者虐待防止法は、平成24年10月 1 日に施行された法律です。児童虐待防止法は平成12年に、高齢者虐待防止法は平成18年に、すでに施行されています。障害者虐待防止法の施行によって、支援や保護を必要とする児童・高齢者・障害者が法律によって虐待から守られるということになりました。

障害者虐待防止法が制定された目的は、障害者虐待を防止するための方策を定めるとともに、養護者に対する支援等を行い、障害者を特に養護者、福祉施設従事者、使用者による虐待から守ることにあります。

そこで、障害者虐待防止法は、まず、どのような行為が虐待になるかを定めて、虐待にあたる行為を禁止しています。

そのうえで、国、地方公共団体、その他の関係機関および国民に、虐待を防止するための役割と責務をそれぞれ課しています。たとえば、国や地方公共団体には、虐待防止にかかわる職員に対して研修を行うこと、専門家を育成・配置すること、関係機関の連携を強化すること、支援体制を整備することを義務づけています（努力義務）。

そして、虐待の防止に役立つ情報や、虐待を受けた障害者（以下、「被虐待者」といいます）を保護するための方法については、広く国民に周知させることになっています。

また、福祉関係者には虐待を早期発見するという努力義務を、国民には虐待を発見した場合の通報義務を課すなどして、虐待による被害が大きくなることを防ぎ、早い段階で障害者を保護することをめざしています。

(2)　障害者虐待防止法における「障害者」とはどのような人を指すのか

障害者虐待防止法では、障害者とは、障害者基本法2条に定める障害者をいうと定められています（2条1項）。

その障害者基本法2条では、障害者について、以下のように定められています（☞⓵(3)）。

> 身体障害、知的障害、精神障害（発達障害を含む。）その他の心身の機能の障害……がある者であつて、障害及び社会的障壁により継続的に日常生活又は社会生活に相当な制限を受ける状態にあるものをいう。

(3)　障害者虐待防止法で定められている「障害者虐待」の主体は誰か（図表2－24）

障害者虐待防止法では、3つの虐待が定められています（2条。図表2-24参照）。

① 養護者による虐待　両親、家族、同居人など、現実に障害者を養護している人が、障害者を虐待することをいいます。

② 障害者福祉施設従事者等による虐待　障害者福祉施設や障害福祉サービス事業等に従事している者が、サービスの提供を受けている障害者を虐待することをいいます。

③ 使用者による虐待　障害者を雇用している使用者（経営担当者や、労働者についての実質的な指揮監督・決定権者も含みます）が障害者を虐待することをいいます。

また、障害者虐待防止法3条では、「何人も、障害者に対し、虐待をしてはならない」と規定して、広く虐待行為を禁止しています。

(4)　どのような行為が虐待にあたるのか

障害者虐待防止法は、「養護者による障害者虐待」「障害者福祉施設従事者等による障害者虐待」「使用者による障害者虐待」のいずれについても、ほぼ同一の行為を虐待としています（2条）。

① 暴行などの身体的虐待（正当な理由のない身体的拘束を含む）

② わいせつ行為などの性的虐待

③ 侮辱・暴言などの精神的苦痛を与える心理的虐待

図表2－24　3種類の虐待行為の比較一覧表

	養護者による虐待	障害者福祉施設従事者等による虐待	使用者による虐待
障害者の範囲（被虐待者）	障害者基本法にいう障害者、身体障害者、知的障害者、精神障害者（発達障害を含む）など		
虐待者	養護者 （現に養護する者　例：家族、同居人など）	障害者福祉施設、福祉サービス事業の従事者	現に障害者を雇用する使用者（経営担当者や使用者のために行為する者を含む）
虐待行為	イ　障害者に対する暴行、正当な理由のない身体拘束 ロ　障害者に対しわいせつ行為をすること、させること ハ　障害者に対する著しい暴言や拒絶的対応など、著しい心理的外傷を与える言動 ニ　障害者を衰弱させるような減食、放置・他の同居人の上記イロハの行為の放置、その他著しい養護義務放棄 ホ　障害者の財産を不当に処分、障害者から不当に財産上の利益を得ること（親族の行為も含む）	イ　同左 ロ　同左 ハ　同左 ニ　同左　※他の従事者の上記イロハの行為の放置その他著しい養護義務放棄 ホ　同左	イ　同左 ロ　同左 ハ　同左 ニ　同左　※他の労働者による上記イロハの行為の放置その他著しい養護義務放棄 ホ　同左
届出人	虐待を受けた当事者	同左	同左
通報義務者	虐待行為を発見した者	同左	同左
（早期発見努力義務者）	医療関係者、学校関係者、福祉関係者、法律家など		
通報先	市町村	市町村	市町村または都道府県
虐待防止の具体的対応機関	市町村	市町村、都道府県	市町村、都道府県、都道府県労働局、労働基準監督署

第1章

④　食事などの世話をしないなどの保護の放棄（ネグレクト。関係者が行う①②③の虐待を止めない場合も含まれます）

⑤　本人の財産を勝手に使うなどの経済的虐待

つまり、障害者の養護者、障害者福祉施設の従事者、使用者が、障害者に対して、①～⑤の行為をすれば、虐待行為となります。

(5)　具体的な虐待事例としてどのようなものがあるか

それでは、虐待にあたる行為としては、どのようなものがあるのでしょうか。

以下にあげる行為は、いずれも虐待にあたります。

- ・被虐待者の障害年金を親が管理している場合に、その親が自分の借金を返済するためにその年金を勝手に使ってしまったり（経済的虐待）、障害者の親がしつけと称して障害者の手足を縛ったり障害者をトイレに閉じ込めたりすること（身体的虐待）
- ・福祉施設の従業員が、施設入所中の障害者を甘い言葉で誘惑してその年金を寄付させたり（経済的虐待）、障害者の判断能力の弱さにつけこんで性的行為を行うこと（性的虐待）
- ・使用者が、雇用する障害者に対して賃金をごまかしたり（経済的虐待）、教育訓練と称して怒鳴ったり嫌がらせをして苦痛を与えること（心理的虐待）

(6)　虐待を発見した場合はどうすればよいのか

虐待を受けたと思われる障害者を発見した人には、**通報義務**があります（障害者虐待防止法7条・16条・22条）。虐待を受けたと「思われる」のであればよく、虐待が行われていることが確定的である必要はありません。

ただし、通報義務を怠っても障害者虐待防止法に基づいて処罰されるわけではありません。

通報先は、虐待の類型によって異なります。具体的には、次のようになっています。

① 　養護者による虐待または福祉施設従事者による虐待の場合は、市町村（市町村障害者虐待防止センター）へ通報します。

② 　使用者による虐待の場合は、市町村（市町村障害者虐待防止センター）または都道府県（都道府県障害者権利擁護センター）へ通報します。

(7)　届出・通報することによって不利益を受けることはないのか

障害者虐待防止法は、通報者を守るために、虚偽や過失による通報を除いて、刑法の秘密漏示罪、その他守秘義務違反にならないとしています（障害者虐待防止法7条2項・16条3項・22条3項）。また、通報を受理した者は、届出や通報をした人が誰であるかを特定させるものを漏らしてはならないとしています（障害者虐待防止法8条・18条・25条）。

障害者福祉施設等の従事者や労働者が通報した場合には、そのことを理由として、解雇やその他の不利益な取扱いをしてはらないとしています（障害者虐待防止法16条4項・22条4項）。

(8)　養護者による虐待行為の通報や届出を受けた場合、市町村はどのような対応をするのか

　通報があってから虐待の防止に向けた流れの概要については、図表2−25のとおりです。

　市町村に対して、養護者による虐待を発見した人からの通報、または本人からの届出があった場合、市町村は、どのような対応をするのでしょうか。

　まず第1に、被虐待者を保護するための安全の確認や虐待行為の事実の確認を行います。そして、今後の適切な対処方法を検討するために障害者虐待対応協力者（関係機関）と協議し、その結果に基づいて行動することになります。

　もし被虐待者の生命や身体に重大な危険が生じているおそれがある場合には、その居宅に立ち入り、必要な調査や質問を行い、状況を把握します（立入調査）。この立入調査を妨害した場合には処罰の対象となります。また、市町村が立入調査を行う場合には、被虐待者の安全確保のために、警察の援助を求めることができます。

　これらの調査などをした結果、被虐待者を守るために、虐待者（養護者）と被虐待者を分離する必要がある場合には、被虐待者を障害者支援施設などに入所させて一時的に保護します。

　さらに、虐待の防止や被虐待者の保護にとって、成年後見制度を利用することが有用であると認められるときには、市町村長は、家庭裁判所に、成年後見の利用に向けた申立てを行うこともあります。

　他方、市町村は、虐待を行った養護者に対しても、相談・指導・助言などを行ったり、緊急の場合には養護者の負担を軽減するために被虐待者に居室を提供したりして、養護者に対する支援も行うことになります。

⑼　障害者福祉施設従事者等による虐待の通報があった場合に、誰がどのような形で被虐待者を保護するのか

　福祉施設の従事者等による虐待を発見した人からの通報を受けた市町村は、その旨を都道府県に報告しなければなりません。

　そのうえで、市町村と都道府県は、それぞれ社会福祉法・障害者総合支援法その他の関係する法律に定められた報告・聴取・立入検査・勧告・措置命令・事業停止命令などの行政権限を行使して、被虐待者の保護および自立の支援を行います。

⑽　使用者による虐待の通報があった場合に、誰がどのような形で被虐待者を保護するのか

　使用者（経営担当者や事業主のために行為する者なども含みます）による虐待を発見した人からの通報を受けた市町村は、その旨を都道府県に通知し、都道府県

図表2−25　障害者虐待防止法による流れの概要

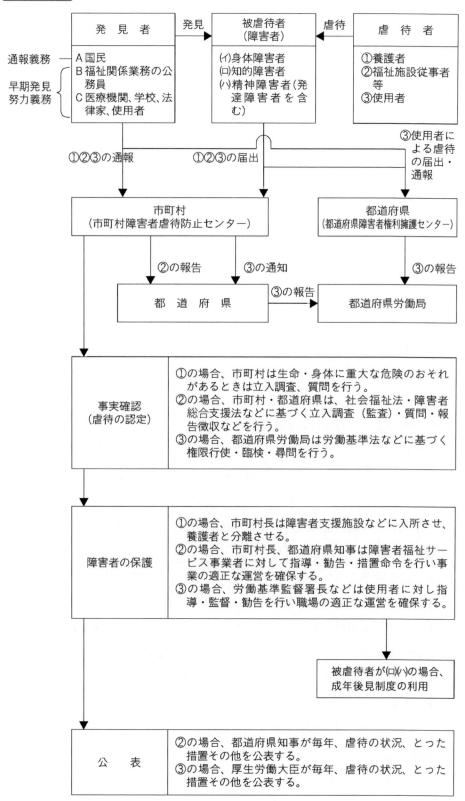

は、さらにその旨を都道府県労働局に報告することになっています。

　都道府県労働局が報告を受けたときは、都道府県労働局長、労働基準監督署長または公共職業安定所長が、労働基準法、障害者雇用促進法、個別労働関係紛争解決法その他の関係する法律によって定められている行政権限の行使をして、被虐待者の保護および自立の支援を行います（なお、船員に関する特例があります）。たとえば、事業場の調査、使用者に対する報告命令・出頭命令による指導を行うことなどがあります。

⑾　虐待を防止し、被虐待者・養護者を支援するために、国や地方公共団体にはどのような役割が求められているか

　虐待を防止するために、国や地方公共団体には、次のような役割が求められています（図表2−26）。

① 　虐待の予防および早期発見、その他の虐待の防止のため関係部署や関係機関並びに民間団体との間の連携を強化し、民間団体の支援などその他必要な体制の整備をすることが求められます（努力義務）。

② 　虐待に関係する分野に接する職員への研修や専門家人材育成をすることが求められます（努力義務）。

③ 　虐待にかかわる通報義務や被虐待者保護、養護者の支援等についての必要な広報活動（たとえば通報場所や相談機関、協力者などを周知することです）を行うことが求められます。

④ 　障害者福祉に関係する公務員は、虐待を発見しやすい立場にいるため、虐待の早期発見に努めることが求められます。

⑤ 　重大な虐待があった場合には、その事例の分析や虐待の予防および早期発見のための方策、虐待に対する適切な対応方法、養護者の支援などの調査および研究を行うものとされています。

⑥ 　虐待の防止、被虐待者の保護、自立の支援や財産保全救済のために成年後見制度が広く利用されるように、予算的措置や利用促進のための広報を行うものとされています。

⑦ 　福祉施設従事者等による障害者虐待があった場合には都道府県知事が、使用者による障害者虐待の場合には厚生労働大臣が、毎年度、虐待の状況、虐待があった場合にとった措置などといった一定の事項を公表するものとしています。

⑧ 　被虐待者が自立できるように、居住場所の確保、就業支援等の施策を行うものとしています。

図表2-26　障害者虐待の防止に向けた関係者の役割（努力義務も含む）

	養護者による虐待	障害者福祉施設従事者による虐待	使用者による虐待	その他
国・地方公共団体	①虐待予防 ②早期発見 ③障害者の保護、自立支援 ④養護者支援 ⑤関係機関との連携 ⑥人材確保〔体制整備〕 ⑦職員の研修 ⑧防止・通報・救済についての広報 ⑨虐待の調査研究 ⑩成年後見制度の利用促進	同左	同左 ※厚生労働大臣は虐待案件の発生状況、設置結果発表	―
市町村（市町村長）	①通報の届出受理 ②安全確認、事実確認（立入調査） ③居室の確保 ④障害者福祉支援施設へ障害者を一時入所 ⑤成年後見制度の審判請求 ⑥障害者の保護、擁護者の支援（相談、指導、助言） ⑦虐待対応協力者との連携 ⑧福祉関係職員の早期発見義務 ⑨専門的従事職員の確保 ⑩連携協力体制の整備	①通報の届出受理 ②都道府県への報告 ③障害者の保護、養護者の支援（相談、指導、助言） ④虐待対応協力者との連携 ⑤福祉関係職員の早期発見義務 ⑥専門的従事職員の確保 ⑦連携協力体制の整備 ⑧社会福祉法、障害者総合支援法に基づく権限行使（指導、勧告、業務停止） ※養護者による虐待と考えられる場合は左と同じ	①通報の届出受理 ②都道府県への通知	市町村障害者虐待防止センターを設置する
都道府県（都道府県知事）	①障害者の保護、養護者の支援（相談、指導、助言） ②虐待対応協力者との連携 ③福祉関係職員の早期発見義務 ④専門的従事職員の確保 ⑤連携協力体制の整備 ⑥市町村相互間の連絡調整、市町村に対する情報提供・助言・援助	①市町村の⑧ ②市町村相互間の連絡調整、市町村に対する情報提供・助言・援助 ③虐待案件の発生状況、措置、結果公表	①受付 ②市町村からの通知受理 ③都道府県労働局へ報告	都道府県障害者権利擁護センターを設置する
都道府県労働局	―	※使用者による虐待と考えられる場合は右の権限の行使	①県からの報告受理 ②労働基準法、障害者雇用促進法、個別労働関係紛争解決法などによる権限行使（調査、勧告など）	―
福祉関係機関 ※学校、保育所、医療機関	①早期発見努力義務 ②国、地方公共団体の施策への協力義務 ※研修の実施、普及啓発、相談の体制整備、虐待防止の必要な措置	同左	同左	―
国民	①市町村へ通報義務 ②国、地方公共団体の施策への協力義務	同左	①市町村または都道府県へ通報義務 ②同左	何人も障害者に対し虐待してはならない（虐待の禁止）

⑿　市町村障害者虐待防止センター、都道府県障害者権利擁護センターの役割は何か

障害者虐待防止法では、市町村に障害者虐待防止センターをおくこととされています。障害者虐待防止センターは、①「養護者による虐待」「福祉施設従事者等による虐待」「使用者による虐待」があった場合の届出や通報を受理すること、②養護者による虐待に関して、障害者や養護者からの相談に乗り、指導および助言をすること、③障害者虐待防止センターの役割を広報することになっています（同法32条）。

また、都道府県には障害者権利擁護センターをおくこととされています。障害者権利擁護センターは、①使用者による虐待があった場合の通報や届出を受理すること、②市町村相互間の連絡・調整、市町村に対する情報提供、助言など必要な援助をすること、③被虐待者や養護者の相談を受け付け、相談機関を紹介すること、④被虐待者および養護者を支援するための情報提供・助言・関係機関との連絡調整などといった援助をすること、⑤虐待に関する情報を収集・分析し、情報を提供すること、⑥虐待に関する広報などを行うこととされています（同法36条）。

なお、市町村および都道府県は、これらの業務の全部または一部を、連携・協力する者に委託することができます。

⒀　障害者虐待防止法はその他の関係者にどのようなことを求めているか

まず、国民に対しては、国や地方公共団体が行う虐待防止・養護者支援についての施策に協力することを求めています（障害者虐待防止法5条）。

次に、障害者福祉施設、学校、医療機関や障害者福祉に業務上関係する団体や医者、法律家など、福祉に携わる者に対しては、虐待を早期発見に努めることや虐待の防止等の施策に協力することを求めています（障害者虐待防止法6条）。

福祉施設の設置者、福祉サービス事業を行う者や障害者を雇用する事業主に対しては、従業員や労働者に対して虐待防止のための研修を実施することや、障害者や家族からの苦情の処理体制を整えることを求めています（障害者虐待防止法15条、21条）。

⒁　就学する障害者等に対する虐待の防止についてはどのようになっているか

障害者虐待防止法では、①就学する障害者、②保育所等に通う障害者、③医療機関を利用する障害者が、学校・保育所・医療機関で虐待を受けた場合については、「障害者虐待」の定義に含まれていません。したがって、それらの場所で行われている虐待を発見しても、障害者虐待防止法上の通報義務はありません（な

お、児童虐待防止法にも、保護者による虐待についての規定しかありません）。ただし、それらの場所で、養護者による虐待が行われている場合には、通報義務が生じることになります。

障害者虐待防止法29条～31条では、学校長、保育所の長、医療機関の管理者に対して、そこに従事する職員・学生・児童などの関係者に向けて、障害者虐待の防止を図るための研修を実施することや、相談窓口を設置することなどによって、虐待防止の体制を整えることが求められています。

⒂　成年後見制度の利用を促進する目的は何か

障害者虐待防止法において成年後見制度の利用の促進が定められているのは、虐待の防止、障害者の保護および自立の支援を図るためには、成年後見制度を利用することが有効であるという考えがあるからです。

障害によって、本人の判断能力が不十分な状況の下では、障害者が自分自身を守ることができない場合があります。また、養護者（世話人）と被養護者との力関係（支配関係）から被養護者が脱することができないような場合もあります。こういった状況を解き放つ1つの方法として、本人の権利を守る制度である成年後見制度の利用が考えられるのです。

そのためには、周りに協力してくれる親族などがいない場合でも、また成年後見を利用するための費用がない場合でも、利用に向けた申立てをすることができるようにする必要があります。

そこで、障害者虐待防止法では、市町村長に対しては、必要なときには成年後見の開始等の審判請求を行うことを求めています（障害者虐待防止法43条2項）。また、国や地方公共団体には、成年後見制度の利用・促進のための広報や、利用するにあたっての費用を負担できない障害者のために経済的負担の軽減を義務づけて、成年後見制度の利用を促進しています（障害者虐待防止法44条）。

なお、成年後見制度の利用を促進するために、平成28年4月に成年後見制度利用促進法が成立しました。今後、成年後見制度を必要とする方々への国等の支援体制が整備されることになっています。平成29年3月には成年後見制度利用促進基本計画が閣議決定されその中で利用促進のためのポイントが示され予算化もなされました。

⒃　虐待は犯罪ではないのか

虐待行為が、刑法に定められた犯罪にあたる場合があります。

たとえば身体的虐待は暴行罪や傷害罪にあたるでしょうし、性的虐待は強制わいせつ罪や強制性交等罪、心理的虐待は侮辱罪や名誉棄損罪、ネグレクトは保護

責任者遺棄罪などにあたる場合があります。

　刑法上の犯罪にあたる場合、虐待者を告訴・告発して刑事事件として処理することができます。

　しかし、虐待のすべてが刑法上の犯罪となるものではありません。犯罪となるには処罰できるだけの要件を備えたものでなければなりません。一方、障害者虐待防止法では、刑法とは異なり障害者を保護・救済するという行政上の福祉の観点から考えられています。つまり、障害者虐待防止法の立法目的は虐待が障害者の尊厳を害するものであり、障害者の自立および社会参加にとって障害者に対する虐待を防止することが重要であるとの認識に立って、虐待の定義をしています。したがって、犯罪とはいえない虐待をも未然に防止する、あるいは禁止するという観点から規定されているのです。

・障害者虐待防止法の参考資料
　　・市町村・都道府県における障害者虐待防止と対応の手引き（平成30年6月）
　　・障害者福祉施設等における障害者虐待の防止と対応の手引き（平成30年6月）
　以上いずれも厚生労働省のホームページに掲載（厚生労働省障害者虐待防止ホームページhttps://www.mhlw.go.jp/stf/seisakunitsuite/bunya/hukushi_kaigo/shougaishahukushi/gyakutaiboushi/）

（第1章 Ⅱ 4　田中　勇）

5　精神保健福祉法

(1)　精神保健福祉法の特徴とその背景

　精神保健福祉法は精神障害者の医療・保健・福祉にまたがる幅広い範囲を扱う法律です。精神保健福祉法については、平成25年に大きな改正がされました。ここでは、成年後見にかかわりのある部分、特に入院形態、権利擁護や福祉に関する規定を中心に説明します。

　他の障害者の場合、知的障害者が「知的障害者福祉法」、身体障害者が「身体障害者福祉法」として単独の福祉法が存在しています。しかし、精神障害者の場合は、保健・医療・福祉がいっしょになっています。その主な理由として、以下の2つが考えられます。

(A)　歴史的な経過のため

　そもそも最近まで、精神障害者は医療の対象でした。そして、治療によって症状が改善された後は、福祉の対象となっていませんでした。あくまでも医療の対

象であることから、昭和25年に成立した精神衛生法では、入院治療に関する規定がほとんどで、昭和40年の改正によって、通院医療について公費で負担するしくみが導入された程度でした。

　昭和63年に、精神衛生法は精神保健法に改正されました。ここでやっと、「精神障害者も福祉の対象者である」ということが理解され、福祉施策として社会復帰施設が精神保健法で規定されました。そしてこのときに、現在の「保健医療＋福祉」というスタイルが確立され、現在の精神保健福祉法に至っています。

　(B)　精神障害が「疾病」と「障害」の両方をもっているため

　精神障害者を支援するときには、保健医療と福祉をあわせて考え、どちらの点からも対応していかなければなりません。

　精神疾患、特に統合失調症や感情障害（うつ等）などでは、身体的・精神的なストレスが、発病や再発との関連性が高いといわれています。比較的治りやすい半面、日常生活上のストレスから再発しやすいという特徴があります。たとえ治療により回復したとしても、ストレスによって再発する危険性は常にあります。身体障害のように、障害の原因となる疾病が回復した後、事後的に障害が出現するのではなく、「疾病」と「障害」を同時にあわせもっているわけです。この点が、保健医療と福祉を別に考えることができない理由です。

　ただし、社会復帰施設に関する規定は、以前は精神保健福祉法に規定されていましたが、その多くが、平成17年に制定された障害者自立支援法に統合されました。

(2)　精神保健福祉法の対象となる「精神障害者」

　精神保健福祉法５条では、精神障害者について、次のように幅広く規定されています。

> 　この法律で「精神障害者」とは、統合失調症、精神作用物質による急性中毒又はその依存症、知的障害、精神病質その他の精神疾患を有する者をいう。

　「知的障害も精神障害者である」とするこの規定に対しては、違和感をもつ人も多いかもしれません。ただし、知的な発達の遅れの原因が脳の器質性障害である場合や、知的障害があることで精神的なストレスが高くなって、何らかの精神症状が出現し、社会生活上の問題行動を出現させるといった場合は少なくありませんので、実際には、多くの知的障害者も精神科治療を受けています。

　また、認知症も精神疾患であるため、精神保健福祉法の対象となります。さらに、近年注目されている、いわゆる「発達障害」も精神科治療・支援が必要な場

合はその対象となります。

(3)　3つの入院形態がある——任意入院、措置入院、医療保護入院

精神保健福祉法には、医療法的な規定が数多く存在しています。代表的なのは、入院に関する規定です。ここでは、精神保健福祉法で規定されている入院形態について述べます。

(A)　任意入院

任意入院とは本人の意思による入院のことです。精神障害者本人の意思を尊重する形での入院を行うことが、人権擁護の観点からも、医療を円滑に行う観点からも重要であるとして、「精神科病院の管理者は……本人の同意に基づいて入院が行われるように努めなければならない」としています（精神保健福祉法20条）。

注目すべき点としては、「任意入院」といっても、一般科の入院と違い、本人の自由が制限される場合があることです。本人の自由を制限する場合、任意入院では、以下の点が規定されています（精神保健福祉法21条）。

① 　入院時に「入院に際してのお知らせ」との書面を提示し、説明を行うことで「入院同意書」を得ておくこと

② 　任意入院者から退院の申出があった場合は、退院させること

③ 　退院の申出があった場合においても、入院継続の必要性があると認められるときには、「入院継続に際してのお知らせ」との書面によって本人にその旨を知らせ、入院者が退院の意思を明らかにした時点から72時間以内に限り、精神保健指定医（精神保健福祉法に定められた範囲で強制的な医療を行うことのできる資格をもつ医師）の診察を経たうえで、退院制限を行うことができること

④ 　緊急その他やむを得ない場合において、特定医師（精神保健指定医以外の一定の基準を満たす医師）の診察により、12時間を限度として、任意入院者の退院制限を行うことができること

⑤ 　精神保健指定医および特定医師が退院制限を行った場合は、退院制限の事実、日時、退院制限の理由等を診療録に記載しなければならないこと

(B)　措置入院（精神保健福祉法29条）

措置入院とは自傷他害（自分自身を傷つけ、他人を害する）行為のある精神障害者に対し、都道府県知事の命令で強制的な入院を行うことができる旨の規定に基づく入院です。

自傷とは、自殺企図などのように、自分自身の生命や身体を害する行為です。

他害とは、他人の生命・身体・財産等を害する行為です。

　精神保健指定医２名が診察し、２名ともが、精神障害による自傷他害行為のため措置入院が必要であると認めた場合に、措置入院が実施され、国・都道府県立病院や指定病院に入院することになります（精神保健福祉法27条・29条）。

　ただし、緊急を要し、通常の措置入院の手順をとることができない場合は、72時間に限り、１名の精神保健指定医の診察を経て入院させることも認められています。これが緊急措置入院（精神保健福祉法29条の２）です。この場合、継続して措置入院とすることが必要な場合であれば、72時間以内に通常の措置入院の手続をとることになります。

　措置入院は、本人の意思で入院するものではありません。他人からの「通報」によって、情報が行政の担当部署（一般的には保健所）に届き、その内容について、担当者が情報収集を行ったうえで、知事の命令によって、診察の手続が始まることになります。

　措置入院に関する通報については、次のように定められています。

①　一般人からの診察および保護の申請　　精神保健福祉法22条１項では、「精神障害者又はその疑いのある者を知った者は、誰でも、その者について指定医の診察及び必要な保護を都道府県知事に申請することができる」とされています。自傷他害のおそれがある場合には、誰でも、申請者の住所・氏名など所定の項目を示した文書を都道府県知事（一般的には保健所）に提出することができます。この場合、条文からは「精神障害又はその疑い」がある人すべてが対象のように読めますが、本人の人権擁護の観点から、実務上は、「自傷他害のおそれ」がある人が対象とされています。

②　警察官による通報　　精神保健福祉法23条では、「警察官は、職務を執行するに当たり、異常な挙動その他周囲の事情から判断して、精神障害のために自身を傷つけ又は他人に害を及ぼすおそれがあると認められる者を発見したときは、直ちに、その旨を、最寄りの保健所長を経て都道府県知事に通報しなければならない」とされています。22条との違いは、文書による申請を義務づけていない点であり、電話や口頭でも通報できると考えられています。

③　その他の通報　　精神保健福祉法24条では検察官による通報について、同法25条では保護観察所長による通報について、同法26条では矯正施設長による通報について、それぞれ規定されています。

　(C)　医療保護入院

　医療保護入院は、平成25年の法改正（精神保健及び精神障害者福祉に関する法律の一部を改正する法律）により、大きく内容が変更されました。後見人にとって

重要なのは、保護者制度の廃止、精神科病院の管理者に退院後生活環境相談員の設置等の義務が新たに課されることとなったという2点があげられます。

(a)　保護者規定の廃止

従来の医療保護入院では、1人の精神保健指定医の診察において、本人の同意を得ることは困難であるが入院が必要と判断された場合、保護者の同意を要件として入院を行うことができると規定されていました。この場合の保護者とは、「その後見人又は保佐人、配偶者、親権を行う者及び扶養義務者」（平成25年改正前の精神保健福祉法20条）であり、その順位は、①後見人または保佐人、②配偶者、③親権を行う者、④それ以外の扶養義務者（民法877条1項：配偶者、直系血族および兄弟姉妹並びに家庭裁判所が指定したそれ以外の3親等内の親族）のうちから家庭裁判者が選任したものの順とされていました。この保護者には、精神障害者に治療を受けさせる義務、措置入院解除後の患者引取り義務等、過剰と思えるほどの多くの義務が課されていました。

しかし、家族の高齢化等に伴い、負担が大きくなっている等の理由から、保護者に関する義務規定が削除されることになりました。

(b)　平成25年改正後における医療保護入院

平成25年改正後は、精神保健指定医1名が入院の必要があると認めた場合に、本人の同意がなくても、家族等の同意があるときは、入院させることができることとなりました（精神保健福祉法33条）。「家族等」とは、配偶者、親権者、扶養義務者、後見人または保佐人（同条2項）です。順位はありません。さらに、家族等がいない場合は市町村長の同意による入院が規定されています（同法34条）。そして、同意した人が真に家族等に当たるかどうかを確認するために、病院管理者は、当該家族等の住所、氏名、性別、生年月日、続柄等を記録しなければならない（同法施行規則13条の3第11号）とされています。

保護者の役割について、平成25年改正前精神保健福祉法との違いは、旧法では、保護者に諸義務が規定されており、入院同意のみならず治療・退院・社会復帰まで広範な責務があるのに対して、平成25年改正後は、同意者である「家族等」の義務は限定されていません。したがって、「家族等」の役割は、精神科以外の病院へ入院する場合と同様の役割であると解されています。

(4)　精神保健福祉法における権利擁護に関する規定

次に精神保健福祉法における権利擁護に関する規定をみておきましょう。

(A)　入院するにあたっての書面による権利等の告知

入院医療機関の管理者（実質的には診察を行う医師）は、すべての入院形態に対

第1章

して、精神障害者が入院するときに必ず「入院に際してのお知らせ」という告知文書を、本人や家族等に手渡して説明することになっています。そこには、入院の形態、管理者の氏名、主治医の氏名、本人の権利、行動制限がある場合はその範囲・内容等が書いてあります。

　告知されたことについて、任意入院であれば本人のサイン、医療保護入院であれば家族等のサインが求められます。医師は診療録に「誰が」「誰に」「いつ」告知したかがわかるように記入を行います。かつては病院側に「お任せ」することも多かったのですが、現在では病院は本人等に対して十分な説明を行い、その旨を文書として取り交わすことにより、入院者の権利を保障する体制がとられています。

　さらに文書には、退院等請求や処遇改善請求を行う場合の連絡先が書かれています。この場合の退院等請求や処遇改善請求とは、入院者およびその家族等が、その入院を不服として都道府県知事に対し退院等を請求したり、その処遇等についての改善を精神医療審査会（☞(6)）に請求したりすることです（精神保健福祉法38条の４・38条の５）。

　平成25年の法改正までは、精神医療審査会に対して退院等請求や処遇改善の請求をできる者は、本人またはその保護者と規定されていましたが、保護者制度の廃止に伴い、家族等に変更となりました。したがって、本人の家族等に該当すれば、医療保護入院の同意者でなくても、退院や処遇改善の請求を行うことができます。必要な入院にあたっては、可能な限り、入院者のケアにあたっている家族等へ入院の理解をもらう必要があります。

⒝　精神科病院の義務

⒜　精神科病院における行動制限と病院の義務

　精神保健福祉法36条１項には、「精神科病院の管理者は、入院中の者につき、その医療又は保護に欠くことのできない限度において、その行動について必要な制限を行うことができる」と定められています。これが行動制限です。行動制限は、精神障害者に医療を受けさせたり保護したりする目的で行動の制限を可能とするものです。閉鎖病棟に入院させることや、隔離室（強く安静が必要なときに使用する個室）を利用する根拠となります。行動制限は精神科には特徴的なもので、危険な問題行動を伴うことの多い精神疾患の治療のためにはやむを得ない処置であるといえます。

　ただし、精神保健福祉法36条２項では「信書の発受の制限、都道府県その他の行政機関の職員との面会の制限その他の行動の制限であつて、厚生労働大臣があ

らかじめ社会保障審議会の意見を聴いて定める行動の制限については、これを行うことができない」としており、国があらかじめ基準を定める、治療上必要のない制限については行うことができないとされています。

　たとえば、信書の発受の制限はできないものの、封書に異物（剃刀や毒物など）が入っているおそれがある場合などには、本人の了解を得たうえで開封し、それを取り除いてから手渡すことや、治療のために必要な場合に面会を制限することは可能です（ただし、人権擁護にかかわる行政職員等や、本人または家族等の代理人である弁護士との面会・電話については制限できません）。本人が外出を希望する場合であっても、治療のために必要であれば、一時的に制限することが可能です。このように、精神科病院では、治療上欠くことのできない範囲で行動制限を行うことが認められているのです。

　行動制限を行う場合は医療機関側に一定の義務が発生することになります。たとえば、12時間を超える隔離を行う場合には、精神保健指定医が診察・判断したうえで、そのことを診療録に記入することや、面会の制限をする場合は、その理由を本人に知らせること、診療録に記載することが義務づけられています。また、「医療保護入院の入院届」「措置入院及び医療保護入院者の定期病状報告書」を、定められた期間・時期に都道府県知事に提出することが定められています（精神保健福祉法38条の２）。

(5)　精神科病院の相談・援助を行う義務

　旧法でも、精神科病院には社会復帰に関する相談・援助を行う義務があると規定されていましたが、平成25年法改正により一層の具体的な義務が定められました。

　特に、保護者制度が削除されたことに対して、本人の退院後の生活環境に関する相談および指導を行う者（精神保健福祉士等）の設置（精神保健福祉法33条の４）が規定されています。これにより、精神科病院には、「退院後生活環境相談員」を選任して医療保護入院者等や家族等からの相談に応じる義務が発生しました。

　また、地域援助事業者（入院者本人や家族からの相談に応じ必要な情報提供等を行う相談支援事業者等）との連携（精神保健福祉法33条の５）が規定されました。これは医療と福祉のスムーズな連携が行われることを目的とした規定です。さらに、退院促進のための体制整備（同法33条の６）が規定され、特に医療保護入院者に対しては入院時から退院まで計画的に支援を行うための院内組織である医療保護入院者退院支援委員会を立ち上げることとなりました。

　以上のように、平成25年の法改正では、保護者制度が廃止されたことにより、

医療保護入院者の支援を行う体制が整備された点が大きいと考えられます。精神障害者の後見活動においても、医療機関や地域の相談支援事業等と「チーム」を組み、協働で支援活動を行うことができるようになりました。

(6)　精神医療審査会

精神保健福祉法12条は、都道府県に精神医療審査会をおくことを規定しています。

精神医療審査会は、次のような業務を行います。

①　精神科病院の管理者から提出された、「医療保護入院の入院届」「措置入院者及び医療保護入院者の定期病状報告書」によって、その入院の必要性についての審査を行います。

②　精神科病院に入院している人またはその家族等から、退院請求または処遇改善請求があったときに、その入院の必要性や処遇の妥当性について、審査を行います。

この事務に関しては、都道府県にある精神保健福祉センターが行うこととなっています（精神保健福祉法6条2項3号）。精神保健福祉センターは、本人や保護者からの退院請求や処遇改善請求の窓口にもなります。

前に述べたように、精神科医療には、法律等で定められている範囲で行動制限をすることが認められています。それを逸脱した取扱いがされている場合には、本人や保護者から直接、その権利の回復を求める先がなければなりませんが、それがこの精神医療審査会や精神保健福祉センターとなります。

精神医療審査会の連絡先は、「入院に際してのお知らせ」に、精神医療審査会の事務局と人権擁護に関する機関の電話番号が書いてあります。また、アクセスの利便性を高めるため、病院の中の公衆電話がある場所など、よく見えるところに掲示することになっています。

(7)　精神障害者保健福祉手帳

障害者を支援する福祉的な制度を利用するための「パスポート」ともいえるのが、精神保健福祉法45条に規定されている精神障害者保健福祉手帳です。この手帳を持っていることによって、障害者総合支援法のサービスを受けられますし、税制の優遇措置や生活保護の障害加算（1級・2級）などといったさまざまなサービスを受けることができます。

精神障害者保健福祉手帳は、障害の程度によって、1級・2級・3級があります。

①　1級は、日常生活ができないような障害です。

②　2級は、日常生活が著しい制限を受けるか、または、日常生活に著しい制限を加えることを必要とする程度の障害です。

③　3級は、日常生活または社会生活が制限を受けるか、日常生活または社会生活に制限を加えることを必要とする程度の障害です。

　対象となる疾病の種類としては、統合失調症、躁うつ病（気分（感情）障害）、非定型精神病、てんかん、中毒精神病、器質精神病（知的障害を除きます）、その他の精神疾患です。

　精神障害者保健福祉手帳を取得するためには、市町村福祉担当窓口または保健所に申請します。

（第1章Ⅱ⑤　齋藤　敏靖）

第
1
章

Ⅲ　生活保護

●この節で学ぶこと●

　後見制度を利用する方の中には、収入が少ないなどの理由により困窮状態にある場合があります。また、生活保護をすでに受給している方が後見制度を利用することもあるでしょう。この節では、基礎的な生活保護の知識を紹介し、あなたが後見人としての実務を行う際に利用者の立場で注意すべき点などを確認します。

1　生活保護という権利

　皆さんは、「生存権」という単語を耳にしたことがあるでしょう。憲法25条は、「すべて国民は、健康で文化的な最低限度の生活を営む権利を有する」と定めており、この生存権の保障を具体化する法律が生活保護法です。ここでは、生活保護が憲法の定める権利に基づくものであることを意識しながら読み進めましょう。

2　生活保護制度〜4つの基本原理

① 　最低生活の保障と自立の助長（生活保護法1条）

② 　無差別平等（同法2条）

③ 　健康で文化的な生活水準の維持を保障（同法3条）

④ 　保護の補足性（同法4条）

(1)　無差別平等に保護を受けることができる

まずはじめに注目したいのは、生活保護法2条です。

> すべて国民は、この法律の定める要件を満たす限り、この法律による保護（以下「保護」という。）を、無差別平等に受けることができる。

　生活保護は、特殊な状況におかれた一部の人のみのための施策ではありません。国民誰でもが要件を満たす限り、差別されることなく平等に受けることのできる権利なのです。

　旧生活保護法においては、「能力があるにもかかわらず勤労の意思のない者、勤労を怠る者、その他生計の維持に努めない者、素行不良な者」については保護

しないと定められていましたが、現行法にそのような欠格条項は存在しません。どのような原因で困窮状態に陥ったのかにかかわらず、つまり、困窮状態に陥ったことについての自己責任などについても問われることなく、保護を受けられるということにつき誤解のないようにしておきましょう。

(2)　どのような生活が保障されるのか

次に、生活保護法1条と3条をみてみます。

> （第1条）この法律は、日本国憲法第25条に規定する理念に基き、国が生活に困窮するすべての国民に対し、その困窮の程度に応じ、必要な保護を行い、その最低限度の生活を保障するとともに、その自立を助長することを目的とする。

> （第3条）この法律により保障される最低限度の生活は、健康で文化的な生活水準を維持することができるものでなければならない。

　困窮状態にあるすべての国民に対して、国が必要な保護を行い、最低限度の生活を保障すること、そして、保障される生活は、健康で文化的な生活水準を維持できるものでなければならない、と規定しています。これは、たとえば、なんとか食事をとることができるといった程度のぎりぎりの生活ではなく、健康で文化的な最低限度の生活とその維持が保障されているということです。まず人としての尊厳が保たれるような生活を経て、その後、自立へ向かっていくというプロセスを意識したいところです。

　なお、自立といっても、必ずしも保護からの脱却のみを指しているわけではありません。保護を利用する方それぞれに違う自立や自己実現の方法があることを支援者の立場からも検討してみましょう。

(3)　他法・他施策の優先

最後に生活保護法4条を確認します。

> 　保護は、生活に困窮する者が、その利用し得る資産、能力その他あらゆるものを、その最低限度の生活の維持のために活用することを要件として行われる。
> 　2　民法（明治29年法律第89号）に定める扶養義務者の扶養及び他の法律に定める扶助は、すべてこの法律による保護に優先して行われるものとする。
> 　3　前2項の規定は、急迫した事由がある場合に、必要な保護を行うことを妨げるものではない。

　生活保護は、利用できる資産や能力を活用することを要件としていることがわかります（これについては、後述します）。

　生活保護法4条2項では、たとえば年金のように、他の法律や施策による扶助

が生活保護に優先されるのと同様に、扶養義務者による扶養についても生活保護に優先するものとして定められていますが、同4条1項と異なり、「要件」とされてはいません。扶養義務者による援助が実際にされた場合は、それが収入として認定される（その分、保護費が減額される）という意味ですから、扶養義務者が存在する場合には、保護が受けられないといった誤解をしないよう注意が必要です。

3　生活保護開始の要件

① 　申請権を有する者からの申請がされたこと
② 　保護を必要とする状況にあること
③ 　能力や資産が活用されていること

(1)　申請権者からの申請

　生活保護法7条は、まず、「保護は、要保護者、その扶養義務者又はその他の同居の親族の申請に基づいて開始するものとする」と定めています。

　要保護者とは、保護を必要としている本人を指します。

　申請権を有する扶養義務者とは、直系血族および兄弟姉妹のほか、家庭裁判所の審判により扶養義務を負担することとなった3親等内の親族を指し、同居の親族とは、配偶者、6親等内の血族、3親等内の姻族を指します。

　ここで特に指摘しておきたいのは、何度窓口を訪れて相談をしていたとしても、実際に申請の意思表示をしない限り申請をしたことにはならないということです。保護開始のためには、申請の意思表示だけでなく、原則として申請書を提出する必要があるということもあわせて覚えておきましょう。

　申請による保護開始の例外として、生活保護法7条ただし書は、「要保護者が急迫した状況にあるときは、保護の申請がなくても、必要な保護を行うことができる」とするほか、同法25条1項は、「保護の実施機関は、要保護者が急迫した状況にあるときは、すみやかに、職権をもって保護の種類、程度及び方法を決定し、保護を開始しなければならない」として、申請がされなくても保護が開始できる場合を規定しています。現在、後見人が本人を代理して申請することを受け入れている福祉事務所もありますが、「後見人には申請する権利がない」等の説明をされる場合もあります。その場合には、要保護者が急迫した状況にあることが実施機関に知れることにはなりますので、同法25条に基づく保護の開始を求めればよいでしょう。

第24条　保護の開始を申請する者は、厚生労働省令で定めるところにより、次に掲げる事項を記載した申請書を保護の実施機関に提出しなければならない。ただし、当該申請書を作成することができない特別の事情があるときは、この限りでない。

　一　要保護者の氏名及び住所又は居所

　二　申請者が要保護者と異なるときは、申請者の氏名及び住所又は居所並びに要保護者との関係

　三　保護を受けようとする理由

　四　要保護者の資産及び収入の状況（生業若しくは就労又は求職活動の状況、扶養義務者の扶養の状況及び他の法律に定める扶助の状況を含む。以下同じ。）

　五　その他要保護者の保護の要否、種類、程度及び方法を決定するために必要な事項として厚生労働省令で定める事項

（以下略）

生活保護施行規則　第１条　生活保護法（昭和25年法律第144号。以下「法」という。）第24条第１項（同条第９項において準用する場合を含む。次項において同じ。）の規定による保護の開始の申請は、保護の開始を申請する者（以下「申請者」という。）の居住地又は現在地の保護の実施機関に対して行うものとする。

2　保護の実施機関は、法第24条第１項の規定による保護の開始の申請について、申請者が申請する意思を表明しているときは、当該申請が速やかに行われるよう必要な援助を行わなければならない。

（以下略）

（2）　要保護状態

　生活保護は、生活保護法10条が規定するとおり、世帯を単位としてその要否等について判断します。居住する地域や世帯構成等によりほぼ機械的に定められている生活保護のひと月あたりの基準額を、ある世帯の収入（から必要経費等を控除した額）が下回れば要保護状態にあるとされます。

　ここで注意すべきなのは、世帯単位の原則には例外があり、出稼ぎのように離れて暮らしていても同一世帯と判断する場合もあれば、反対に、同居している者を世帯から分離して保護の要否を判断する場合もあるということです。

収入としては、就労による収入、年金等社会保障給付、親族による援助等を認定します。

図は、厚生労働省ホームページ

（3）　資産の活用

　保護の開始要件とされている資産の活用について主なものを確認しましょう。

① 現金・預貯金

資産を活用することが要件であると規定されているため、少しでも現金や預貯金を有する場合には保護の申請ができないと誤解されることがありますが、そのようなことはありません。生活保護の要否判定にあたっては、(2)で述べたひと月あたりの基準額の2分の1相当額が収入認定されないこととされています。申請から保護開始までには日数を要しますので（後述事例2参照）、その間の生活費を費消する前に申請しましょう。

② 居住用不動産

持ち家に住んでいると保護を受けられないという誤解もよく耳にしますが、自分が住むことにより、不動産を活用しているのですから、ローンが残っている場合を除いて原則としては保有が認められます。当該不動産の処分価値が著しく高い場合には、例外的に、後に処分することを前提として保護を受けることとなります（処分価値の高い不動産に居住しているからといって保護を受けられないということはありません）。

③ 自動車

事業用として活用される一部のものを除き、自動車は、原則として保有することが認められていません。例外的に認められるのは、①障害者が自動車により通勤する場合、②公共交通機関の利用が著しく困難な地域に居住する者等が自動車により通勤する場合、③公共交通機関の利用が著しく困難な地域にある勤務先に自動車により通勤する場合、④深夜勤務等の業務に従事している者が自動車により通勤する場合、となっています。

このほか、保護開始時には事情により就労を中断している場合などにおいて、おおむね6カ月以内に就労するなどして保護を必要としなくなることが見込まれる場合などには、処分価値が小さいと判断される自動車については、その処分をする指導は保留することができます。

(4) 能力の活用

能力の活用については、①申請者が働くための能力（稼働能力）を有しているか否かということだけでなく、②それを活用する意思があるか否かのほか、③実際に活用できる就労の場を得ることができるか否かにより判断されます。

申請者の年齢により機械的に判断するのではなく、その方の健康状態や、障害の有無、稼働能力を可能な範囲で活用しようとする意思の有無、居住する地域の有効求人倍率などを指標として用いるなどして、稼働能力の活用については総合的に判断されるべきです。

(5)　まとめ

　繰り返しとなりますが、保護を必要としている方が急迫した状況にあるときにまで、資産や能力の活用が求められることはありません。生活保護法25条でも、「保護の実施機関は、要保護者が急迫した状況にあるときは、すみやかに、職権をもつて保護の種類、程度及び方法を決定し、保護を開始しなければならない」としています。

　たとえば、農地を含む不動産といった、換価に時間がかかる資産を有する場合では、保護が開始された後に、不動産を売却するなどして資産が活用された時点で、保護費の清算をすればよいことになっています。

　あってはならないことですが、福祉事務所の窓口において、なかなか申請書の提出をさせてくれないというような運用が実際に確認されています（支援者の間では「水際作戦」とよばれています）。弁護士、司法書士などが活動している生活保護の支援グループを活用するなどして申請者が適時に必要とする保護を受けられるようにしたいものです。

4　生活保護 Q&A ～こんなときはどうなる～

《事例1》
　生活保護の申請は、どこですればよいのでしょうか。

　要保護者の居住地を所管する福祉事務所において申請をします。

　その福祉事務所が所管する区域外の施設等へ入所したケースでも、入所前の居住地に家財が保管されているとか、帰来引受先がある場合であって、本人が退所後に必ずその地域に居住することが予定されていれば、保護の実施機関については、入所前の居住地で判断することになります。

《事例2》
　申請をしたら、すぐに保護費が支給されるのでしょうか。

　保護の実施機関は、保護の要否、種類、程度および方法を決定し、その理由とともに、申請のあった日から14日以内に通知しなければならないことになっています。ただし、資産の調査等に時間を要するなど、特別な理由がある場合に限り、これを30日まで延長できるとしています。

　保護費は申請日にさかのぼって支給されますが、預貯金等の残額が、１カ月分

の最低生活費を割り込んだらすぐに申請をしましょう。

《事例3》

　保護を必要としている人と同一の世帯に、働けるのに収入を得るための努力をしていない者がいます。その者が能力の活用をしていないために、全員が保護を受けられないのでしょうか。

　生活保護は、世帯を単位としてその要否を判定することは説明しましたが、事例のケースでは、能力の活用をしない者を分離することにより、残りの世帯員を保護するという扱いも可能です。これを世帯分離といいます。

　世帯分離が認められるかについては、詳細に取扱いが定められているため、専門家に相談することを検討しましょう。

《事例4》

　保護費をやりくりしていたら、いくらか貯金ができました。これは福祉事務所に返すべきでしょうか。

　実際に受給する保護費には貯金するほどの余裕がないことが想定されますが、もし、保護費のやりくりをすることで生じた預貯金については、その使途が生活保護の趣旨目的に反しないと認められる限り、保有してよいことになっています。

《事例5》

　福祉事務所から、資産の申告をするよう指示がありました。どのような点に注意する必要がありますか。

　後見人が家庭裁判所に対して定期的に行う報告と同様に、福祉事務所に対して少なくとも年に1回は資産の申告を行うことになります。

　そのほかにも、臨時の収入があった場合などは、その後に受ける保護費に影響することになりますから、随時報告するようにしましょう。

　なお、③(3)②のように、生活保護開始後に当初から有していた資産の活用がされた場合は、生活保護法63条の規定に基づき、受けた保護費の範囲内で清算を行うことになります。その世帯の自立更生のためのやむを得ない用途での支出など、実施機関は返還額から一部を控除した額を実際の返還額とすることができる取扱いとなっています。

　不正により保護費を受給していると判断されてしまうと、生活保護法78条の規定により、その費用だけでなく、40％加算された額が徴収されることもあります。

　疑問があれば、そのつど担当ケースワーカーに確認するなどして、適正な保護の受給に努めましょう。

《事例6》

通院のための交通費については支給されないのでしょうか。

原則として事前の申請が必要となりますが、電車・バス等により受診する場合の交通費（移送費）などが支給できることになっています。申請の方法や領収書の提出等について、事前に担当ケースワーカーに確認しておくとよいでしょう。

（第1章Ⅲ　羽根田　龍彦）

第1章

健康保険

●この節で学ぶこと●

　国民健康保険制度・健康保険制度の目的、被保険者、給付の種類などの概要を学習します。被後見人に不利益となることのないよう、給付の内容や申請について、十分に理解しておきましょう。

1　国民健康保険制度

⑴　国民健康保険制度の目的

　わが国の医療保険制度は、「国民皆保険」と呼ばれています。国民は生まれたときから亡くなるまで、原則として、必ず公的な医療保険制度に加入します。私たちは、医療保険制度に加入することにより、病気やけがをしたときに、安心して治療を受けたり、薬を受け取ることができます。医療保険制度は、すべての加入者が所得に応じて保険料を負担することにより、お互いに助け合い、支え合う制度です。それぞれの保険制度については、法律が定められており、その法律に基づいて運営されています。

　国民健康保険制度は、会社員などが加入する健康保険、公務員等が加入する共済組合と並び、医療保険の中心的存在です。

　国民健康保険は、各都道府県が市区町村とともに運営しています。保険料のほかに、国や県等からの公費を財源としています。運営する都道府県および市区町村等を「保険者」、加入する人を「被保険者」と呼びます。

⑵　国民健康保険の被保険者はどのような人か

　日本国内に住所のある人は、住所地の都道府県等が運営している国民健康保険の被保険者となります。ただし、会社員や公務員等と、その扶養家族は、職場の健康保険制度に加入しますので、国民健康保険には加入しません。75歳以上の人、生活保護を受けている世帯の人も加入しません。主な被保険者のイメージとしては、お店や個人事務所などを自営している人、農業を営んでいる人、それらの家族で会社等の健康保険制度に加入していない人、退職して職場の健康保険の適用外となった人、パートやアルバイトなどで一定の収入があるため家族の職場の健康保険の被扶養者となることのできない人、などです。外国人も、在留期間が3

カ月以上で、原則として住民登録をしていれば加入します。なお、１人で自営しているような場合でも、株式会社、NPO法人など、法人登記をしていれば、国民健康保険ではなく、会社員などが加入する健康保険制度に加入します。

　国民健康保険は、世帯ごとに加入して、家族の一人ひとりが被保険者となります。保険料（または保険税）を納付する義務は、世帯主にあります。そのため、世帯主が国民健康保険に加入していない場合でも、家族の誰かが加入していれば、市区町村からの通知は世帯主あてに送られます。

(3)　国民健康保険へ加入や脱退をするには届出が必要

　国民健康保険への加入・脱退・変更などについては、住所地の市区町村に届出をすることが必要です（図表２-27〜２-29）。窓口で手続をする際には、平成28年１月からマイナンバーの提示が必要となりました。ICチップ付きの「個人番号カード」があれば、それ１枚でよいですが、ない場合は、市区町村から届けられた「通知カード」とともに運転免許証やパスポートなど公的機関が発行した顔写真付きのものを持参してください。

　国民健康保険は、住所地の市区町村で加入しますが、子どもが修学のために他の市区町村に転居した場合も、それまでと同じ市区町村の国民健康保険に加入したままとなります。また、長期入院のため、または介護保険施設・児童福祉施設・特別養護老人ホームなどに入所したために住所変更したときも、例外的に、以前の市区町村の国民健康保険に加入し続けることになっています。いずれもその旨の届出が必要です。

　国民健康保険の届出については、届出理由のあったときから14日以内に行わなければなりません。住所のある市区町村の担当窓口で手続を行います。届出義務者は世帯主ですが、委任状があれば代理人が届け出ることもできます。家族が届け出る場合は、委任状は必要ありません。

　他の保険制度に加入していない人は、原則として、国民健康保険に必ず加入しなければなりません。加入の届出が遅れた場合は、届出をした日ではなく、加入しなければならなくなった日まで、最長５年間、さかのぼって保険料を請求されます。どれだけさかのぼるかについては、保険料を「国民健康保険税」として税金扱いしているか、税ではなく「保険料」としているかによって変わることになり、各市区町村により異なります。

　脱退の届出が遅れた場合には、本来は支払う必要のない保険料を請求されたり、督促状が送付されたりしますので、届出理由があったときは、14日以内に必ず届出をしましょう。

図表2－27　国民健康保険制度に加入するとき

届出理由	提出期限
他の市区町村から転入してきたとき	
退職等で職場の健康保険をやめたとき、または、その被扶養家族でなくなったとき	14日以内
子どもが生まれたとき	
生活保護を受けなくなったとき	

※必要書類については市区町村に事前に問い合わせてください。

図表2－28　国民健康保険制度を脱退するとき

届出理由	提出期限
他の市区町村に転出するとき	
職場の健康保険に加入したとき、または、その被扶養家族になったとき	
死亡したとき	14日以内
生活保護を受けるようになったとき	
65歳以上で一定の障害のある人が後期高齢者医療制度に加入したとき	

※必要書類については市区町村に事前に問い合わせてください。

図表2－29　その他の届出

届出理由	提出期限
住所、世帯主、氏名など保険証に記載の内容が変わったとき	
保険証をなくしたり破損したとき	14日以内
修学や施設入所のため他の市区町村に転出したとき	

※必要書類については市区町村に事前に問い合わせてください。

(4)　国民健康保険により受けられる給付にはどのようなものがあるか

　国民健康保険で受けられる給付は、以下のとおりです。手続の詳細については各市区町村で異なる場合がありますので、住所地の担当窓口に問い合わせてください。

(A)　療養の給付

　病気やけがで医療機関や薬局にかかったときに、医療費その他について給付を受けられます。自己負担額については図表2－30のとおりです。ほかに、入院し

図表2-30　国民健康保険で受けられる医療と自己負担額

受けられる医療	自己負担額	
診察・検査、 病気、けがの治療（薬、注射、手術等） 入院に伴う世話、看護 在宅療養（かかりつけ医による訪問診察）	小学校入学前	2割
	小学校入学後から70歳未満　3割	
	70歳から74歳まで	
	誕生日が昭和19年4月2日以降の人	2割
	現役並み所得者(注)	3割

(注)　住民税の課税所得145万円以上の所得がある70歳〜74歳の国民健康保険加入者がいる世帯に属する70歳以上の人。ただし、以下の①〜③の世帯については、申請により一般と同様の2割負担となります。
　①　70歳以上の国民健康保険加入者が単身世帯……383万円未満
　②　70歳以上の国民健康保険加入者1人と国保から後期高齢者医療制度に移行した人がいる世帯の合算収入……520万円未満
　③　70歳以上の国民健康保険加入者が複数世帯の合算収入……520万円未満
※平成27年1月以降新たに70歳となった国保加入者（誕生日が昭和20年1月2日以降の人）がいる世帯で70歳から74歳の国保加入者全員の基礎控除後の所得金額等の合計が210万円以下の世帯については、住民税課税標準所得額が145万円以上であっても2割負担となります。

たときの食事代、65歳以上の人が療養病床に入院したときの食費や居住費についても、所得に応じて一定の標準負担額を負担します。

　医療機関や薬局にかかるときには、市区町村から交付された国民健康保険被保険者証（保険証）を必ず提示します。70歳以上75歳未満の人には、保険証とは別に医療費の自己負担額を示す高齢受給者証が交付されます。受診するときには、保険証と一緒に提示してください。

　保険証は、コピーや有効期限の切れたものは使用できません。急病や海外渡航中など、やむを得ず保険証を持たずに治療した場合は、いったん自費で全額を負担することになります。そして、後日に申請して、審査手続を経たうえで認められれば、自己負担分を除いた額が還付されます。

　(B)　出産育児一時金

　被保険者が産科医療補償制度に加入している医療機関で、妊娠22週以上で出産したときに、42万円が支給されます。妊娠12週以上22週未満で出産した場合と、補償制度に未加入の医療機関で出産した場合には、40万4000円が支給されます（平成26年12月31日以前の出産は39万円）。妊娠12週以上での死産・流産の場合は、医師の証明により支給されます。出産育児一時金が直接医療機関に支払われ、出産費用と精算できるため、多額の費用を用意しないですむ直接支払い制度があります。利用する場合には、出産する医療機関に申し出てください。

(C)　葬祭費

被保険者が亡くなったときに、葬祭を行った人に5万円が支給されます。

(D)　訪問看護療養費

医師の指示により訪問看護ステーションなどを利用した場合、一部を負担し、残りは国民健康保険から給付を受けることができます。

(E)　移送費

医師の指示により入院や転院などの移送に費用がかかった場合、申請し、審査手続を経て認められれば、移送にかかった実費が支給されます。

(F)　高額療養費

同一月内で、同一医療機関に支払った自己負担額が一定額を超えた場合、申請により、一定額を超えた分が高額療養費として払い戻されます。

医療費が高額になりそうなことが予想されるときは、市区町村の窓口で限度額適用認定証の交付をあらかじめ受けておきましょう。この認定証を病院等に提示すれば、高額療養費の給付と精算されて、窓口で支払いをするときに限度額までの金額を支払えばよいことになります。70歳以上で非課税世帯以外の人は、この認定証がなくても同様の扱いがされますが、現役並所得の人は認定証が必要です。

図表2－31は、70歳未満の人の高額療養費です。70歳未満で図表2－31のウの所得区分であれば、自己負担額がおおむね8万円を超えると対象になります。一度の支払いが限度額以下でも、同じ世帯で同じ月に同一の医療機関で2万1000円以上の支払い（外来と入院は分けます）をした分は、合算して限度額以上になれば、高額療養費の対象となります。

図表2－32は、夫が入院して医療費総額が40万円かかり、3割の自己負担額で12万円を支払ったという例です。高額療養費の負担限度額の計算式にあてはめると、自己負担額が負担限度額を超えていますので、差額が還付されます。「限度

図表2－31　高額療養費（70歳未満）（平成28年1月1日）～

所得区分	世帯限度額
ア　所得901万円超	252,600円＋（医療費の総額-842,000円）×1％（140,100円）
イ　600万円超901万円以下	167,400円＋（医療費の総額-558,000円）×1％（93,000円）
ウ　210万円超600万円以下	80,100円＋（医療費の総額-267,000円）×1％（44,400円）
エ　210万円以下	57,600円（44,400円）
オ　住民税非課税世帯	35,400円（24,600円）

※1　年間で高額療養費の支給が3回あった場合は、4回目から（　）内の金額
※2　所得＝総所得金額等から基礎控除額（33万円）を差し引いた額

図表２－32　高額療養費の計算例（70歳未満、所得区分は図表２－28のウ）

①夫（35歳）が入院	
かかった医療費は	400,000円
自己負担額は	120,000円

負担限度額（月額）
　80,100円＋（400,000円－267,000円）×0.01＝81,430円
120,000円－81,430円＝38,570円が還付されます。

※「限度額適用認定証」を病院に提示すれば、病院での支払いのときに精算され、最初から
　81,430円の支払いで済みます。

②妻（35歳）が外来で治療	
かかった医療費は	100,000円
自己負担額は	30,000円

妻の負担額は限度額まで達していませんが、21,000円以上なので合算対象となります。
世帯合算の負担額　81,430円＋30,000円＝111,430円
世帯の限度額
　80,100円＋（500,000円－267,000円）×0.01＝82,430
111,430円－82,430円＝　29,000円が申請により還付されます。

第1章

額適用認定証」を提示すれば、窓口で精算され、限度額までの金額を支払えばよいことになります。

　さらに、同じ月に同一世帯の70歳未満の国民健康保険の被保険者が、同じ医療機関で２万1000円以上の自己負担額を支払った場合、世帯で合算することができます。図表２－32②は、①の夫のほかに妻が外来で３万円の自己負担額を支払った例です。世帯で合算するときには、一つひとつが限度額以下でも、２万1000円以上であれば合算の対象となります。

　70歳以上75歳未満の人は70歳未満の人よりも低い限度額が設定されています。

　厚生労働大臣が指定する特定の疾病（血友病、人工透析が必要な慢性腎不全など）については、１医療機関につき入院・外来ごとに月額１万円（人工透析が必要な図表２－31の所得区分ア・イの人は２万円）の負担で済みます。市区町村の窓口で「特定疾病療養受療証」の交付を受けてください。

　高額療養費は、年齢、疾病、所得による区分、多数回に該当するか、世帯合算があるかなどによって限度額が複雑に決められていますので、わからない場合は、市区町村の担当窓口に問い合わせてください。

　なお、同一世帯に介護保険を利用している人がいる場合には、世帯全体の医療保険と介護保険の自己負担額を合算して、一定額以上になったときに負担を軽減する高額医療・高額介護合算療養費制度があります。年齢、所得などにより基準額が区分されています。申請が必要ですので市区町村の窓口に問い合わせてください。

(5)　国民健康保険の給付が受けられないときとはどのような場合か

　病院にかかった場合でも、国民健康保険が使えないときや、給付が制限される

図表2－33　国民健康保険の給付制限

国民健康保険が使えない（自費診療となる）	給付が制限を受ける場合
・正常な妊娠・出産 ・経済的な理由による妊娠中絶 ・歯列矯正、美容整形、健康診断、予防注射	・泥酔やけんか等による病気、けが ・故意の犯罪行為や故意による病気、けが ・医師の指示に従わないとき

図表2－34　保険料（保険税）を滞納した場合

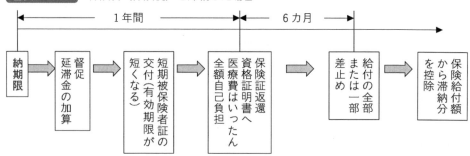

ときがあります（図表2－33）。これ以外にも、業務上または通勤中のけがや病気などについては、原則として労災保険を使います。また、交通事故の被害者になった場合は、本来加害者が治療費を負担すべきですが、すぐに補償を受けられないときには、国民健康保険で診療を受け、後で国民健康保険が立て替えた分を市区町村が加害者に請求することができます。加害者から治療費を受け取ったりして示談を済ませてしまうと、これができなくなります。事故にあって国民健康保険で治療を受けるときには、警察に届け出るとともに、必ず市区町村に届け出てください。

(6)　保険料（保険税）を滞納したとき

　国民健康保険の保険料については、市区町村ごとに、保険料として、または税金として徴収します。前年（1月から12月まで）の所得に応じて、年度（4月から翌年3月まで）の初め（6月頃）に保険料が決まります。途中で加入・脱退したときには、月割計算となります。

　保険料を滞納した場合、保険料として徴収する場合と、保険税として地方税扱いで徴収する場合とで、取扱いが異なります。おおむね、納付期限から1年を過ぎても滞納している場合は、保険証を返還させられます（図表2－34）。そして、いったん全額を自己負担して後で給付額を返還してもらう資格証明書を受け取ることになります。それでも納付しないと、最終的には給付が受けられなくなります。財産差押えなどの滞納処分がされる場合もあります。

　市区町村により違いますが、収入が少ないなどの事情があって納付が困難な場

合には、減免措置がありますので、早めに市区町村の担当窓口に相談しましょう。

(7)　会社を退職した後の国民健康保険への加入

(A)　任意継続被保険者

会社を退職した場合、再就職するまでの間は、住所地の国民健康保険に加入します。退職日以前、２カ月以上継続して職場の健康保険に加入していた人は、退職日の翌日から20日以内に手続することにより、２年間はそのまま元の職場の健康保険に加入し続けることができます（このような人を「任意継続被保険者」といいます）。

該当する人は、市区町村に問い合わせて、国民健康保険の保険料を試算してもらってから、国民健康保険に加入するか、任意継続被保険者になるかを決めるとよいでしょう。

国民健康保険の保険料は、前年の収入によって決まります。倒産や自分に責任のない解雇など特定の理由がある場合には、前年の給与所得を30％とみなして計算しますので、手続の際に申し出てください。

(B)　家族が加入している職場の健康保険に扶養家族として加入

また、家族が職場の健康保険に加入していれば、被扶養家族として、保険料負担なしで、保険制度に加入できる場合があります（収入が一定以下の場合）。会社に確認するとよいでしょう。

(C)　退職者医療制度

長い間、会社や役所に勤めていた人が定年退職し、病気になりやすい年齢になってから、扶養家族とともにいきなり国民健康保険に加入すると、国民健康保険の負担が急激に増えてしまいます。それを緩和するために医療費の一部を会社員等が加入する健康保険制度から拠出金としてまかなっていた「退職者医療制度」がありました。

その制度は、平成20年４月に廃止となり経過措置として制度が続いていましたが、平成27年３月31日で経過措置も終了しました。ただし、その時点で加入していた、または加入要件に該当していた以下の人は、65歳になるまで資格が継続されます（平成27年４月以降に60歳となる人（誕生日が昭和30年４月２日以降の人）と、平成27年４月以降に年金受給の権利が発生する人は適用とはなりません）。

① 　国民健康保険に加入している人

② 　厚生年金や共済年金の加入期間が20年以上（または、40歳以降に10年以上）あって、老齢厚生年金、共済年金を受給している人

③ 　65歳未満の人

なお、65歳未満の同居の家族も、一定の収入要件などにより「退職被扶養者」となります。市区町村の担当窓口で確認してください。

(8)　国民健康保険と関連する制度

(A)　国民健康保険組合

都道府県と市区町村のほかに、国民健康保険を運営する保険者として、国民健康保険組合があります。国民健康保険組合は、医師、歯科医師、美容師、大工などの同業者が集まり、都道府県知事の認可を受けて、保険事業を運営しています。現在、全国で164の組合が設立されています。

国民健康保険組合は、法律で決められた国民健康保険の給付のほか、規約に定めることによって、法律に定められたものとは別の給付を任意に行うことができます。

また、保険料も独自に決めることができます。

(B)　後期高齢者医療制度

国民健康保険や職場の健康保険に加入していた人が75歳になると、それらの医療制度とは別の後期高齢者医療制度に移行します。

65歳から74歳までの人でも、一定の障害があると認定され、加入を申請して認められると、後期高齢者医療制度に加入できます。

後期高齢者医療制度は、病気になりがちな高齢者の医療費を安定的に支えるため、都道府県単位の「広域連合」により運営されています。

財源は、1割が高齢者からの保険料、4割が現役世代から拠出される支援金、残り5割が公費負担です。保険料は、原則として年金からの天引きです（ただし、収入が年額18万円未満の人は除きます）。75歳未満で後期高齢者医療制度に加入している人や、介護保険料と後期高齢者医療保険料を合わせた額が年金額の2分の1を超える人については、年金からの天引きではなく、納付書や口座振替などで徴収されることになります。年金からの天引きの人も申出により口座振替を選択することができます。

保険料は、所得に応じた部分（所得割）と被保険者一人ひとりが負担する部分（均等割）があります。所得が低い世帯の場合、均等割の部分の金額が軽減されます。所得が高額でも、各広域連合により保険料の最高限度額が設けられています。

（第1章Ⅳ1　鈴木　豊子）

② 被用者の健康保険制度

(1)　健康保険制度の目的

　日本の医療保険制度は、大きく分けると、農業や自営業等の人が加入する国民健康保険と、会社で働く人が加入する健康保険、75歳以上の人（および一定の障害があると認定された65歳以上75歳未満の人）が加入する後期高齢者医療制度があります。

　このうち、健康保険は、会社などで働く人とその家族が病気やけがをしたとき（業務上の理由によるものを除きます）、出産したとき、死亡したときに医療給付や手当金などを支給することにより、その生活の安定を図ることを目的とした医療保険制度です。

(2)　健康保険への加入

(A)　健康保険の種類

　健康保険には、大企業や一定の業種の企業が集まって設立する健康保険組合が運営するもの（組合健保）と、それ以外の中小企業、小規模事業所が加入する全国健康保険協会が運営するもの（協会けんぽ）があります。

(B)　健康保険に加入する人

　健康保険に加入する人は、大きく分けて被保険者と被扶養者に分かれます。また、被保険者には、勤務先を通じて加入する通常の被保険者と、任意継続被保険者の2種類があります。

(a)　通常の被保険者

㋐ 被保険者

　厚生年金保険に加入している会社、工場、商店、船舶などの適用事業所に常時使用される70歳未満の方は、国籍や性別、年金の受給の有無にかかわらず、厚生年金保険の被保険者となります。

　「常時使用される」とは、雇用契約書の有無などとは関係なく、適用事業所で働き、労務の対償として給与や賃金を受けるという使用関係が常用的であることをいいます。試用期間中でも報酬が支払われる場合は、使用関係が認められることとなります。

㋑　被扶養者

　被保険者の直系尊属（親、祖父母など）、配偶者と3親等内の親族のうち、被保険者に扶養される人は、被扶養者になります。

第1章

ただし、被保険者の配偶者、子・孫および兄弟姉妹、直系尊属（父母、祖父母）以外の3親等内の親族（伯叔父母、甥姪とその配偶者など）と内縁関係の配偶者の父母および子（当該配偶者の死後、引き続き同居する場合を含む）は同居が要件になります。

また、収入がある場合は被扶養者とならない場合があります。

(ウ)　適用事業所

法人の事業所と常時5人以上を使用する事業所は、法律によって、健康保険に加入することが義務付けられています（強制適用）。

また、強制適用にならない事業所であっても、一定の手続をとることで、事業所単位で健康保険に加入することができます。

(b)　任意継続被保険者

通常の被保険者であった人が、事業所を退職した場合は、次の就職先がなければ国民健康保険に加入することになります。ただし、その人が選択すれば、元の健康保険に加入し続けることも可能です。もっとも、加入できる期間は2年間に限られます。また、退職まで継続して2カ月以上、健康保険に加入していた人のみが対象であり、資格喪失した日（退職日の翌日）から20日以内に申請することが必要となります（☞①(7)(A)）。

(C)　加入手続

通常の被保険者とその被扶養者の加入手続は、被保険者の勤務先の事業所が行います。

任意継続被保険者とその被扶養者の加入手続は、被保険者本人がみずから行う必要があります。

(D)　保険料

通常の被保険者の保険料の額は、事業主からの届出により決定した被保険者ごとの標準的な報酬の額に、保険料率をかけて算出します。これを労使折半で負担することになります。保険料の支払いは、事業主を通じて行います（通常は給料から天引きされます）。また、賞与にも保険料がかかります。

任意継続被保険者の保険料の額は、退職時に適用されていた報酬の額をもとに算出します（一定の上限あり）。保険料は、全額が被保険者の負担となります。その支払いは、保険者（全国健康保険協会または健康保険組合）から送付される納付書で納めることが原則となります（口座振替を利用できる場合もあります）。

(3)　健康保険から受けられる保険給付にはどのようなものがあるか

(A)　保険証を提示することで受けられる給付

　被保険者やその被扶養者が、病気やけがのために、保険指定を受けた病院や診療所で治療を受けたり、薬局で投薬を受けたり、訪問看護サービスを受けたりする場合、その窓口で健康保険証（被保険者証）を提示することにより、保険給付として必要な医療サービスを受けることができます。この場合、患者は、かかった医療費のうち、原則として３割の金額（一部負担金）を支払えばよいこととなります。医療費の残りの部分（原則として７割）は、加入する保険（協会けんぽや組合健保）から病院、診療所や薬局へ支払われることとなりますから、被保険者が特に手続をする必要はありません。

(B)　支給申請の手続が必要な給付

　(A)のように、医療機関等の窓口で保険証を提示することで受けられる給付以外にも、健康保険から支給を受けられるものがあります。この場合は、それぞれ所定の申請書を、加入している保険者（全国健康保険協会または健康保険組合）の窓口へ提出する必要があります。

　なお、支給対象者は被保険者になりますので、被扶養者が受けた治療等について支給を受けようとする場合であっても、被保険者が保険者に対して申請書を提出することになります。

(a)　療養費

　病気やけがをした場合に、保険指定を受けた医療機関に保険証を提示して受診すれば、(A)のとおり、一部負担金の支払いのみで医療サービスを受けることができます。ただしやむを得ない事情で、保険指定を受けた医療機関で保険診療を受けることができず、自費で受診するような場合もあります。そのような特別な場合には、その費用について、療養費が支給されます。

　特別の場合とは、たとえば、健康保険への加入手続中で保険証が手もとにない状態で受診した場合、海外旅行中に病気やけがをしてやむを得ず現地の医療機関に受診した場合、医師の指示によりコルセットなどの医療用装具を作成した場合などがあります。

　なお、支給される療養費の額は、実際に受けた診療内容を保険診療として受けたとして算出した費用の額から一部負担金に相当する額を控除した額（原則として７割）となります。

(b)　移送費

　病気やけがで移動するのが困難な患者が、一時的・緊急的な必要があり、医師の指示によって医療機関に移送された場合で、次のいずれにも該当すると保険者が認めたときに限り、移送に要した費用に対して、移送費が支給されます。

① 移送の目的である療養が、保険診療として適切であること

② 患者が、療養の原因である病気やけがにより移動が困難であること

③ 緊急その他やむを得ないこと

したがって、通常の通院に要する費用は対象となりません。

(c)　高額療養費

重い病気などで病院に入院したり、通院で高額な薬を服用したりする場合には、医療費負担が大きくなってきます。そのような場合に家計へ与える影響を軽減するため、病院などで支払う一部負担金の額が一定の限度（自己負担限度額）を超えたときは、その超えた分に相当する金額が、高額療養費として支給されます。自己負担限度額は、年齢および所得状況に応じていくつかに区分されています。

支給額の計算は、歴月単位でかかった医療費を対象として行います。被保険者およびその被扶養者の中で複数の人が医療を受けた場合や、同じ人が複数の医療機関に受診した場合についても、それぞれの負担を合算することができます。ただし、70歳未満の人にかかった医療費については、医療機関ごと（入院・外来別）の一部負担金の額が2万1000円以上（令和2年3月時点）のものだけが合算対象となります。さらに、一部負担金が対象となりますから、差額ベッド代や入院時の食費負担などは計算の対象となりません。

また、高額な医療費のかかる期間が長期化した場合や、患者が高齢者（70歳以上）の場合などについては、自己負担限度額が軽減されるしくみも設けられています。

(d)　高額介護合算療養費

医療費の負担が大きい場合には、(c)の高額療養費制度により一定の範囲に軽減されますが、同じ世帯の中で介護サービスを利用する人がいると、それぞれの負担が重なり、大きな負担となってくる場合があります。

そのような場合に家計へ与える影響を軽減するため、被保険者およびその被扶養者の1年間（毎年8月から翌年7月まで）における医療の一部負担金と介護（予防）サービスの利用者負担額が、所得や年齢に応じて定められた自己負担限度額を超えたときは、その超えた額が、高額介護合算療養費として支給されます。

なお、高額介護合算療養費の支給申請手続は、医療保険の窓口だけでなく、介護保険の窓口に対しても行う必要があります。

(e)　傷病手当金

被保険者が、業務外の病気やけがにより働くことができなくなり、仕事を休んだ結果、給料が減らされたり、支給されなくなったりした場合には、病気休業中

の生活を保障するために、傷病手当金が支給されます。

支給期間は、同一の病気・けがについて１年６カ月が上限とされています。

支給額は、給料等のおおむね３分の２です（休業期間中に給料等の一部が支払われる場合は、その額を除いた差額となります）。

（f）　出産手当金

被保険者が、出産のために仕事を休み、給料が減らされたり、支給されなくなったりした場合には、産前産後の休業中の生活を保障するために、出産手当金が支給されます。

支給期間は、出産予定日以前42日（多胎妊娠の場合は98日）から、出産日翌日以後56日の範囲内です。

支給額は、給料等のおおむね３分の２です（休業期間中に給料等の一部が支払われる場合は、その額を除いた差額となります）。

（g）　出産育児一時金

被保険者または被扶養者が出産した場合は、出産育児一時金が支給されます。

支給額は、１児につき42万円（産科医療補償制度に加入していない医療機関等で出産した場合は40.4万円（令和２年３月時点））です。

なお、事前に、分娩する医療機関や助産施設で手続を行うことにより、出産育児一時金の支給申請手続や支給金の受け取りを医療機関等が代行するしくみ（直接支払制度）があります。この制度を活用した場合、妊産婦から医療機関等へ支払う分娩費用は、出産育児一時金との差額で済みますので、分娩の際にまとまった費用を用意する必要がなくなります（分娩費用が出産育児一時金の額を下回る場合、その差額については、被保険者へ支給されます。その場合は、分娩後に別途、保険者へ申請する手続が必要となります）。

（h）　埋葬料

被保険者または被扶養者が亡くなった場合、埋葬料として５万円が支給されます。なお、被保険者が亡くなった場合は、被保険者に生計を維持されていた人（被扶養者でなくてもかまいません）が支給対象者になります。そのような人がいないときは、埋葬を行った人に、埋葬料の額（５万円）の範囲内で、埋葬にかかった費用が埋葬費として支給されます。

（C）　そのほかに手続が必要なもの

（a）　限度額認定証

高額療養費は、一部負担金を支払った後に、保険者へ申請することによって事後精算を行うことが原則となります。ただし、限度額認定証を、保険証といっしょ

に医療機関等の窓口に提示すれば、窓口で支払う額は自己負担限度額までに抑えられるというしくみがあり、入院等で高額な医療費がかかる場合に用意する費用を抑えることができます。

限度額認定証は、保険者に申請することで入手できます。高額な医療費がかかることが見込まれるときには、事前に用意しておくと便利です。所得に応じた区分が設けられています。

(b)　特定疾病療養受療証

慢性腎不全による人工透析や先天性血友病など、長期間にわたって高額な医療費がかかる疾病については、高額療養費の特例として、対象となる疾病の治療に関する自己負担額が1万円（70歳未満の高額所得者は2万円）までに抑えられるしくみがあります。

この特例の適用を受けるためには、特定疾病療養受療証を、保険証といっしょに医療機関等の窓口に提示する必要があります。

特定疾病療養受療証は、医師の意見書等を添えて、保険者に申請することによって入手することができます。

なお、1万円の特例は、対象となる疾病の治療費のみに適用されますので、それ以外の病気やけがで治療を受けた場合の自己負担は通常どおりとなります。

たとえば、人工透析と同時に風邪の治療を受けた場合、風邪の治療費は1万円の特例の対象とならないので、透析費用（上限1万円）とは別に、一部負担金（原則として3割）の支払いが必要です。

(D)　健康保険の資格を喪失した後も受けられる給付

被保険者が退職等により健康保険の資格を喪失した場合、それ以降、原則として健康保険からの保険給付は受けられなくなります。

ただし、例外として、次の(a)から(c)までのとおり、資格喪失後も健康保険から給付を受けられるものがあります。

なお、(a)(b)については、資格を喪失した時点で、継続して1年以上、被保険者であったことが条件となります。

(a)　傷病手当金・出産手当金の継続給付

傷病手当金や出産手当金の支給を受けていた被保険者が、退職等により健康保険の資格を喪失した場合であっても、これらの支給は継続して受けられることとなっています。

ただし、支給が継続する限りにおいて有効ですので、傷病手当金を受けていた人の病気やけがが回復して傷病手当金が支給されなくなった後に、再び症状が悪

化して働くことができなくなったとしても、その後の期間については、支給の対象とはなりません。

(b)　出産育児一時金

被保険者であった人が、資格を喪失してから６カ月以内に出産したときは、出産育児一時金の支給対象となります。ただし、出産の時点で他の健康保険に加入している場合は、その健康保険からの給付が優先されます。

出産の時点で国民健康保険に加入している場合は、元の健康保険と国民健康保険のいずれかを選択することとなります。

(c)　埋葬料

被保険者であった人が、資格を喪失してから３カ月以内に死亡したときは、埋葬料の支給対象となります。(a)の傷病手当金・出産手当金の継続給付を受けている人、継続給付が終了してから３カ月以内の人が死亡したときも同様です。

⒠　給付制限がある場合

(a)　交通事故などの被害にあった場合

交通事故の被害にあってけがをした場合など、加害者の行為により治療を要することとなった場合でも、健康保険を利用することができます。ただし、本来、このような場合の治療費は加害者が負担すべきものですので、健康保険から被害者である被保険者に給付した治療費について、加害者に対し損害賠償請求を行う必要があります。そのために必要な届出がありますので、このような事例で健康保険を使用した場合は、速やかに保険者へ連絡をし、必要な届出を行ってください。

なお、加害者から必要な治療費の補償を受けた場合は、健康保険からの給付は行われません。

(b)　給付制限

みずからの犯罪行為や故意によってけがをしたなどの場合は、給付制限の対象となり、健康保険を利用することはできません。また、けんかや泥酔によりけがをしたなどの場合、健康保険からの給付の全部または一部について、給付制限の対象となる場合があります。

⒡　受給権を保護する規定

保険給付を受ける権利は被保険者に帰属することになります。この権利は、他人に譲り渡したり、借金の担保に供したりすることはできません。また、差押えも禁止されています。

（第１章Ⅳ2　全国健康保険協会）

Ⅴ　公的年金制度

●この節で学ぶこと●

　公的年金は、被後見人にとって貴重な収入源ですが、公的年金制度は非常に複雑です。後見人として適正な財産管理ができるように、国民年金・厚生年金保険の概要、老齢給付・障害給付・遺族給付のしくみ、受給するための申請方法について学習します。

　なお、従来、共済年金という制度がありましたが、平成27年10月１日より厚生年金保険に統合（一元化）されています。

1　公的年金制度の基礎知識

⑴　２種類の公的年金制度

　日本の公的年金制度は、現役世代の納める保険料によって、受給世代である高齢者の年金給付をまかなう、「世代間扶養」のしくみによって成り立っています。

　その人の職業などにより加入する公的年金制度が決まります（図表２－35）。従来、公的年金制度には、国民年金、厚生年金保険、共済年金の３種類がありましたが、平成27年10月１日からは国民年金と厚生年金保険の２種類になりました。

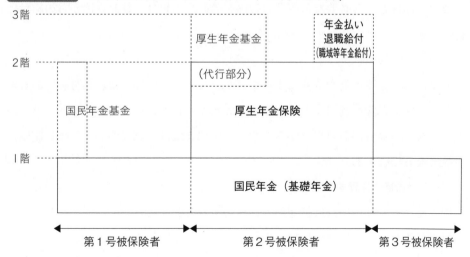

図表２－35　公的年金制度のしくみ（平成 27 年 10 月１日以降）

（注）　平成27年10月１日から、公務員等も厚生年金保険の被保険者になり、２階部分は厚生年金保険に統一されました。

　年金を受給する場合には、国民年金には老齢基礎年金というように「基礎」、厚生年金保険は老齢厚生年金というように「厚生」という文字が入っており、どの制度からどのような年金を受け取っているかがわかります。

　なお、平成27年9月30日までの共済年金は、「国家公務員共済組合」「地方公務員等共済組合」「私立学校教職員共済」に分かれていました。

(2)　国民年金（基礎年金）とはどのような制度か

　国民年金は、基礎年金ともいいます。

　国民年金は、日本国内に住所のある20歳以上60歳未満のすべての人が加入（強制加入）するもので、老齢・障害・死亡により基礎年金を受給することができます（一定の条件あり）。

　国民年金に加入している人のことを被保険者といいます。この被保険者は、①第1号被保険者、②第2号被保険者、③第3号被保険者という3つに分かれます。

(A)　国民年金の被保険者となる人

(a)　第1号被保険者

　第1号被保険者は、20歳以上60歳未満の自営業者や農業者、学生、無職、フリーターなどです。保険料は月額1万6410円（令和元年度）で、自分自身で支払います。

　保険料の支払いが困難な場合には、保険料免除制度や保険料納付猶予制度を利用することができます（☞(B)(C)）。

(b)　第2号被保険者

　第2号被保険者は、原則として70歳未満の会社員または70歳未満の公務員などです。

　平成27年10月1日から、第1号厚生年金被保険者（民間会社員等）、第2号厚生年金被保険者（国家公務員等）、第3号厚生年金被保険者（地方公務員等）、第4号厚生年金被保険者（私学共済教職員）に分かれました。保険料は、給与と賞与から天引きされ、事業主分と合わせて、勤務先が支払います。

(c)　第3号被保険者

　第3号被保険者は、第2号被保険者に扶養されている年収130万円未満の20歳以上60歳未満の妻または夫です。保険料は、配偶者の加入している年金制度から拠出されるので、自己負担はありません。

(B)　国民年金の保険料を免除する制度

　国民年金の保険料を支払うことができない場合には、保険料を免除するしくみがあります。

第1章

保険料免除には、①法定免除と②申請免除の２種類があります。

(a) 法定免除——保険料が自動的に免除される

法定免除は、国民年金の第１号被保険者が障害年金（１級・２級）を受給しているときなどに届け出れば、保険料が自動的に免除されるというものです。

(b) 申請免除——申請して承認を受ければ保険料が免除される

申請免除は、国民年金の第１号被保険者の本人・世帯主・配偶者（保険料納付義務者）の所得が低いとき、保険料の支払いが著しく困難なときなどに、申請して承認を受ければ、保険料の全額または一部の納付義務が免除されるというものです（全額免除、４分の３免除、半額免除、４分の１免除の４種類があります）。

(ア) 全額免除

全額免除の場合は、保険料を納める必要はありません。免除の承認を受けた期間は、年金の受給資格期間に算入されます。

免除期間の老齢基礎年金の額は、本来の老齢基礎年金の額の２分の１（令和元年度）になります（平成21年３月までは３分の１となります）。

したがって、全額免除の期間は、保険料を全額納付したときに比べ、受け取る老齢基礎年金の額が低くなります（ただし、「追納制度」があります（☞(D)））。

(イ) 一部免除

一部免除（４分の３免除、半額免除、４分の１免除）は、免除部分を除いた保険料の一部を納める必要があります。保険料の一部を納めた場合には、保険料納付済期間として、年金の受給資格期間に算入されます。

一部免除の承認を受けた期間は、保険料の全額を納付したときに比べ、受け取る老齢基礎年金の額が低くなります（ただし、「追納制度」があります（☞(D)））。

(C) 国民年金の保険料の支払いが猶予される制度

国民年金の保険料が支払えない場合には、保険料の支払いが猶予（後払い）されるしくみがあります。保険料納付猶予制度は、①保険料納付猶予制度と②学生納付特例制度の２種類があります。

(a) 保険料納付猶予制度

20歳から50歳未満（平成28年６月までは30歳未満）の国民年金の第１号被保険者で、本人および配偶者の前年の所得（１月から６月までの申請は前々年の所得）が一定以下の場合に、保険料の納付を猶予する制度です。

納付猶予期間は、老齢基礎年金・障害基礎年金・遺族基礎年金を受けるために必要な受給資格期間に算入されますが、追納しない限り、老齢基礎年金の額の計算の対象となる期間には含まれません。

納付猶予期間中に障害となったり死亡した場合には、障害基礎年金または遺族基礎年金が支給されます（一定の条件あり）。

(b)　学生納付特例制度

大学や専修学校等の学生であって、国民年金の第1号被保険者である本人の前年所得が一定以下の場合に、在学期間中、保険料の納付を猶予する制度です。

学生納付特例期間は、老齢基礎年金・障害基礎年金・遺族基礎年金を受けるために必要な受給資格期間に算入されますが、追納しない限り、老齢基礎年金の額の計算の対象となる期間には含まれません。

追納すると、保険料を納付したときと同じ年金額で老齢基礎年金を受け取ることができます。

(D)　国民年金の保険料の追納

免除された期間や猶予された期間の保険料について、10年以内であれば、保険料の後払いができるようになっています。これを追納といいます。

保険料免除制度により保険料を免除された期間の老齢基礎年金の額は、保険料を全額支払ったときと比べると、本来の老齢基礎年金の額の2分の1（令和元年度）です（平成21年3月までは3分の1でした）。前に説明したように、保険料納付猶予制度や学生納付特例制度は、保険料の支払いを猶予されているだけで、追納しない限り、年金額には反映されません。

(3)　厚生年金保険とはどのような制度か

厚生年金保険が適用されている事業所に勤める70歳未満の会社員や公務員などは、国民年金と厚生年金保険の2つの年金制度に、同時に加入します。

勤務先に厚生年金基金や確定拠出年金といった企業年金制度が導入されている場合には、より多くの年金を受け取ることができます。なお、平成27年10月1日以降、共済組合の組合員期間がある場合はその期間に応じた年金払い退職給付（退職等年金給付）が支給されます。

改正により、平成28年10月1日から厚生年金保険・健康保険の適用対象者が拡大しました。改正前は、週30時間以上働く人が厚生年金保険・健康保険（社会保険）の加入の対象でした。改正後は、従業員が501人以上の会社において、週20時間以上働く人なども対象になりました（一定の加入要件あり）。さらに、平成29年4月1日からは、従業員が501人以下の会社で働く人も、労使間で合意すれば、会社単位で社会保険に加入できるようになりました。

図表2－36　被保険者区分と受給できる年金の種類

年金の種類 被保険者	老齢年金	障害年金	遺族年金
第1号被保険者 （基礎年金のみ加入）	老齢基礎年金	障害基礎年金 （1級・2級）	遺族基礎年金
第2号被保険者 （厚生年金保険加入）	【60歳～64歳】 特別支給の老齢厚生年金（注1） 【65歳～】 老齢厚生年金 ＋ 老齢基礎年金	障害厚生年金（注2） （1級・2級・3級） ＋ 障害基礎年金 （1級・2級）	遺族厚生年金 ＋ 遺族基礎年金
第3号被保険者	老齢基礎年金	障害基礎年金 （1級・2級）	遺族基礎年金

（注1）　特別支給の老齢厚生年金の支給開始年齢は生年月日と性別により段階的に引上げられています。

（注2）　3級の障害厚生年金には、基礎年金からの支給はありません。また、3級の障害厚生年金よりも軽い障害の場合は障害手当金が一時金で支給されます。

※国民年金の遺族基礎年金を受給できない場合には、「寡婦年金」または「死亡一時金」が支給されることもあります。

※上記一覧表以外に、配偶者や子どもに対する加算などもあります。

※第1号被保険者、第2号被保険者、第3号被保険者の間で移動（就職、退職、結婚など）があった場合、上記以外の組合せもあります。

※共済組合員期間がある人は、「年金払い退職給付」（退職等年金給付）が支給されることがあります。

2　老齢給付のしくみ

　老齢年金は、老齢になったときに受け取ることができる終身年金です。

　国民年金から支給されるのは老齢基礎年金、厚生年金保険から支給されるのは老齢厚生年金です。

　たとえば、自営業者の人（第1号被保険者）や専業主婦の人（第3号被保険者）の場合には、国民年金から老齢基礎年金のみが支給されます。これらの人が過去に会社員や公務員等（第2号被保険者）の期間があれば、老齢基礎年金に加えて、第2号被保険者期間分の老齢厚生年金もあわせて支給されます。

(1)　老齢基礎年金のしくみ

(A)　老齢基礎年金の受給要件

　老齢基礎年金をもらうには、国民年金の「保険料を支払った期間（保険料納付

図表2－37　国民年金から支給される年金の額（令和２年度価額）

① 基礎年金の額

年金給付の種類		年金額（年額）
老齢基礎年金		781,700円
障害基礎年金	1級	977,125円
	2級	781,700円
遺族基礎年金		781,700円

② 障害基礎年金および遺族基礎年金に上乗せさせる子の加算額

子の人数	加算額（年額）
第1子・第2子	各224,900円
第3子以降	各75,000円

③ 子のある配偶者に支給される遺族基礎年金の額

子の人数	基本額	加算額	合計額（年額）
1人	781,700円	224,900円	1,006,600円
2人	781,700円	449,800円	1,231,500円
3人	781,700円	524,800円	1,306,500円

④ 子に支給される遺族基礎年金の額

子の人数	基本額	加算額	合計額（年額）
1人	781,700円	―	781,700円
2人	781,700円	224,900円	1,006,600円
3人	781,700円	299,900円	1,081,600円

済期間）」「保険料の支払いを免除された期間（保険料免除期間）」「合算対象期間（カラ期間）」を合計して、原則として10年以上（平成29年7月末までは25年以上）あることが必要です。

　合算対象期間とは、年金の受給資格期間には加えますが、年金額の計算には含めない期間のことです。

　保険料納付済期間には、厚生年金保険の被保険者期間、平成27年9月30日までの共済年金の組合員期間を含みます。

　(B)　老齢基礎年金の支給開始年齢

　老齢基礎年金の支給開始年齢は原則として65歳ですが、希望すれば、60歳から65歳になるまでの間に繰り上げて受け取ることもできますし、65歳で請求せず、66歳以降最大70歳まで5年間繰り下げて受け取ることもできます。

　この場合、繰り上げると年金額は繰り上げ1カ月につき0.5％減額され、繰り下げると年金額は繰り下げ1カ月につき0.7％増額されます。

(C)　老齢基礎年金の年金額

　老齢基礎年金の額は、20歳から60歳になるまでの40年間の保険料をすべて納めた場合、年額78万1700円（令和2年度）です。保険料免除期間や保険料未納期間がある場合には、その期間に応じて年金額が少なくなります。

(2)　老齢厚生年金のしくみ

(A)　老齢厚生年金の受給要件

　会社員または公務員等の人（第2号被保険者）は、老齢基礎年金と老齢厚生年金の両方を受け取ることができます。

　老齢厚生年金を受け取るには、老齢基礎年金と同様に、原則として、10年以上（平成29年7月末までは25年以上）の受給資格期間と厚生年金保険に1カ月以上加入していたことが必要です。

　なお、特別支給の老齢厚生年金（60歳～65歳になるまでの間の支給）（☞(B)）は、厚生年金保険の被保険者期間が12カ月以上なければもらうことはできません。

(B)　老齢厚生年金の支給開始年齢

　厚生年金保険の支給開始年齢は、昭和61年に年金制度が改正されたことによって、60歳から65歳に段階的に引き上げられています。

　支給開始年齢は、生年月日と性別によって異なります。

　60歳から65歳になるまでの間に支給される年金のことを「特別支給の老齢厚生年金」といい、65歳から支給される年金のことを「老齢厚生年金」といいます。

　たとえば、昭和28年4月1日までに生まれた男性は、60歳から特別支給の老齢厚生年金を受給することができます。

(C)　老齢厚生年金の年金額

　老齢厚生年金の年金額は、その人の被保険者期間（定額部分）や過去の報酬（報酬比例部分）などをもとに計算します。ただし、過去の報酬は、現在の賃金水準に再評価したうえで計算するため、非常に複雑です。

　年金加入記録に基づく年金額を知りたい場合には、50歳以上であれば、日本年金機構の年金事務所や街角の年金相談センターで試算してもらうことができます。

　また、誕生月に送付される「ねんきん定期便」にも、年金加入実績等に応じた年金見込額が記載されています。

　さらに、日本年金機構が提供する「ねんきんネット」では、パソコンやスマートフォンから24時間いつでも利用できるサービスで、自分の年金記録や、将来受

老齢年金支給開始年齢

生年月日	60歳	61歳	62歳	63歳	64歳	65歳以降
男：昭和16年4月1日以前生まれ	報酬比例部分					老齢厚生年金
女：昭和21年4月1日以前生まれ	定額部分					老齢基礎年金
男：昭和16年4月2日～昭和18年4月1日生	報酬比例部分					老齢厚生年金
女：昭和21年4月2日～昭和23年4月1日生		定額部分				老齢基礎年金
男：昭和18年4月2日～昭和20年4月1日生	報酬比例部分					老齢厚生年金
女：昭和23年4月2日～昭和25年4月1日生			定額部分			老齢基礎年金
男：昭和20年4月2日～昭和22年4月1日生	報酬比例部分					老齢厚生年金
女：昭和25年4月2日～昭和27年4月1日生				定額部分		老齢基礎年金
男：昭和22年4月2日～昭和24年4月1日生	報酬比例部分					老齢厚生年金
女：昭和27年4月2日～昭和29年4月1日生					定額部分	老齢基礎年金
男：昭和24年4月2日～昭和28年4月1日生	報酬比例部分					老齢厚生年金
女：昭和29年4月2日～昭和33年4月1日生						老齢基礎年金
男：昭和28年4月2日～昭和30年4月1日生		報酬比例部分				老齢厚生年金
女：昭和33年4月2日～昭和35年4月1日生						老齢基礎年金
男：昭和30年4月2日～昭和32年4月1日生			報酬比例部分			老齢厚生年金
女：昭和35年4月2日～昭和37年4月1日生						老齢基礎年金
男：昭和32年4月2日～昭和34年4月1日生				報酬比例部分		老齢厚生年金
女：昭和37年4月2日～昭和39年4月1日生						老齢基礎年金
男：昭和34年4月2日～昭和36年4月1日生					報酬比例	老齢厚生年金
女：昭和39年4月2日～昭和41年4月1日生						老齢基礎年金
男：昭和36年4月2日以降生まれ						老齢厚生年金
女：昭和41年4月2日以降生まれ						老齢基礎年金

【表の見方】昭和30年4月2日～昭和32年4月1日生まれの男性は62歳から「報酬比例部分」の年金が支給される。65歳になると「老齢厚生年金」と「老齢基礎年金」が支給される。

け取る年金の見込額などを確認することができます。

　なお、厚生年金保険の被保険者期間が20年以上あるなどの場合、生計を同じくする65歳未満で年収850万円未満の配偶者や要件を満たす子がいる場合には、加算金が上乗せされて支給されることもあります（これを「加給年金額」といいます）。

　配偶者加給年金額は年額22万4900円（令和2年度）で、老齢厚生年金の受給者の生年月日に応じて、3万3200円～16万6000円の特別加算額も上乗せされます。

　子に対する加給年金額は、子の人数に応じて「子の加算額」が上乗せされて支給されます（図表2－38②）。

　なお、公的年金制度でいう「子」とは、18歳到達年度の末日までの間の未婚の子、または、1級・2級の障害の状態（☞3(1)）にある20歳未満の未婚の子をいいます。

図表2−38　厚生年金保険から支給される年金の額（令和2年度価額）

① **老齢厚生年金の額**

　厚生労働省のモデルプラン：標準的な年金額（従前額）世帯（夫婦）の合計額

　220,724円（月額）

　　厚生年金保険は、夫が平均的収入（平均標準報酬（賞与を含む月額換算43.9万円））で40年間就業し、妻がその期間すべて専業主婦であった世帯。

② **加給年金額**

対象者	加算額（年額）
配偶者・第1子・第2子	各224,900円
第3子以降	各75,000円

　配偶者加給年金の特別加算額：33,200円〜165,600円が上乗せ加算されます。

③ **障害厚生年金**

	加算額（年額）
障害厚生年金の配偶者加給年金	224,900円
障害厚生年金3級の最低保障額	585,300円
障害手当金の最低保障額	1,172,600円

④ **遺族厚生年金受給中の子のない妻に加算（受給期間は40歳〜65歳になるまで）される中高齢の寡婦加算の額**

　中高齢寡婦加算の額：586,300円（年額）

3　障害給付のしくみ

　障害給付は、病気やけがが原因で、日常生活を営むことや労働することに著しい制限が加えられるほどの障害が残った場合に支給されます。

　たとえば、糖尿病、じん肺、がん、HIVなどの内臓疾患や高次脳機能障害などの精神疾患を患っている場合に、障害年金の支給対象になることがあります。

　障害年金では初診日の把握がとても重要です。初診日とは、障害の原因となった病気やけがについて、最初に医師の診療を受けた日のことをいいます。

　この初診日に加入していた公的年金制度によって、支給される障害年金の種類（障害基礎年金、障害厚生年金）が決まります。

　たとえば、初診日に会社員、または公務員等（第2号被保険者）であった人は、障害認定日（初診日から1年6カ月を経過した日で、障害の程度を認定する日）に勤務先を退職していても、国民年金と厚生年金保険の両方から障害年金を受け取ることができます。

(1)　障害基礎年金のしくみ

　国民年金から支給されるのは障害基礎年金です。障害の程度に応じて1級と2

級があります（１級と２級では、１級のほうが障害の程度が重くなっています）（図表２−39）。

　なお、国民年金に加入する20歳よりも前に１級・２級に該当する障害者になった場合は、20歳になったときから障害基礎年金を受給することができます（これを「20歳前傷病による障害基礎年金」といいます）。この場合は、国民年金保険料を１回も納付していなくても、障害基礎年金を受給できるため、所得制限が設けられています。

(A)　障害基礎年金を受給できる要件

　障害基礎年金を受給するためには、次の①〜③のすべてに該当していなければなりません。

① 　初診日において、被保険者または60歳以上65歳未満で被保険者であった人で、日本国内に住所があること
② 　障害認定日に障害等級１級または２級の状態であること
③ 　初診日の前日において、初診月の前々月までに保険料納付済期間と保険料免除期間を合計して被保険者期間の３分の２以上であること

　③の保険料納付要件には特例があり、令和８年４月１日前に初診日がある場合は、初診日の属する月の前々月までの１年間に保険料滞納期間がなければ、保険料納付要件を満たしているとみなされます（65歳未満に限る）。

(B)　障害基礎年金の年金額

　障害基礎年金の年金額は、被保険者期間の長さによらず、定額です。さらに、一定の条件を満たす生計を同じくする子がいる場合、子の人数に応じて「子の加算額」が上乗せ支給されます（図表２−37②参照）。

(2)　障害厚生年金のしくみ

　厚生年金保険に加入しているときに初診日のある病気やけがで障害基礎年金の１級または２級に該当する障害の状態になったときは、障害基礎年金に上乗せして障害厚生年金が支給されます。

　厚生年金保険から支給されるのは障害厚生年金で、障害の程度に応じて１級・２級・３級があり、１級の障害の程度が最も重くなっています（図表２−39）。

　なお、障害の状態が３級よりも軽い場合には「障害手当金（一時金）」が支給されます。

(A)　障害厚生年金の受給要件

　障害厚生年金を受給するには、次の①〜③のすべてに該当していなければなりません。

図表2－39　障害年金が支給される障害の状態

障害等級	法律による目安	具体的な状態
1級	身体の機能の障害または長期にわたる安静を必要とする病状が、日常生活の用を弁ずることを不能ならしめる程度のもの	他人の介助を受けなければほとんど自分の用をすることができない程度。病院内の生活では、活動の範囲か概ねベッド周辺に限られる。家庭内の生活は、活動の範囲が概ね病室（自室）内に限られる。
2級	身体の機能の障害または長期にわたる安静を必要とする病状が、日常生活が著しい制限を受けるかまたは日常生活に著しい制限を加えることを必要とする程度のもの	必ずしも他人の介助を必要としないが、日常生活は極めて困難で、労働により収入を得ることができない程度。病院内の生活では、活動の範囲か概ね病棟内に限られる。家庭内の生活は活動の範囲が概ね家屋内に限られる。
3級	傷病が治らないで、労働が著しい制限を受けるか、または労働に制限を加えることを必要とする程度のもの	－
障害手当金	傷病が治ったもので、労働が制限を受けるか、労働に制限を加えることを必要とする程度のもの	－

※市区町村が発行する身体障害者手帳の等級と公的年金制度の障害年金の障害等級は異なる。

①　厚生年金保険に加入しているときに初診日がある病気やけがによって障害状態になったこと

②　障害認定日に障害等級1級または2級または3級の状態であること

③　障害基礎年金の保険料納付要件を満たしていること

(B)　障害厚生年金の年金額

障害厚生年金の年金額は、原則として老齢厚生年金と同じ計算式によります。

障害厚生年金1級は、老齢厚生年金の報酬比例の年金額を1.25倍します。2級・3級は、報酬比例の年金額になります。ただし、3級の場合には、最低保障額（58万6300円）が設けられています。

また、障害手当金は1回限りの支給のため、最低保障額で設けられており、令和2年度は117万2600円です。

なお、1級と2級の障害厚生年金には、65歳未満の配偶者で一定条件を満たしている場合、配偶者加給年金額が上乗せ加算されます（図表2－38③参照）。

4 遺族給付のしくみ

遺族年金は、亡くなった人が加入していた年金制度、遺族年金の支給対象となる遺族や人数などによって、受け取ることのできる年金の種類や支給額が異なります。

国民年金から支給されるのは遺族基礎年金です。遺族基礎年金を受け取れない場合には、寡婦年金や死亡一時金が支給されることもあります。

厚生年金保険からは、遺族厚生年金が支給されます。

(1) 遺族基礎年金のしくみ

(A) 遺族基礎年金を受給するための要件

遺族基礎年金は、次のいずれかに該当する場合に支給されます。

① 国民年金の被保険者が死亡したとき

② 被保険者であった人で、日本国内に住んでいる60歳以上65歳未満の人が死亡したとき

③ 老齢基礎年金の受給権者（注）が死亡したとき

④ 老齢基礎年金の受給資格期間を満たしていた人（注）が死亡したとき

ただし、①と②は、死亡日の前日の時点で、保険料納付要件を満たしていなければなりません。保険料納付要件とは、死亡日の前日において、死亡月の前々月までの被保険者期間のうち、保険料納付済期間と保険料免除期間が3分の2以上あることです。

なお、この保険料納付要件を満たしていなくても、特例によって、令和8年4月1日前に死亡日がある場合は、死亡月の前々月までの1年間に保険料滞納期間がなければ、この要件を満たしているとみなされます（65歳未満に限る）。

（注） 老齢年金の受給資格期間は10年以上に改正されましたが、遺族年金の受給資格期間は保険料納付済期間、保険料免除期間、合算対象期間を合算した期間が25年以上ある人に限ります。

(B) 遺族基礎年金を受給できる遺族の範囲

遺族基礎年金が支給される遺族の範囲は、国民年金に加入している人や老齢基礎年金の受給資格を満たしている人（注）が死亡した当時、本人に生計を維持されており、次の要件に該当する「配偶者」または「子」となっています。

① 配偶者の場合　　死亡した人の配偶者で、18歳到達年度の末日までの未婚の子または20歳未満で障害等級1級または2級の障害のある未婚の子がいる

配偶者であること

②　子の場合　　死亡した人の18歳到達年度の末日までの未婚の子または20歳未満で障害等級１級または２級の障害のある未婚の子であること

(C)　遺族基礎年金の年金額

遺族基礎年金の額は、被保険者期間の長さに関係なく定額とされており、年額78万1700円（令和元年度）が基本額となります（令和２年度）。

生計を同じくする子がいる場合、この基本額に、子の人数に応じて「子の加算額」が上乗せされます（図表２−37③④参照）。

⑵　遺族厚生年金のしくみ

(A)　遺族厚生年金を受給するための要件

遺族厚生年金は、次のいずれかに該当する場合に支給されます。

①　厚生年金保険の被保険者が死亡したとき

②　厚生年金保険の被保険者であった人が、被保険者であった間に初診日のある傷病により、初診日から起算して５年以内に死亡したとき

③　１級または２級の障害厚生年金の受給権者が死亡したとき

④　老齢厚生年金の受給権者（注）または受給資格期間を満たしている人（注）が死亡したとき

（注）　老齢年金の受給資格期間は10年以上に改正されましたが、遺族年金の受給資格期間は保険料納付済期間、保険料免除期間、合算対象期間を合算した期間が25年以上ある人に限ります。

ただし、①と②は、死亡日の前日において、遺族基礎年金と同様に保険料納付要件を満たしていなければなりません。

(B)　遺族厚生年金を受給することのできる遺族

遺族厚生年金が支給される遺族の範囲は、配偶者（夫の場合は55歳以上であること）、子（18歳到達年度の末日までの未婚の子、または、20歳未満で障害等級１級または２級の障害のある未婚の子）、55歳以上の父母、孫（18歳到達年度の末日までの未婚の子、または、20歳未満で障害等級１級または２級の障害のある未婚の子）、55歳以上の祖父母で、一定の条件を満たす場合です。

なお、夫・父母・祖父母については、受給権は55歳で発生しますが、60歳まで支給が停止されます（若年停止制度）。

遺族厚生年金には、次のとおり、遺族の中で優先順位があります。

①　配偶者と子

②　父母

③　孫

④　祖父母

先順位者がいる場合には、後順位者には支給されません。

平成19年4月より、子のない30歳未満の妻に支給される遺族厚生年金の支給期間は、5年間（有期給付）になりました。

（C）　遺族厚生年金の年金額

遺族厚生年金の額は、死亡した人の報酬比例の年金額の4分の3相当額です。

遺族基礎年金のような定額ではなく、死亡した人の報酬額や加入期間などによって年金額が異なります。

遺族厚生年金のみを受給している妻（夫が死亡した当時、40歳以上65歳未満であることが必要）には、「中高齢の寡婦加算」（年額58万6300円（令和2年度））が上乗せ支給されます（別途支給要件あり）。なお、昭和31年4月1日以前生まれの妻には、妻自身の老齢基礎年金と、妻の生年月日に応じた「経過的寡婦加算」（年額58万6300円〜1万9567円）が上乗せされます。

(3)　国民年金の第1号被保険者に向けた独自の給付

国民年金の第1号被保険者に向けた独自の給付制度として、寡婦年金と死亡一時金があります。両方を受給できるときは、どちらか一方を選択します。

（A）　寡婦年金

第1号被保険者として保険料納付済期間と保険料免除期間を合わせて10年以上（夫の死亡が平成29年7月31日までの場合は25年以上）である夫が死亡した場合、10年以上の婚姻期間（事実婚期間を含む）のあった妻に対して、60歳から65歳になるまでの間、支給されるのが寡婦年金です。

寡婦年金の年金額は、夫の死亡日の前月までの第1号被保険者の期間について計算した老齢基礎年金額の4分の3です。

（B）　死亡一時金

死亡日の属する月の前月までに、第1号被保険者として保険料納付済期間と保険料免除期間を合わせて36カ月以上あり、老齢基礎年金または障害基礎年金を受給することなく死亡した場合、生計を同一にしていた遺族に対して、死亡一時金が支給されます。

支給される遺族の範囲は、配偶者、子、父母、孫、祖父母、兄弟姉妹です。

死亡一時金の額は、保険料を納めた期間に応じて12万円から32万円までとなります。

5　その他——年金を受給するための手続と後見人の役割

(1)　公的年金の請求

　公的年金は、年金を受給する資格ができたとき（受給要件に該当することとなったとき）に、自動的に支給が開始されるものではありません。

　自分自身または代理人が、年金を受給するための手続（年金請求）を、必要な書類（年金手帳、戸籍謄本など）をそろえて行う必要があります（代理人が行う場合には、委任状などが必要です）。

　年金請求書は、日本年金機構の各年金事務所や街角の年金相談センターにあります。

　年金請求書の提出先は、請求対象者が加入していた制度で異なります。国民年金や厚生年金保険は年金事務所（国民年金のみに加入している人は市区町村役場）に請求します。共済組合等の加入期間のある人についても各年金事務所や街角の年金相談センターに年金請求書を提出できることになりました。

(2)　時　効

(A)　年金を受ける権利の時効

　年金を受ける権利は、支給事由（老齢・障害・遺族）が生じた日（時効の起算日）から5年を経過したときは、時効により消滅します。

　なお、「年金時効特例法」によって、平成19年7月6日以前に決定された年金については、年金記録が新たに判明したことに伴う年金額の増額分は、時効により消滅した場合でも、全額が支払われます。

(B)　保険料納付の時効

　国民年金や厚生年金保険の保険料は、支払期日から2年を経過したときには、時効により保険料を支払うことができなくなります。

(3)　後見人の就任届出

　成年被後見人が国民年金や厚生年金保険を受給している場合には、年金事務所に、成年後見人就任の届出をします（交付日から6カ月以内の登記事項証明書などが必要）。

　年金受給者（成年被後見人）にあてて送られてくる日本年金機構からの各種通知書について送付先を成年後見人あてに変更する場合や、年金の振込先の口座を成年後見人の管理する金融機関の口座に変更する場合には、「年金受給権者通知書等送付先・支払機関・口座名義変更申出書（成年後見人等用）」を提出します。

通知書等の送付先を変更する場合は、「住民基本台帳による住所の更新停止（解除）申出書」もあわせて提出します。

　年金受給者が住所や年金の受取先金融機関を変更するときは、「年金受給権者住所・支払機関変更届」の届出が必要ですが、住民票コードが登録されている人は、住民基本台帳ネットワークの異動情報を活用すれば、住所変更の届出は原則として不要になります。

　なお、日本年金機構においては、マイナンバーを利用した情報連携を平成31年４月以降段階的に行っています。各種届出手続の際に添付書類などが省略できる場合がありますので、最新の情報を日本年金機構のホームページなどでご確認ください。

(4)　年金の選択

　公的年金制度では、１人について、１つの年金が支払われるのが原則です（１人１年金の原則）。一部の例外を除き、１人の人が２種類以上の公的年金を同時に受給（併給）することはできません。たとえば、すでに障害年金を受給している人が新たな事由により、老齢年金や遺族年金を受給することができるようになった場合には、通常は金額の多いほうの年金を選択して受給することとなります。

　選択方法がわからない場合には各年金事務所または街角の年金相談センターで相談することができます。

　相談にあたっては、予約相談を受け付けていますので、利用するとよいでしょう。

　なお、障害年金や遺族年金には税金がかかりません（非課税）が、老齢年金には税金（所得税、住民税）がかかることがあります。

　年金の選択については「年金受給選択申出書」を提出することが必要になります。この申出書は将来に向かっていつでも選択替え（撤回）することができます。

（第1章Ⅴ　望月　厚子）

第1章

VI 税　務

●この節で学ぶこと●

　税のしくみを正確に理解したうえで、被後見人に不利益をもたらすことのないよう、財産管理に必要な税務の概要を学びます。

1　後見人に求められる税の知識

　日本の憲法では、国民が健康で文化的な最低限度の生活をする権利が保障されています。そのために、国は、社会保障や公共的なサービスを提供します。これらのサービスを提供するための資金は税金で賄われています。

　わが国では「申告納税制度」を採用しており、納税者が自らの税額を申告し、原則として金銭で納税するしくみをとっています。被後見人であっても、納税者である限り、正しく申告納税しなくてはなりません。

　成年後見制度を利用している場合、後見人がその事務を行うこととなります。たとえば、申告する税額を間違って、税額が過少であったり、期限内に申告しなかった場合には、過少申告加算税や無申告加算税を課せられるといったペナルティがありますから、税金の知識がなかったために必要以上の税金を納めるといったことは避けなければなりません。

　また、過去に納めすぎていた税金は、「更正の請求」を行うことで還付されます。後見人は、税金のしくみの概略を正しく知っておく必要があります。

　税金のしくみは複雑で、さらに、毎年のように改正があります。被後見人が以前から税理士に依頼していた場合や、所得が多かったり複雑だったりする場合、消費税・相続税・贈与税などを申告する可能性がある場合には、税理士に相談することをおすすめします。以前から税理士に依頼していた場合、その税理士は、被後見人の財産を把握している場合が多いでしょう。また、新たに依頼する場合にも、後見人のよいアドバイザーになるはずです。各地の税理士会または税理士会成年後見支援センターが行っている無料相談などを利用することもできます。

2　税金の種類にはどのようなものがあるか

　個人が納めなければならない税金には、おおむね、次のようなものがあります。なお、カッコ内は「賦課課税方式」といい、納める税額を行政が確定し、納税者に通知する方式です。

①　国に納める税金　　所得税、相続税、贈与税、消費税、印紙税等

②　都道府県に納める税金　　事業税（自動車税、不動産取得税、都道府県民税）等

③　市区町村に納める税金　　（市区町村民税、固定資産税、国民健康保険税）等

以下では、後見人がかかわることの多い税金を中心に説明します。

(1)　所得税のしくみと納付の方法

　所得税は、自営業など商売をしている人、不動産を貸して賃料を得ている人、給与を得ているサラリーマン、年金を受け取っている人などに対して、毎年1月1日から12月31日までの個人が受けた所得に対してかかる税金です。

　申告書の受付期間は翌年の2月16日から3月15日までで、納税者（被後見人）の住所地を所轄する税務署に提出します。

(A)　所得の種類と収入の例・所得金額の計算方法

　所得は、その年の収入から、その収入を得るために必要とした経費を差し引いたものです。

　所得の種類および所得金額の計算方法は、図表2－40の10種類に分かれており、いずれかにあてはめて計算します。

(B)　所得控除

　所得税額を算出するにあたり、個人の事情を考えて税負担を求めるために、所得控除の制度が設けられています。算出の方法は、税務署で配付されている「確定申告の手引き」や国税局ホームページ「確定申告書作成コーナー」に掲載されています。この所得控除の種類は図表2－41のとおりです。

(C)　申告納税額の計算の仕方

　(A)の所得の種類に従った所得金額の計算により合計した金額を「合計所得金額」といいます。そこから(B)の所得控除を差し引き、課税される金額を算出し、それに、所得税の税率を乗じます。そこから配当控除などの各種税額控除を差し引き、あらかじめ納めている源泉徴収税額や予定納税額を差し引くと、納税する金額が算出されます。

納税額があれば納税し、還付されるものがあれば還付申告となります。

＊注：税率は、所得の種類によって異なります。

(D)　納税方法

　納税は、納税者の所轄税務署や金融機関ですることができます。一度に納税できないときは、納税額の2分の1以上の金額を期限内に納めれば、残りについては約1カ月後に納めるという形で分割することもできます。申告期限までに納税する預金口座を登録しておけば、そこから差し引いてもらう「振替納税制度」もあります（申告書は図表2－42のとおりです）。

　成年後見を利用している場合、代理権があれば、後見人が手続をすることができます。

図表2－40　所得の種類

種　類	内　容			計算方法
①利子所得	預貯金・国債などの利子の所得			収入金額＝所得金額
②配当所得	株式や出資の配当などの所得			収入金額－株式などを取得するための借入金の利子
③不動産所得	土地や建物を貸している場合の所得			総収入金額－必要経費
④事業所得	商工業・農業などの事業をしている場合の所得			総収入金額－必要経費
⑤給与所得	給与・賃金・ボーナスなどの所得			収入金額－給与所得控除額又は特定支出
⑥退職所得	退職金・一時恩給などの所得			（収入金額－退職所得控除額）×$\frac{1}{2}$
⑦山林所得	山林の立木を売った場合の所得			総収入金額－必要経費－特別控除額 ＊注1
⑧譲渡所得	総合課税	ゴルフ会員権などを売った場合	所有期間5年以下	総収入金額－$\begin{matrix}取得費\\譲渡費用\end{matrix}$－特別控除額 ＊注1
			所有期間5年超	$\left(総収入金額－\begin{matrix}取得費\\譲渡費用\end{matrix}－特別控除額\right)×\frac{1}{2}$ ＊注1
	分離課税	土地や建物などを売った場合	所有期間5年以下	総収入金額－$\begin{matrix}取得費\\譲渡費用\end{matrix}$－特別控除額 ＊注2
			所有期間5年超	総収入金額－$\begin{matrix}取得費\\譲渡費用\end{matrix}$－特別控除額 ＊注2
		株式などを売った場合	申告分離課税	総収入金額－（取得費＋譲渡費用）
⑨一時所得	生命保険の満期一時金・立退料など一時的な所得			$\left(総収入金額－\begin{matrix}収入を得る\\ために支出\\した費用\end{matrix}－特別控除額\right)×\frac{1}{2}$ ＊注1
⑩雑所得	公的年金等・生命保険契約等に基づく年金など①～⑨以外の所得			総収入金額－必要経費又は公的年金等控除額

　＊注1：特別控除額は50万円が限度です。＊注2：収用等、居住用財産の譲渡等の特別控除があります。
（出典）日本税理士会連合会「やさしい税金教室」

図表2−41　所得控除の種類

種　類		内　容	控　除　額	
			所　得　税	住 民 税
❶	雑損控除	災害、盗難、横領により生活用資産などに受けた損害（詐欺は該当しない）	（損失額−所得の10%） （損失額のうち災害関連支出額）−5万円 ｝いずれか多い額	
❷	医療費控除 （注1）	本人、生計を一にする配偶者や親族のために支払った医療費	1年間の支払医療費−（保険金等で補てんされる金額） −（10万円か所得の5%のいずれか少ない額）（最高200万円）	
❸	社会保険料控除	本人、生計を一にする配偶者や親族の健康保険料、介護保険料、公的年金等の保険料	全額（国民年金保険料等は支払証明書の添付等が必要）	
❹	小規模企業 共済等掛金控除	小規模企業共済法に基づく掛金、確定拠出年金掛金、心身障害者扶養共済掛金	全額（証明書の添付等が必要）	
❺	生命保険料控除 （注2）	本人、配偶者、その他の親族を受取人とした生命保険料	最高4万円（証明書の添付等が必要） （平成23年12月31日以前契約分は最高5万円）	最高2.8万円 （最高3.5万円）
		本人、配偶者を受取人とした個人年金保険料	最高4万円（証明書の添付等が必要） （平成23年12月31日以前契約分は最高5万円）	最高2.8万円 （最高3.5万円）
		介護医療保険料	最高4万円（証明書の添付等が必要）	最高2.8万円
❻	地震保険料控除	居住用の家屋、動産などにかけた地震保険料（旧長期損害保険料を含む）	最高5万円（証明書の添付等が必要）	最高2.5万円
❼	寄附金控除	特定寄附金を支払ったとき。ただし住民税では、自治体、共同募金などに限る	特定寄附金の支払額 ｝いずれか 総所得金額等の40% ｝少ない額 −2千円	税額控除
❽	障害者控除	本人、控除対象配偶者、扶養親族が障害者であるとき	一般の障害者　　　　27万円 特別障害者　　　　　40万円 同居特別障害者　　　75万円	26万円 30万円 53万円
❾	寡婦控除	夫と死別・離婚して扶養親族のある人。又は夫と死別し、所得が500万円以下の人	27万円	26万円
	特定の寡婦	夫と死別・離婚して、かつ所得が500万円以下で子を扶養している人	35万円	30万円
❿	寡夫控除	妻と死別・離婚して生計を一にする子があり、かつ所得が500万円以下の人	27万円	26万円
⓫	勤労学生控除	本人が勤労学生で所得が一定額以下の人	27万円	26万円
⓬	配偶者控除	配偶者の所得が一定額以下のとき （70歳以上）	一般控除対象配偶者　　　　　　　38万円 老人控除対象配偶者(70歳以上)　48万円	33万円 38万円
⓭	配偶者特別控除	配偶者の所得が一定額以下のとき ※配偶者控除と配偶者特別控除を重ねて受けることはできません。	1万円〜38万円	1万円〜33万円
		配偶者および納税者本人の年収の区分ごとに一定の控除があります。		
⓮	扶養控除	親族の所得が一定額以下のとき （16歳未満） （19歳以上23歳未満） （70歳以上）	年少扶養親族（16歳未満）　　　　　　　　　　　0円 特定扶養親族（19歳以上23歳未満）　　　63万円 老人扶養親族（70歳以上）　　　　　　　48万円 同居老親等　（70歳以上）　　　　　　　58万円 一般扶養親族（16歳以上で上記以外）　　38万円	0円 45万円 38万円 45万円 33万円
⓯	基礎控除	本人の控除	38万円	33万円

（注1）スイッチOTC医薬品の購入費用について所得控除を受けることができます。
（注2）生命保険料控除の合計適用限度額は、所得税は12万円、住民税は7万円です。

（出典）日本税理士会連合会「やさしい税金教室　令和元年度版」をもとに作成

第1章

図表2－42　申告書1表

第
1
章

FA0114

税務署長
_____年____月____日　　**平成**□□**年分の**所得税及び復興特別所得税**の確定申告書A**

第
一
表
（平成三十年分以降用）

住　所 （又は居所）	〒□□□－□□□□			
		個人番号		
		フリガナ		
		氏名		㊞
		性別 男・女	世帯主の氏名	世帯主との続柄
平成　年 1月1日 の住所		生年 月日		電話 自宅・勤務先・携帯 番号 　－　　　－

整理番号 □□□□□□□□

（単位は円）

収入金額等	給　　　与	㋐		
	雑 公的年金等	㋑		
	その他	㋒		
	配　　　当	㋓		
	一　　　時	㋔		
所得金額	給与 区分□	①		
	雑	②		
	配　　　当	③		
	一　　　時	④		
	合計 （①＋②＋③＋④）	⑤		
所得から差し引かれる金額	社会保険料控除	⑥		
	小規模企業共済等掛金控除	⑦		
	生命保険料控除	⑧		
	地震保険料控除	⑨		
	寡婦、寡夫控除	⑩	0000	
	勤労学生、障害者控除	⑪	0000	
	配偶者（特別）控除 区分□	⑫～⑬	0000	
	扶　養　控　除	⑭	0000	
	基　礎　控　除	⑮	0000	
	⑥から⑮までの計	⑯		
	雑　損　控　除	⑰		
	医療費控除 区分□	⑱		
	寄　附　金　控　除	⑲		
	合計 （⑯＋⑰＋⑱＋⑲）	⑳		

税金の計算	課税される所得金額 （⑤－⑳）	㉑	000
	上の㉑に対する税額	㉒	
	配　当　控　除	㉓	
	（特定増改築等）区分□ 住宅借入金等特別控除	㉔	00
	政党等寄附金等特別控除	㉕～㉗	
	住宅耐震改修特別控除 区分□ 住宅特定改修・認定住宅 新築等特別税額控除	㉘～㉛	
	差引所得税額 （㉒－㉓－㉔－㉕ －㉗－㉘－㉛）	㉜	
	災　害　減　免　額	㉝	
	再差引所得税額 （基準所得税額） （㉜－㉝）	㉞	
	復興特別所得税額 （㉞×2.1%）	㉟	
	所得税及び復興特別所得税の額 （㉞＋㉟）	㊱	
	外国税額控除 区分□	㊲	
	所得税及び復興特別所得税の 源泉徴収税額	㊳	
	所得税及び 復興特別　納める税金 所得税の 申告納税額 （㊱－㊲－㊳）　還付される税金	㊴	00
		㊵	△
その他	配偶者の合計所得金額	㊶	
	雑所得・一時所得の所得税及び復興特別 所得税の源泉徴収税額の合計額	㊷	
	未納付の所得税及び復興特別 所得税の源泉徴収税額	㊸	
延納の届出	申告期限までに 納付する金額	㊹	00
	延　納　届　出　額	㊺	000

→復興特別所得税額の記入をお忘れなく。

還付される税金の受取場所	銀行・金庫・組合 農協・漁協			本店・支店 出張所 本所・支所
	郵便局 名等		預金 種類 普通 当座 納税準備 貯蓄	○○○○
	口座番号 記号番号			

整理欄	区分	A	B	C	D	E	F	G	H	I	J	K
	異動											
	管理			年 月					通信 日付印	年 月 日 ・ ・		
	補完										確認	
	納管	事 績	住 民	検 算			一連 番号					

税理士
署名押印
電話番号　　　－　　　－　　㊞

税理士法第30条
の書面提出有 ○□　税理士法第33条
の2の書面提出有 ○□

(E)　申告不要・申告手続の簡素化

　総所得金額が所得控除の合計額を下回ったり、課税される所得金額から計算される税額が配当控除など各種税額控除を下回った場合には、確定申告は不要です。ただし、住民税を計算するための資料提出は必要です。

　サラリーマンの場合は、原則として会社で年末調整手続をするため、確定申告は不要となっています。また、年金所得者は、一定の要件を満たす場合には申告不要となっています。具体的には、次のとおりです。

(a)　サラリーマンの場合

　サラリーマンは、会社で年末調整手続をする場合、所得税の申告は必要ありません。

　ただし、１年間で受け取る給与・賞与の総額が2000万円を超える場合、給与以外に20万円以上の所得がある場合、２カ所以上から給与を受け取っている場合は確定申告が必要です。

　また、雑損控除・医療費控除・寄付金控除がある場合には、確定申告をすることで還付を受けることができます。

(b)　年金所得者の申告手続の簡素化

　公的年金等の雑所得のある人のうち、収入金額が400万円以下で、かつ、他の所得が20万円以下の場合は、所得税について、確定申告書の提出は必要ありません。ただし、この要件にあてはまった場合でも、所得税の還付を受けるためには、確定申告書を提出する必要があります。

　また、所得税の確定申告が必要ない場合であっても、住民税の申告が必要な場合があります。

　所得税がかかっていない場合でも、所得控除等がある場合は、申告することで住民税が軽減されます。

(F)　準確定申告

　納税者が、その年の１月１日から３月15日までに確定申告書を提出しないで死亡したときや、年の途中で死亡したときには、相続人はその相続の開始を知った日の翌日から４カ月を経過した日の前日までに、相続人の連名で、死亡した納税者の所轄税務署長に、準確定申告書を提出しなければなりません。

　「東日本大震災からの復興のための施策を実施するために必要な財源の確保に関する特別措置法」（いわゆる「復興財源確保法」）により復興特別所得税が創設され、平成25年から令和19年までの年分の所得税について、その年分の基準所得税をもとに2.1％の復興特別所得税が課されることとなりました。詳しくは、税理

士や税務署に確認してください。

(2)　住民税のしくみと納付方法

　都道府県民税と市町村民税を総称して、一般に**住民税**といいます。

　住民税には、前年の所得金額に応じて課税される「所得割」と、所得金額にかかわらず定額で課税される「均等割」があります。

　所得割は、所得税の所得を前提に計算されますが、所得控除の金額や適用が所得税と異なるものがあります。サラリーマンの場合は、会社から市区町村に提出する「給与支払報告書」が、その他の場合は、確定申告書や住民税の申告によって市区村長が決定した税額が、納税義務者に通知されます。

　サラリーマンの場合は、市区町村より通知される「特別徴収税額の決定通知書」によって、会社が毎月の給料から天引きします。それ以外の人は、市区町村から納税者に直接「納税通知書」が届くので、通知書に記載されている額を、6月・8月・10月・翌年1月に分けて納税します。

　介護保険や障害者総合支援法の軽減措置を受けるためには、住民税の所得額の制限が設けられているため、住民税の申告が必要となります。

(3)　相続税のしくみと納付方法（図表2－43）

　相続税とは、被相続人から取得した財産の合計額が、遺産にかかる基礎控除額を超える場合に、相続または遺贈により財産を取得した人や、相続時精算課税によりあらかじめ財産を贈与されていた人（納税義務者）が、納めなければならないものです。

　相続人等が相続の開始を知ってから10カ月を経過するまでに、申告書を、被相続人の住所地を所轄する税務署に提出しなければなりません。

(A)　納税義務者

　相続税の納税義務者は、住所が国内にあるか外国にあるかを問わず、被相続人の死亡に伴って財産を取得した人です。

　また、60歳以上の親から、推定相続人である20歳以上の子や孫に対して行われる贈与に対し、相続時精算課税制度（☞(4)(A)(b)）を利用した人も、納税義務者となります。

図表2－43　相続税のしくみ

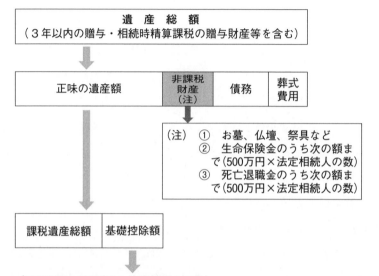

下の図の正味の遺産額が基礎控除額を
超えない場合、相続税はかかりませんが、
超える場合は相続税の申告が必要です。
この場合、相続税の総額は実際の遺産分割に
かかわりなく、各相続人が法定相続分で財産
を取得したものとして計算します。

遺 産 総 額
（3年以内の贈与・相続時精算課税の贈与財産等を含む）

| 正味の遺産額 | 非課税財産（注） | 債務 | 葬式費用 |

（注）　① お墓、仏壇、祭具など
② 生命保険金のうち次の額まで（500万円×法定相続人の数）
③ 死亡退職金のうち次の額まで（500万円×法定相続人の数）

| 課税遺産総額 | 基礎控除額 |

（3000万円＋600万円×法定相続人の数）

（出典）　日本税理士会連合会「やさしい税金教室　令和元年度版」

⒝　相続税の課税価格の算出方法

相続税の課税価格は、以下のようにして算出されます。

> 相続税の課税価格＝①＋②＋③－④＋⑤
> ①　相続税法財産評価通達によって評価された土地などの不動産、一般動産、有価証券、預貯金、ゴルフ会員権、生命保険契約に関する権利等の相続財産（お墓などの非課税財産があります）
> ②　被相続人の死亡に伴う生命保険金や退職金などのみなし相続財産（一定の非課税額があります）
> ③　相続時精算課税による贈与財産
> ④　被相続人の債務および葬式費用（後見報酬の未払分を含みます）
> ⑤　相続開始前3年以内にされた贈与財産

(C)　遺産にかかる基礎控除

遺産に関する基礎控除は、次のとおりです。

3000 万円＋ 600 万円×法定相続人の人数

なお、課税価格より基礎控除が多い場合（(B)≦(C)の場合）、原則として相続税の申告の必要はありません。

(D)　税額の計算

課税価格から基礎控除を引いた額（(B)−(C)）を、法定相続人の法定相続分で按分し、所定の税率を乗じたものを合計したものが、総相続税額となります。個々の相続人の相続税額は、これを実際の課税価格の取得割合に応じて配分したものになります。相続人が親・子（代襲相続人含む、孫・養子除く）・配偶者以外の場合は、これに20％を乗じた金額を加算します。

(E)　税額控除

配偶者の税額軽減、未成年者控除、障害者控除、贈与税額控除があります。

(F)　納税の方法

税額控除後に納税額がある場合は、申告期限までに、原則として金銭で一度に納付します。

相続財産以外の財産をあてても、金銭で一時に納税できない特別の事情があるときは、不動産などを担保とした延納制度、不動産などの物納制度があります。

相続人が成年後見制度を利用しており、他の相続人が延納の申請をする場合、相続人の後見人が手続をすることになります。

延納が許可された場合など一定の場合を除いて、相続人の間で連帯納付義務があることにも注意しましょう。

(G)　市民後見人が相続税に関係したときの注意点

以上のように、相続税は、極めて範囲が広く、また、相続財産の調査も難しいものです。

後見人としては、本人の代弁者であることを常に念頭において、他の相続人と相談しながら、相続事務を進めていくようにしましょう。

また、相続税の申告期限内に、一定の相続人が、被相続人の居住用宅地や事業用土地を相続するという遺産分割が生じた場合には、土地の評価の減額により全体の税額が減少することもあります。この場合、後見人としては、遺産分割協議において、法定相続分を取得するようにするのが原則です。

相続税の申告が必要であるかどうかも慎重に判断する必要がありますので、税

理士に相談することが望ましいでしょう。

(4)　贈与税のしくみ

(A)　贈与税とは

贈与税は、個人から財産の贈与を受けた場合に、贈与を受けた人が負担する税金です。

贈与税には、1月1日から12月31日までの1年間に贈与を受けた財産の合計額に対して課税される「暦年課税制度」と、贈与税額を累積して計算する「相続時精算課税制度」があります。

なお、いったん「相続時精算課税制度」を選択すると、「暦年課税制度」に戻ることはできません。

(a)　暦年課税制度

1年間に受けたすべての贈与財産の合計額から110万円を控除した残額に、一定の税率を乗じて計算します。

(b)　相続時精算課税制度

60歳以上の親または祖父母から財産の贈与を受けた推定相続人である20歳以上の子（または孫）は、相続時精算課税制度の利用を選択することができます。

相続時精算課税制度を利用した場合、贈与を受けた財産の合計額から2500万円までの特別控除額を引いた金額に、20％を乗じた金額を納税します。この制度を選択した贈与財産は相続財産に加算され、すでに支払った贈与税額が相続税額を上回るときは還付を受けることができます。

(B)　居住用不動産の贈与の特例

(a)　贈与税の配偶者控除

婚姻期間20年以上の配偶者が、相手方の配偶者から居住用不動産やその購入資金の贈与を受けた場合は、基礎控除110万円に加えて、2000万円の配偶者控除があります（不動産取得税・登録免許税などはかかります）。

(b)　直系尊属から受けた住宅取得等資金の贈与税の非課税

平成27年から令和3年6月30日までの間に、20歳以上で一定の所得以下の人が、住宅を取得するために、直系尊属から資金の贈与を受けた場合、基礎控除額、相続時精算課税額に加えて、一定の非課税額を上乗せすることができます。

平成26年以前にこの旧非課税制度の適用を受けている場合は、受けることはできません。

(C)　特定障害者に対する贈与税の非課税

特定障害者が、その者のみを信託の受益者とする特別障害者扶養信託契約に基

づき、委託者によって、1つの信託銀行の1つの支店に金銭有価証券その他の一定の財産が信託されることにより信託受益権を有することとなる場合で、その信託がされる日までに「障害者非課税信託申告書」を信託会社を通じて納税地の所轄税務署長に提出したときは、6000万円までが非課税となります。

　ここでいう「特定障害者」とは、特別障害者および障害者のうち精神に障害のある方をいいます。

(5)　固定資産税のしくみ

　固定資産税とは、毎年1月1日（賦課期日）に、「土地・家屋・償却資産」を所有している人に賦課されるものです。

　固定資産税の評価に疑問や不服がある場合には、毎年一定の時期に、評価の閲覧を不服申立てができます。

　後見人は、被後見人が固定資産税の納税義務者かどうか、また税額の一部を負担すべき共有者がいるかどうかを確認するようにしましょう。

(6)　マイナンバー

　社会保障・税制度の効率性・透明性を高め、国民にとって利便性の高い公平・公正な社会を実現することを目的として、社会保障・税番号制度（マイナンバー制度）が導入されました。

　税金の申告に関してもマイナンバーの提示が求められますが、その利用については平成28年1月から順次開始されています。

　被後見人についても、税の申告に必要であれば、マイナンバーの提示および本人確認が要求されます。たとえば、被後見人がサラリーマンの扶養親族になっていた場合、企業に貸している不動産があり家賃の支払調書の記載がある場合などです。もちろん、確定申告する場合には、被後見人のマイナンバーや扶養親族のマイナンバーの記載を求められます。

　マイナンバーはあくまでも税務署等の官庁に提出する場合に必要なものですから、給与や家賃を支払う会社が税務署に提出するために用いるものです。

　後見人などの法定代理人が本人のマイナンバーを提供する場合の企業における取扱いについて、内閣官房からのQ&Aを紹介します。

　Q4-3-4　代理人から本人のマイナンバーの提供を受ける場合は、どのように本人確認を行うのですか？

　A4-3-4　代理人からマイナンバーの提供を受ける場合は、(1)代理権、(2)代理人の身元、(3)本人の番号の3つを確認する必要があります。原則として、

（1）　代理権の確認は、法定代理人の場合は戸籍謄本など、任意代理人の場合は委任状

（2）　代理人の身元の確認は、代理人のマイナンバーカード、運転免許証など

（3）　本人の番号確認は、本人のマイナンバーカード、通知カード、マイナンバーの記載された住民票の写しなど

で確認を行いますが、これらの方法が困難な場合は、他の方法も認められます。詳しくは、［本人確認の措置］（筆者注：〈http://www.cas.go.jp/bangoseido/pdf/lawkakunin.pdf〉）をご覧ください。（2014年7月回答）

　つまり、①代理人の確認は後見登記の登記事項証明で行い、②代理人の身元の確認は代理人のマイナンバーカードや運転免許証などで行い、③本人の番号確認は、通知カードやマイナンバーの記載されている住民票の写しが利用できることになります。したがって、わざわざマイナンバーカードを発行してもらう必要はありません。

（第1章Ⅵ　伊藤　佳江）

第 2 章

対象者を理解する

I　認知症高齢者

●この節で学ぶこと●

　認知症の類型と特徴を理解し、後見人として認知症高齢者である被後見人とかかわる際に必要な情報や活用できる社会資源について学びます。

1　認知症の類型と特徴

(1)　脳の老化による記憶力の低下と認知症によるもの忘れとは違う

　「久しぶりに会った人のことが思い出せない……」「若い頃には一度で覚えられたことが、最近では何度も繰り返さないと覚えられない」。ある程度の年齢以上の人であれば、誰でも、こうした記憶力の低下を自覚することがあると思います。こうした記憶力の低下は、年をとると筋力が低下したりするのと同じように、老化に伴う脳神経細胞の減少の影響によるもので、誰にでも起こる、老化による「もの忘れ」です。

　認知症による「もの忘れ」も、最初のうちは、こうした老化による「もの忘れ」と区別がつかないことがしばしばあります。しかし、老化による「もの忘れ」はあまり進行しないのに対して、認知症による「もの忘れ」は次第に進行し重症化していきます。図表2－44に、認知症による「もの忘れ」と老化による「もの忘れ」との違いをまとめました。両者の大きな違いは、老化による「もの忘れ」では、ある体験に関する記憶の一部を忘れているだけなのに対して、認知症による「もの忘れ」の場合は、ある体験に関する記憶のすべてを忘れてしまうことにあります。たとえば、その日の朝食について、朝食をとったことは覚えているが、朝食で何を食べたかを思い出せないというのは、老化による「もの忘れ」で

図表2－44　認知症ともの忘れの相違	
認知症によるもの忘れ	**老化によるもの忘れ**
病気	病気ではない
進行することが多い	半年～1年では変化しない
もの忘れ以外に時間や判断が不確かになる	記憶障害のみ
体験全体を忘れる	体験の一部分を忘れる
もの盗られ妄想などの精神症状を伴うこともある	他の精神症状は伴わない
しばしば自覚していない	自覚がある

すが、朝食をとったこと自体を思い出せないのが、認知症による「もの忘れ」です。

(2) 認知症の定義と分類

認知症とは、医学的には、ほぼ正常に発達してから後に起こる、病的かつ慢性的に認知機能の低下した状態であり、本人の日常生活の機能が著しく低下し、普通の社会生活を送ることができなくなった状態と定義されます。

認知症は、記憶と判断力の障害を特徴とする症候群（症状が集まった状態）です。認知症という症候群には、さまざまな分類がありますが、認知症の原因と治療に対する反応に基づいて、一次性認知症と二次性認知症とに分けて考えるとよいでしょう。

一次性認知症とは、脳神経細胞の脱落などの結果、脳が病的に萎縮して起こる認知症のことです（図表2-45)。いろいろな研究が進められていますが、現在でも、その原因は明らかではありません。認知症の進行を遅らせる治療はありますが、残念ながら認知症の症状そのものを改善する治療法はありません。一般にいわれる認知症は、一次性認知症を指すことが多いようです（☞(4))。

これに対して、二次性認知症とは、原因と対処法がある程度明らかにされている病気を原因として起こる認知症のことです。原因となる病気の治療をすると、認知症の症状は改善します。たとえば、正常圧水頭症は、脳や脊髄を流れる髄液と呼ばれる水が、脳の中に溜まり、周りの脳を圧迫する病気で、認知症を引き起こすことがあります。しかし、脳外科の手術を行って髄液が溜まらないようにすると、認知症の症状は改善します。二次性認知症の原因となる病気を図表2-46にまとめました。なお、二次性認知症については、有効な治療法がある場合には、その治療を行ったうえで、成年後見制度の要否を考える必要があるでしょう。

図表2-45　主な一次性認知症

・血管性認知症（脳梗塞、脳出血などの脳血管性障害が原因）
・変性性認知症（神経変性疾患（脳の細胞が障害を受け、徐々に崩壊し、脱落してしまう病気）が原因）
　　　　　アルツハイマー型認知症
　　　　　レビー小体型認知症
　　　　　前頭側頭型認知症（ピック病）

図表2-46　二次性認知症の原因

① **頭蓋内腫瘍**

　原発性腫瘍、転移性腫瘍、癌性髄膜腫

② **無酸素性脳症あるいは低酸素性脳症**

③ **正常圧水頭症**

④ **頭部外傷**

　脳挫傷後、硬膜外出血、硬膜下出血

⑤ **神経感染症**

　急性ウイルス性脳炎（単純ヘルペス脳炎、日本脳炎など）、HIV感染症（AIDS）、クロイツフェルト・ヤコブ病、進行麻痺（神経梅毒）、急性化膿性髄膜炎、亜急性・慢性髄膜炎（結核、真菌性）、脳膿瘍、脳寄生虫など

⑥ **内分泌機能異常症および関連疾患**

　下垂体機能低下症、甲状腺機能低下症、副腎皮質機能低下症、副甲状腺機能低下症、副甲状腺機能亢進症、クッシング症候群、反復性低血糖など

⑦ **代謝性疾患**

　ビタミンB1欠乏症（ウェルニッケ・コルサコフ症候群）、ビタミンB12欠乏症、ビタミンD欠乏症、葉酸欠乏症、ナイアシン欠乏症（ペラグラ）、ウィルソン病

⑧ **中毒性疾患**

　アルコール依存症、一酸化炭素中毒、金属中毒（水銀、鉛、マンガンなど）、有機化合物中毒（リン、トルエンなど）、薬物中毒（抗がん薬、向精神薬、抗菌薬、抗けいれん薬など）

⑨ **臓器不全および関連疾患**

　腎不全、透析脳症、肝不全、門脈肝静脈シャント、慢性心不全、慢性呼吸不全など

（出典）武田雅俊編『現代老人精神医療』（永井書店、2005年）571頁
日本神経学会監修「認知症疾患診療ガイドライン」作成委員会編集　認知症疾患診療ガイドライン2017（医学書院、2017年）7頁をもとに作成

(3)　認知症によって引き起こされる症状——中核症状と周辺症状

　認知症の臨床症状は、中核症状と周辺症状とに分けられます。

　中核症状は、認知症そのものの症状です。程度の差はあっても、すべての認知症の人に必ず起こる症状です。

　これに対して、周辺症状は、中核症状によって引き起こされる症状です。個人差があり、周囲の環境要因と関連していることもしばしばあります。

(A)　中核症状

(a)　記憶障害

　認知症の記憶障害の特徴は、「生年月日は覚えているが、自分の年齢は答えられない」「自分が生まれた場所は覚えているのに、最近引っ越した現住所は答えられない」というように、過去の古い記憶（遠隔記憶）は保たれているのに、最近の記憶（近時記憶）が障害されていることです。その結果、新しいことを覚え

るのが苦手になります。

　また、同じ記憶でも、自分が実際に経験した出来事に関する記憶（エピソード記憶）や、単語・概念・記号などの一般知識に関する記憶（意味記憶）に比べて、運転・水泳・楽器演奏など技能や操作に関する記憶（手続記憶）は比較的よく保たれます。

（b）　見当識障害

　見当識とは、時間や場所や人物に対する正しい認識のことです。見当識が障害されると、「今がいつで、ここはどこで、あの人は誰か」ということがわからなくなります。認知症では、時間、場所、人の順に障害されます。最初は、時間、特に日付に関する見当識が障害されます。次に、場所に関する見当識が障害され、慣れない場所で迷うようになります。

　認知症が進行すると、実際には1月なのに8月と答えたり、夏なのに冬と答えたりするなど、月や季節も間違えるようになります。自分が今いる場所がどこか、何のためにそこにいるのかもわからなくなり、病院で診察を受けているのに、自宅にいると答えたりすることもあります。

　さらに進行すると、自分の家の中でも迷ったり、目の前にいる同居家族の顔を見ても家族とはわからず、初めて会った見知らぬ人に対するようなあいさつをしたりすることもあります。

（c）　実行機能の障害

　計画を立てる、組織化する、抽象化するなどの能力を実行機能とよびます。認知症では、実行機能の障害により、抽象的な思考力が低下し、推理・類推をすることが困難になります。特に、明日の予定、たとえ話、「もし○○ならば、××する」といった仮定の話など、目の前の現実ではない事柄について思考することが苦手になります。

　自分のおかれている状況を正しく認識することができなくなり、寒くても薄着で出かけたり、真夏でもセーターを着ていたりするなどの不適切な行動も生じます。

　理解力・判断力も低下し、見通しをもった行動をとることが難しくなります。その結果として、買い物、金銭管理、食事の支度など、日常生活にも支障が生じます。

（d）　高次大脳皮質機能障害

　知覚、随意運動、思考、推理、記憶など、脳の高次機能をつかさどる大脳皮質の局所的な障害によって引き起こされる障害で、失語、失行、失認の3つがあり

ます。

　失語とは、のど、口、舌などの構音器官に異常がないのに、言葉を理解したり、しゃべったりすることがうまくできなくなることをいいます。

　失行とは、手や足などの運動器官に異常がないのに、一連の動作を行うことがうまくできなくなることをいいます。たとえば、着衣失行では、ズボンの一方に両足を入れたり、ズボンを頭から被ったりするなど、服を上手に着ることができなくなります。

　失認とは、目、耳などの感覚器官に異常がないのに、目や耳などの五感を働かせて周りの状況をうまく把握することができなくなることをいいます。たとえば、視空間失認では、目でみたものの形や位置関係がはっきりと認識できなくなり、よく知っているはずの場所で道に迷ったり、目で見たものが何なのかが理解できなくなったりします。

　　(B)　周辺症状

　　(a)　幻　覚

　実際には全く存在していない架空のものを、存在しているかのように知覚することを幻覚といいます。幻覚は五感に対応して起こりますが、認知症では、幻視が多く、ついで幻聴、幻嗅がみられます

　　(b)　妄　想

　不合理なこと、あるいは実際にはあり得ないことを、根拠が薄弱なのに強く確信し、論理的に説明されても訂正できない考えを妄想といいます。

　認知症では、自分のものを盗まれるというもの盗られ妄想が多くみられます。もの盗られ妄想は、預金通帳や指輪など大切なものをしまったものの、その場所を忘れてしまい、見つからないのは家族や介護者など身近な者が盗んだせいだと妄想的に解釈することによって生じると考えられています。

　　(c)　せん妄

　せん妄とは、意識水準が低下した状態（意識混濁）に、錯覚・幻覚、興奮・不安などが加わった状態をいいます。幻視や錯視が出現し、そのために不安や興奮が生じます。急激に発症しますが、適切な治療によって症状が回復し、元の状態に戻ります。1日のうちでも症状の変動が大きいことが特徴です。認知症では、夜間にだけ起こる「夜間せん妄」のために多動・徘徊が起こり、介護に苦労することがあります。

　　(d)　精神症状

　不安、焦燥、抑うつ、興奮、心気症状、不眠などが出現します。

(e) 性格変化

自発性低下、気分変化、病前性格の尖鋭化（たとえば、もともと疑い深い人がより疑い深くなるというように、元来の性格傾向が強調される）などの性格変化がみられます。

(f) 問題行動

(ア) 攻撃的行動

たたく、押す、ひっかく、蹴るなどの暴力（身体的攻撃）、大声で叫ぶ、ののしる、かんしゃくを起こすなどの暴言（言語的攻撃）がみられることがあります。

(イ) 徘徊

他人の目からすると、何の目的もなく、落ち着きなく過剰に歩き続けるという状態を徘徊といいます。

介護者の目が離れたすきに単独で外出し、路上でさまよい、ときには警察に保護されたりすることもあります。

(ウ) 食行動の異常

過食、拒食、異食（食品でないものを口にする）などがみられます。

(エ) 不潔行為

失禁、弄便（便こね）、放尿などがあります。また、入浴拒否やごみの収集などがみられることもあります。

(4) 認知症にはさまざまな種類がある

(A) アルツハイマー型認知症

もっとも多い認知症です。原因は不明ですが、脳細胞に β アミロイド（アミロイドと呼ばれるたんぱく質の塊）が沈着することが原因ではないかと考えられています。

その経過は前期・中期・後期とほぼ3段階に分けることができます。

(a) 前期の状態

近時記憶の障害が目立ってくる時期で、時間に関する見当識の障害や自発性の低下などが起きます。日常生活は問題なくできますが、複雑な仕事を行うことには困難が生じます。

(b) 中期の状態

遠隔記憶にも障害が出ます。場所に関する見当識障害も現れ、外出して家に帰ってくることができなくなったりします。日常生活でも買い物・料理など判断力を要する事柄から難しくなります。着衣・摂食・排便など、基本的な事柄も1人ではできなくなります。多動や徘徊がみられ、失語・失行・失認なども認められ

ます。問題行動が認められるのも主にこの時期です。

(c)　後期の状態

　記憶障害はさらに著しくなり、自分の配偶者・両親・兄弟姉妹の名前も忘れたりします。人物に関する見当識障害も現れ、目の前の家族に対して「誰ですか？」と尋ねたりします。日常生活でも常時介護が必要となります。多動・徘徊は、認知症の進行に伴い、活動性が減少するので減ってきます。しかし、同時に疎通性も悪くなり、意味不明の発語や仕草を行ったりするのみとなります。最終的には寝たきりとなります。

(B)　レビー小体型認知症

　アルツハイマー型認知症に次いで多い認知症です。具体的で繰り返される幻視、パーキンソン症状（パーキンソン病にみられる症状です。レビー小体型認知症では、動作緩慢、筋固縮、寡動などが多いようです）、意識の清明さの変動が特徴です。

(C)　前頭側頭型認知症（ピック病）

　前頭葉・側頭葉が変性・萎縮する認知症で、50～60歳代という比較的若い時期に発症します。記憶障害が明らかになる前に、機転がきかず、周囲に無関心になるというような性格変化が生じ、周囲の思惑を無視し、礼節や他者への配慮を欠いた無遠慮な言動がみられるようになります。万引きや盗み食いなどの反社会的行動がきっかけとなって、前頭側頭型認知症と診断される人もいます。

　集中力の低下、同じ行動を繰り返す、ゆっくり進行する失語、滞続言語（話や日常会話の中に常同的・惰性的に同じ内容の言葉が繰り返される状態）などがみられます。

(D)　血管性認知症

　血管性認知症では、障害された部位によって症状は異なり、めまい、しびれ、言語障害、知的能力の低下等にはむらがあります。また、記憶力の低下が強いわりには判断力や理解力などが相対的によく保たれている場合があり、「まだら認知症」と呼ばれます。

　経過としては、大きな脳卒中発作やストレスなどを契機として、判断能力が急激に低下することがありますが、その後やや回復し、あるいは横ばいを続けます。また、脳卒中発作が起こるたびに、認知症の症状は階段状に低下することが多いとされます。

（第2章①①　五十嵐　禎人）

2　認知症高齢者を支援するときに利用できる社会資源

　ここでは、認知症高齢者を支援するときに利用できる社会資源について学びます。認知症高齢者の支援に活用できる人、物、制度について概観していきましょう。

(1)　後見人は社会資源を確認し、評価し、調整する

(A)　社会資源の定義

　タイトルにある社会資源とはそもそも何でしょう。

　認知症高齢者の支援に限らず、その人に必要と思われる「資源」のすべてを指します。人、物、制度などがこれにあたります。

　資源は、公的（フォーマル）なものだけではありませんし、契約して利用するものだけとも限りません。地域で自然発生的に生まれた関係（近所付き合い）なども含まれます。このようなものを、公的（フォーマル）に対して、非公的（インフォーマル）と表現することもあります。本人を支援する機関や専門家の口からこれらの用語が出る場合もあるので覚えておきましょう。

　市民後見人も、社会資源の一部です。実際に市民後見人として活動する際には、本人と社会資源がうまくつながって、効果的に機能しているかどうかを確認していきましょう。

(B)　社会資源の確認

　それでは、認知症高齢者は、どのような社会資源とつながっているのでしょうか。

　市民後見人が認知症高齢者と接する段階では、すでにある程度、社会資源とのつながりができていると思われます。相談機関や専門家によって、社会資源の過不足について調整が行われているかもしれません。

　その場合、すでに関与している相談機関、専門家、あるいは介護サービス事業所の職員などから情報を集めることになります。本人が在宅生活している場合には、可能な範囲で民生委員や近隣の人からも、つながりのある社会資源を確認しましょう。

(C)　社会資源の評価

　本人がどのような社会資源とつながっているかという確認ができたら、そのつながりのある社会資源が認知症高齢者にとって適切であるかどうかを確認しましょう。相談機関や専門家、介護サービス事業所の職員がつなげた社会資源であれ

ばひとまず安心です。ただし、そういった場合に市民後見人は何もしなくてもよいのかというと、そうではありません。すでにつながりができている社会資源の質や量が適切かどうかについて、市民後見人の目で、しっかり確認する必要があります。相談機関や専門家という支援者の立場からみた社会資源の過不足と、本人の代理人である市民後見人からみた過不足が、一致するとは限らないからです。

　市民後見人としては、相談機関や専門家の説明を無批判に受け入れるのではなく、みずからの五感をおおいに活用して確認することが、認知症高齢者を支援するためにはとても重要になります。

　もしかすると、市民後見人自身が十分に表現することはできないけれど、「何か変だ」「ちょっと気になる」という感覚をもつことがあるかもしれません。そのときはうまく表現できなくても、後になって「あのときの感覚はこのことだったのか」とわかることもありますので、些細な気づきや感じたことを大切にしましょう。

　また、認知症高齢者本人の表現にも注意を払いましょう。ここでいう表現には、言語的表現はもちろん、表情、仕草、視線、日常生活動作といったような非言語的表現も含まれます。特に、認知症高齢者の場合、言語的表現が限定的であることが多いので、注意深く観察しましょう。

　市民後見人としての活動を始めたときに確認することももちろん重要ですが、その後も常に適切かどうかの確認を続けることで、認知症高齢者や、つながっている社会資源の小さな変化に気づく機会が増えていきます。特に、交流のある親族が身近にいない認知症高齢者の場合、市民後見人が気づかないと、誰も気づかない、という可能性も少なくありません。

(D)　社会資源の調整

　次に、過不足の調整が必要になった場合を考えてみましょう。

　市民後見人自身が、認知症高齢者の支援に利用することのできる社会資源の引き出しを、頭の中にたくさんもっていることはとても重要です。

　一方で、認知症高齢者が増えている現在、新たな社会資源も日々増えています。ですから、市民後見人がすべてを把握して調整するよりも、分野ごとの専門家に確認したうえで調査するか、または調整そのものを専門家に依頼したほうが、より適切に対応できる場合があります。

　このような前提の下に社会資源の調整を行うことになるわけですが、(C)で触れたとおり、調整が必要かどうかの判断そのものが難しいという場面が、少なからずあると思います。この判断は、専門家でも難しいところです。

目の前にいる本人のこれからの人生、今の生活の質（QOL）、何をしたいと思っているのかなどについて、過度に保護的にならないよう、根気強く観察とやりとりを継続しながら、いかにその人らしい行動や信条を尊重できるかについて、「この人にとって今必要なこと、大事にしなければならないこと（ニーズ）は何だろう」と考えていきましょう。

(2)　認知症高齢者を支援するために利用できる社会資源

(A)　認知症高齢者にはどのような社会資源が必要なのか

認知症高齢者の支援に利用できる社会資源にフォーマルなもの、インフォーマルなものがあるということは前にふれました。それでは認知症高齢者には具体的にどのような社会資源が必要なのか考えていきましょう。

本人の様子や、本人を取り巻く環境はさまざまですから一概にはいえませんが、たとえば以下のような視点を意識しておくとよいでしょう。

① 安全に生活できるために必要な社会資源　　認知症高齢者は、危険を察知して回避する能力が衰えがちです。身体機能の低下とも関連しますが、転倒する、家具などにぶつかる、道路を横断するときの安全確認が不十分になるなどといった事態に対処することが必要な場合に利用します。

② 身体機能を維持するために必要な社会資源　　たとえば、小さな段差につまずいて転ぶという事態を考えてみましょう。小さな段差を解消することや、誰かが見守りをしていて「足を大きく上げてください」と声をかけることで、認知症高齢者が危険を回避することを助けることも可能です。このような対応とともに、認知症高齢者の身体機能が低下しないような社会資源とつながることによっても、このような事態を回避することができます。本人が身体機能を維持することの必要性を理解するのが難しい場合もありますが、集団活動に参加するなどで、結果として身体機能の維持が図れることもあります。

③ 精神的な刺激を確保するために必要な社会資源　　精神的な刺激が、認知症の進行を予防することにどのくらいの効果があるかについて、はっきり解明されていない部分もあります。しかし、それまでは何の予定もなかった認知症高齢者が、週に何回かデイサービスに通うことで曜日の感覚が再獲得されたという例や、最初は行きたがらなかったデイサービスで顔なじみができてからは表情が明るくなったという例があります。社会性を再び獲得するという意味でも、本人が外部と交流する機会を意図的につくっていくことは重要です。

④ 介護負担の軽減　　家族などの介護者がいる場合には、介護負担を軽減す

ることが必要かどうかも視野に入れるべきです。後見人が選任される前に虐待があったのではないかと疑われた事例などで、選任後に家族の再統合を図る場合などは、このような配慮が必要になるかもしれません。この場合には、介護者の負担が過大にならないようにすることで、本人も住み慣れた自宅や地域で生活できること、虐待を予防することができることという2つのメリットが考えられます。

⑤　経済的な不利益の予防・解消　　たとえば、配達された郵便物の開封や、開封後の処理（申告、請求等）ができないことによって、経済的な不利益を受けることがあります。そのような不利益を解消するために、家庭裁判所に後見人あてに郵便物の送付先の変更の請求を行うことや、本人や支援者から聴取りを行う等の対処が求められます。

⒝　どのような社会資源があるか

最近は、高齢者福祉に関する施策の拡大・多様化、制度・サービスの供給主体の多様化などが進んでおり、専門家でも全容を把握するのが難しい時代になりつつあります。

市民後見人自身が、どのような社会資源があり、それが必要なのかそうでないのかということを判断できるだけの知識はもっておくべきですが、社会資源の確保や調整については、専門家に委ねたほうが円滑に進む場合もあるでしょう。

主な社会資源としては、以下のものがあります（☞第1章Ⅰ）。

①　地域包括支援センター　　認知症高齢者も含めた、高齢者向けの総合相談窓口です。おおむね中学校区に1つ設置することが望ましいとされています。設置主体は市町村ですが、社会福祉法人等の民間法人に委託されていることもあります。主任介護支援専門員、保健師等、社会福祉士の3職種が配置されており、相談の内容に応じて、認知症高齢者のそのときの状態にあうと思われる社会資源の紹介などを行います。

②　居宅介護支援事業所　　介護保険法で規定されている介護支援専門員（ケアマネジャー）がいる事業所です。地域包括支援センターから紹介してもらうこともできますし、近くの居宅介護支援事業所に直接に相談することもできます。ケアマネジャーは、認知症高齢者の要介護度、本人の意向、介護の負担に応じてケアプランを作成し、必要な介護サービスの手配をします。要介護認定の申請を代行してもらうことも可能です。

③　介護サービス事業所、介護保険施設等　　本人が在宅で生活をしている場合には介護サービス事業所、入所が必要な場合には介護保険施設などの利用

を考えます（☞第1章Ⅰ）。

④　その他　徘徊探知機、自動消火器、要介護者等手当、見守りサービス、ボランティア（有償、無償）など、安否確認や経済的な負担を軽減するしくみもあります。市町村ごとに、提供しているサービスの内容や量が異なる場合があるので、注意しましょう。

3　認知症高齢者への接し方

ここでは、認知症高齢者への接し方について学びます。まずは認知症高齢者への接し方は一様ではないということを理解しましょう。

(1)　認知症高齢者の特徴

(A)　いったん獲得された能力が失われていく過程

認知症には、アルツハイマー型、脳血管疾患、頭部外傷の予後、感染など、さまざまな原因があります。この原因によって、生活場面での特徴的な行動や言動、苦手なことが変わってくることがあります。

また、原因が似通っていても、それまでの生活歴、環境、家族歴など、さまざまな要素が組み合わさって1つの人格が形成されるわけですから、認知症高齢者といっても、十人十色です。

認知症の特徴の1つに、症状が進行するということがあります。症状が進行するということは、いったん獲得された社会性や日常生活技術などが失われていくことであるともいえます。そして、その失われ方も人によってさまざまで、できることが全体的に少しずつ減っていく人もいれば、ある特定の事柄だけできにくくなってしばらくその状態のままという人もいます。

この点からも、2でふれたように、つながっている社会資源の質や量が適切かどうかについて、常に確認し、必要に応じて調整していく必要があります。

(B)　認知症高齢者の行動障害

認知症の周辺症状として、さまざまな行動障害があります（☞1）。その中で、市民後見人として活動する際に遭遇することが高いと思われるものは次のようなものです。

①　時間の感覚があいまいになります。昼寝して起きると朝か夜かわからなくなったり、自覚している自分の年齢が現実と合わなくなったり、現実の場面と過去の場面との区別がつきにくくなったりします。

②　自分と、物や場所の位置の関係があいまいになります。今まで行くことが

できていた場所に行くことができなくなったり、自宅に戻ることができなくなったり、「あそこの県道の向こう側の……」など記憶が断片的になったりします。

③　人の識別が困難になります。同居している家族がわからなくなったり、別な人と思い込んで話しかけたり、白衣や制服などといった特徴的な服装に強く反応するようになったりします。

④　今まで可能だった動作や手続の理解がしにくくなります。金融機関で支払伝票を書くことができなくなったり、キャッシュカードの暗証番号を思い出せなくなったりします。

⑤　新しいことを覚えることが難しくなります。面談した翌日に再び会ったら覚えていなかったり、エアコンを新調したらリモコンの操作ができなくなったりということがあります。

⑥　最近経験したことを思い出すことが難しくなります。預金通帳を預けたことを忘れてしまったり、前の日にデイサービスに行ったことを思い出せなかったりします。

⑦　身近な人に被害的な感情を抱くようになります。実際には通帳を預けたのに「通帳を盗られた」というように認識が変化したり、「同居している家族が食事に毒を入れた」と近隣に言いふらしたりします。

ここにあげた例が、単独で現れることもあれば、複数で現れることもあります。しばらく現れなかったものが、何カ月もして現れるということもあります。また、原因となる事実がある場合もあれば、ない場合もあり、別なことと勘違いして思い込んでしまうこともあります。

特定の人にしか言わない、特定の人にだけ言わないなどということもあります。

特に、後見人に対しては、「自分の財産を管理されている」という認識があるからか、他の人には見せる感情表出や強い言動を後見人には見せないこと、またはその逆があります。そのため、他の支援者や施設職員からの情報に後見人が接しても、にわかに信じがたいということもあります。後見人と他の支援者との間で、支援方針が食い違う原因になることもありますから、この点はよく理解しておくべきです。

(2)　認知症高齢者への接し方

(A)　その人の人格を尊重すること

認知症高齢者と接する際に、その人の人格を尊重する、敬意を払うということは、「市民後見人として」ということの前に、人として当たり前のことです。こ

の意識があいまいになることは、避けなければなりません。

　ただし、繰り返し同じ話をしていることを辛抱強く聞いたり、本人にわかりやすい言葉で伝えようとする工夫を続けて、本人と市民後見人との信頼関係が構築されてくると、この「人格を尊重する」「敬意を払う」という視点がぶれてくることもあります。

　認知症高齢者に限らず、いったん構築した信頼関係が崩れるのは、何気ない一言だったり、ちょっとした態度だったりします。本人と接する前には、いつも、自分自身を見つめ直す姿勢が大切になります。

　⒝　望ましくない介入をしないこと

　社会資源の導入と深く関連しますが、認知症高齢者は一般的に、環境の変化に弱いといわれています（リロケーションダメージ）。

　たとえば、一晩入院しただけでも、帰ってきた自宅が住み慣れたわが家であることを認識できない、といったこともあります。

　この特徴を理解しておかないと、「あの病院に入院したら認知症が進行した」「あのショートステイ施設を利用すると認知症が進む」などといった誤った理解に陥ることがあります。

　そして、市民後見人がこの特徴を理解するだけでなく、認知症高齢者の家族にも理解してもらう必要があります。家族の認識が十分でないと、後見活動への不信感へと発展する場合もあります。したがって、家族などの近親者がいる場合には、市民後見人から、認知症高齢者の特徴について説明しておいたほうがよい場合もあるということを認識しておきましょう。

　また、認知症高齢者は、言語的な表現が限定的になっているときでも、自分に影響を及ぼす周囲の人との関係に敏感になっていることがあります。たとえば市民後見人が、口頭では「あなたの一番いいと思われる選択をしてください」と伝えていても、内心は「早く施設に入所したほうが安心なのに」などと考えていると、それが本人に伝わってしまって、本心ではないにもかかわらず「入所します」と言うことがあります。

　この認識のずれに市民後見人自身が気づかず入所手続を進めて、いざ入所したら、本人が自宅に帰りたがる、施設職員が気づかないうちに施設の外に出て所在がわからなくなる、といった状況になることがあります。そして、そもそもの原因がわからず対応が難しくなってしまう、という可能性もあるのです。

　⒞　支援者と市民後見人の立ち位置の違いに気を付ける

　市民後見人は、みずからの心の声にも耳を傾ける必要があります。

第2章

　本人の意向をきちんとくみ取って代弁できるのは、本人の代理人である市民後見人しかいない場合もあるのです。

　たとえば、ケアマネジャーや訪問介護事業所のホームヘルパーといった支援者が、後見人が選任される前から認知症高齢者の支援にかかわっていることは少なからずあります。後見人としては、本人との信頼関係をつくり上げていくこととあわせて、これらの支援者がどのようなことをする存在なのかを理解しながら信頼関係を構築していくことが必要となります。

　こういった支援者が、自分より先に本人との信頼関係を構築していると、本人の代理人として必要と感じても、言い出しにくい、聞く耳をもたれないのではないかと思って何も言えなくなる、などということになるかもしれません。

　しかし、ケアマネジャーや介護事業所は、本人の意向については最大限に尊重しつつも、本人の安全の確保という意味では慎重にならざるを得ないところがあります。たとえば、本人は在宅生活を望んでいる一方で、周囲の支援者は施設入所の方針をとることは珍しくありません。このようなときに、市民後見人は、本人の意思をはっきりと代弁していくことが求められるのです。

　市民後見人としては、他の支援者の立場は十分踏まえつつ、自分はあくまで本人の代理人なのだという認識を強くもち、根気強く丁寧に、言いたいことの言い合える関係をつくっていく努力をしましょう。

(3)　後見人としての責務

(A)　後見人の権限の範囲を確認する

　これまで説明してきたとおり、後見人は、認知症高齢者本人や家族、他の支援者等と、幅広く信頼関係を構築する必要があります。

　しかし一方で、審判（代理権、同意権）の範囲内の法律行為とそれに付随する事実行為のみを行う役割しか有していないことも忘れてはいけません。

(B)　権利侵害がないか確認する

　後見人は認知症高齢者本人や本人を取り巻く家族や支援者と信頼関係を構築する必要がありますが、なれ合いになって、本人の権利が侵害されている事実に目をつぶってしまうことになってもいけません。

　「おや？」と思ったらきちんと確認し、必要な説明を求め、是正を促し、権利侵害がなくなるまで毅然とした態度をとることも必要です。

　特に、家族との関係では、これまでの家族関係やさまざまな感情から、当事者だけの話合いでは権利侵害が解消されない場合もあります。そういった場合には、家庭裁判所と協議しつつ、場合によっては法律家の手も借りながら、権利侵害が

なくなるように努めていく必要があります。

（第2章Ⅰ②③　小川　政博）

《コラム》　認知症の人と家族の会

　「認知症になったとしても、介護する側になったとしても、人としての尊厳が守られ日々の暮らしが安穏に続けられなければならない」。

　「認知症の人と家族の会」の理念の冒頭の一節です。「『ぼけ』ても心は生きている」と主張している私たちですから、当然、認知症の人も人権や尊厳が保障されなければならないと思っています。

　しかし、昭和55年の結成当時は、介護のあまりの大変さから、介護する家族の休養や人権を保障してほしいと思っていたのです。認知症の人は「痴呆」と呼ばれ、何もできない、何もわからない人と考えられて、社会的には人権や尊厳の主体ではありませんでしたが、家族にとっては「痴呆」になっても大切な人でした。ですから、せめて家族を支援してくれれば、少しは認知症の人にもやさしく接することができる、というのが私たちの主張でした。

　その後、認知症になった本人が思いを語るようになり、私たちは、本人も家族もどちらも社会の主人公でなければならないと考えるようになりました。

　現在では全国すべての都道府県に支部組織ができて、1万1000人の会員がつどいや会報、相談を通じて介護への勇気を湧かせています。また、介護は家族の力だけではできないので、介護保険の充実など介護の社会化を求める活動も行っています。つどいや電話相談は、会員以外の方も対象にしていますから、認知症のことで悩んでいる方は、電話をかけてみてください。

> 0120－294－456（京都本部での電話相談）　月～金　10時～15時

（公益社団法人認知症の人と家族の会　前代表理事　髙見　国生）

知的障害者

●この節で学ぶこと●

　知的障害者の特徴を理解し、後見人として知的障害のある被後見人とかかわる際に必要な情報や、活用できる社会資源について学びます。

1　知的障害の特徴

(1)　知的障害のある人の特徴とかかわるときに心がけること

　知的障害のある人（以下、「本人」ということもあります）については、法律上の定義はなされていませんが、ここでは「知的機能の障害が発達期（おおむね18歳まで）に現れ、日常生活に支障が生じているため、何らかの特別の援助を必要とする状態にあるもの」（厚生省「知的障害児（者）基礎調査」（平成12年6月）における定義）とします。

　その主な特徴について以下で説明していきますが、苦手なことや不得手なこと（ここでは、これらによる生活のしづらさを「障害」と考えます）の状況は一人ひとり違い、多様です。一見したところではその障害がわかりにくく、少し話をしただけではその障害を感じさせない人たちもいます。言葉がほとんどなかったり、自分が関心をもったことを一方的に話したり、相手の言葉を繰り返したりすることがあり、やりとりが成立しにくいため、相手に「バカにしている」と誤解されることもあります。障害が重くて支援者と一緒に行動することが多い人もいれば、1人で外出したり会社で働いたりしている人もいます。

　具体的には、以下のような特徴があげられます。

① 複雑な状況や文章・会話の理解や判断が不得手であること

② 人とのやりとりに敏感に対応することが苦手であること

③ 買い物の際のお釣りのやりとりのような、日常生活上での計算が苦手であること

④ 初めてのことを覚えるには、時間がかかること

⑤ 見通しをもった行動が難しいこと

⑥ 複数の内容を同時に説明すると混乱すること

⑦ 物事（その物や形、場所や順番）にこだわりがあって、それが変わるのを

嫌うこと

⑧　物事に関心が向きにくく、集中力に欠けることがあり、危険に気が付かな
　　かったり、声をかけられていることがわからなかったりすること

⑨　周囲の状況や抽象的な表現の理解、未経験の出来事や状況の急激な変化へ
　　の対応が困難なこと

⑩　周囲の人が理解しにくいタイミングで大きな声を出したり、激しく感情を
　　表現したりすること

　知的障害のある人は、以上のような生活のしづらさを抱えた人たちですが、障
害の状態は、日常生活やさまざまな活動の中で、周囲の理解や配慮があれば、変
わる可能性があります。知的発達の遅れや障害の状態はある程度持続するもので
すが、絶対的に不変で固定的ということではありません。知的障害は、その個人
のもつ条件だけでなく、環境を整えることによって、障害の状態がある程度改善
されたり、知的発達の遅れがあまり目立たなくなったりする場合もあります。

　このことを踏まえ、知的障害のある人とかかわる際には、以下の点に心がけま
す。

　まず、知的障害のある人の中には、支援者と一緒に行動している人もいますが、
行動を決めていくのは本人ですから、本人の意思や自主性を尊重します。本人に
話しかけ、本人の話を聴きましょう。本人が使う言葉はあいまいで断片的なこと
もありますが、それらからも本人の思いを理解するよう努めてください。

　誰にどのように話しかけてよいのかわからないため、その場で右往左往してい
ることがあります。その様子を察知したら、まずは本人の正面から、穏やかな口
調で声をかけてください。その後も、安心してリラックスできる雰囲気をつくり
ながら、ゆっくりと本人の話を聴きましょう。言葉を探しその表現方法も考えな
がら話すので時間がかかりますが、本人の言葉を焦らずに待ちましょう。

　実物や絵、写真、図、メモなどを用いて、「わかりやすく」「ゆっくりと」「簡
潔に」相手の理解を確かめながら話すことが大切です。「あれ」「それ」といった
指示語は誤解をする場合があるので使わないでください。専門用語や略語など、
本人になじみのない言葉を使わず、よりわかりやすい言葉に言い換えるなどの工
夫をしましょう。口頭説明だけではなく、ジェスチャーを交えることも必要です。
話した要点をメモにするよう心がけましょう。平仮名だけでなく、漢字を記号の
ようにとらえている人もいますので、簡単な漢字は振り仮名（ルビ）をつけるな
どの工夫をするとよい場合があります。年齢に応じた言葉を使って話してくださ
い。成人の人に対しては、たとえ障害があっても、幼児に対するような話し方や

第2章

態度は非常に失礼です。

　本人は、質問内容を十分にわからないまま答えてしまうことがあります。そのようなときは、わかりやすい具体的な言葉でやりとりし、本人が理解しているかどうかを確認しましょう。こちらの説明にうなずいていても、本当に理解しているわけではなく、「わかりません」「もう一度言ってください」と言い出せない人もいますので、本人の表情や会話の内容に注意を払い、理解しているかどうかを確かめながら話しましょう。時には、理解できたことを本人の言葉で話してもらうことも大切です。

　質問は、具体的なものにするよう心がけてください。選択肢をあげたほうが答えやすい場合もあります。強い口調で質問されると、おびえたり、話をすることをあきらめてしまったりすることがありますので、避けましょう。いきなり叱ったり、大声で怒鳴ったりすると、パニック状態になることがありますので、注意する場合には、穏やかな口調と毅然とした態度で対応します。

　自分の思いどおりにならなかったり、想定外のことが起きたり、大きな音や不快なにおいなど本人が不快に感じる環境にあったりした場合には、パニック状態になることもあります。その原因は多様ですが、パニック状態になった場合には、刺激しないよう、危険がないように配慮しながら、本人が落ち着くまで見守りましょう。力づくでやめさせるなどの強引な対応は逆効果です。対応が困難である場合は、家族や関係者に助けてもらいましょう。

　知的障害のある人には、社会福祉サービスを利用している人が多いので、その職員に一緒にかかわってもらったり、助言をもらったりするとよいでしょう。

(2)　暮らしを支える社会資源

　令和元年度版『障害者白書』によると、わが国における知的障害児（者）総数は108万2000人で、在宅で生活している人が96万2000人、施設に入所している人が12万人（知的障害児・者全体の11.1％）となっています。他の障害と比較した場合、特に知的障害のある人の施設入所の割合が高いとされています。

　障害者総合支援法に規定された入所施設である障害者支援施設は、障害のある人の自立支援を目的として、夜は施設内でサービス提供を受けながら、昼は就労・日中活動に関するサービスを分離して利用することができ、さまざまな事業を組み合わせて、障害のある人一人ひとりの適性や支援の必要性に応じたサービスを提供しています。入所施設は、家族が障害のある人を支え続けていく困難さや親なき後の不安に押しつぶされそうになりながら、これまで多くの障害のある人たちが選択せざるを得なかった「生活の場」です。

　しかし、24時間・365日保障されている安全な生活と引換えに失ったものもあります。障害のある人を特別な人とみるのではなく、毎日の暮らし、1週間の暮らし、1年間の生活のリズム、そして生涯のライフサイクルに応じた通常の生活経験ができる環境が保障されている社会がノーマルな社会であるというノーマライゼーションの考え方と照らし合わせると、集団生活であることも影響して、ノーマルな生活の空間やリズムで暮らしていくことをあきらめざるを得ないという現状があるのです。

　一方、「平成28年生活のしづらさなどに関する調査（全国在宅障害児・者等実態調査）」によると、知的障害のある人のための障害者手帳である「療育手帳」を所持している人の現在の住まいをみると、65歳未満（総数631人）では「家族の持ち家に住んでいる」が53.9％と最も高くなっており、65歳以上（年齢不詳を含む、総数133人）では、「自分の持ち家に住んでいる」が41.4％と最も高くなっています。そして同居者の状況をみると、65歳未満では「親と同居している」が92.0％で最も高くなっており、65歳以上（年齢不詳を含む）では、「夫婦で暮らしている」が62.5％と最も高く、ついで「子と暮らしている」が35.2％となっています。また、今後の暮らしの希望をみると、65歳未満、65歳以上ともに「今までと同じように暮らしたい」と答えた割合が、65歳未満69.3％、65歳以上77.4％と最も高く、「施設で暮らしたい」は65歳未満3.6％、65歳以上3.8％と少数です。知的障害のある人たちの多くが、地域生活の継続を希望していることがわかります。

　これらの希望を支える居住支援サービスには、「共同生活援助（グループホーム）」と、一人暮らしに必要な理解力・生活力等を補うため、定期的な居宅訪問や随時の対応により日常生活における課題を把握し、必要な支援を行う「自立生活援助」、「短期入所（ショートステイ）」があります。訪問系サービスには、「居宅介護（ホームヘルプ）」「重度訪問介護」「同行援護」「行動援護」「重度障害者等包括支援」、就労・日中活動には、「療養介護（医療型）」「生活介護（生活型）」「自立訓練（機能訓練・生活訓練）」「就労移行支援」「就労継続支援（雇用型・非雇用型）」「就労定着支援」「地域活動支援センター」等があり、これらを本人の意向や必要性に応じて、適切にマネジメントしていくことが必要なのです。

　障害のある人たちが地域で暮らすということは、地域においても、24時間・365日の安心を保障していくことにほかなりません。しかし地域での暮らしは、サービスの場所と方法が固定された入所施設とは異なり、多種多様です。本人の生活支援は、1つの制度やサービスのみが担うわけではありません。既存の制度やサービスでは充足しきれない個別のニーズは非常に多岐にわたります（衣食住

だけではなく、ライフサイクルに応じた、恋愛（出会い）・結婚、出産育児、日中活動、就労、生涯学習、趣味・生きがいの活動、そして親なき後の生活などです）。

　これらのニーズに応えるためには、本人を取り巻くさまざまな人的・物的資源を、本人との相互関係の中で恒常的に調整し、提供し続けなければなりません。そのための障害者ケアマネジメントを担う相談支援専門員が地域の相談支援事業所に適切に配置されることが、質量ともに求められています。

(3) 「親なき後」を考える

　前に紹介したように、現状においては、自宅で家族と暮らす障害のある人が、圧倒的に多くなっています。その際に大きな課題となっているのが、「親なき後」問題です。

　これは、主たる介護者である（母）親の病気、高齢化、死別により、親が本人を支援することが期待できなくなった後、その支援をどのように継続し、どのように本人のライフスタイルを維持していくか、という問題です。ここでいう支援とは、日常生活場面における直接的なケアにとどまらず、見守り、相談、権利擁護までを含む幅広い考え方です。障害のない子の場合、養育し、養育される関係は、子が成人すると解消されますが、障害のある子の場合、その生活を維持するためには、社会資源を活用してもなお、家族による支援を必要とすることが多いのです。しかし、この支援は永続的なものではありません。一般的には、支援する人（親）が、支援を必要としている人（障害者）よりも先にこの関係から離脱します。このことが問題を複雑にしているのです。

　親なき後は、古くて新しい問題です。親なき後の障害のある人の生活保障については従来からの課題でしたが、成年後見制度を活用することで、親たちは「自分がいなくなった後の本人の将来を保障したい」という切なる願いが叶うことを望んでいます。

　親なき後問題を解決するためには、本人および親が抱えている将来の生活に関する不安を減少させていく必要があります。

　不安を生じさせる3大要因として、①社会制度・サービスの不備、②家族による支援への社会的要請、③親子の依存関係があげられます。

　先にも述べたように、本人の成人期に、親に代わる支援体制を用意するのに困難を伴うとき、あるいはその可能性が見出せないときには、親は、親なき後への不安を抱えたまま、終の棲家として入所施設で本人が暮らすことを、不本意ながらも望んでいます。そしてその親の不安は、本人にも及んでいきます。そのために、「施設入所」という親や周囲の意向に抗うことができなくなっている障害の

ある人も多いのです。

　現在の社会福祉制度施策においては、入所施設の存在が理念的には否定されています。しかし、現実的には、障害のある人の地域生活を支える社会資源は未整備であり、そのことが不安をより増大させています。今もなお、親たちは、自分の子に適した、満足の得られるサービスが見つけられないために、みずから社会資源を生み出さなければならない状況が続いているのです。

　親なき後も本人が希望する生活を継続していくためには、親なき後になってからではなく、親が元気なうちから、社会資源を活用しつつ「自律」した生活を組み立てることで、本人はその生活を実体験し、親はその様子を確認することにより、真の安心感を得ることができるでしょう。つまり、本人が成人に達してからは、親が存在するかどうかにかかわらず、どんなに重度の障害があろうと、親から独立した生活（つまり、親が具体的なケアをすることや金銭的な負担をすることのない生活）を営むことができるような環境を整えていくことが必要なのです。

　「親なき後」に備えて成年後見制度を活用する際のさまざまな手続は、親から子への「最後のラブレター」といえます。親が、具体的なケア提供者から権利擁護者へ、そして、自分がいなくなった後へ続くよう「最後のラブレター」にわが子への想いを記し、その実現を第三者の後見人に託す準備をする存在へと、役割を移行していくことが重要なのです。

2　知的障害のある人たちはどのような支援を望んでいるか

　障害者総合支援法などで利用できるサービスについては、第1章Ⅱで解説されていますので、ここでは、知的障害のある人たち自身のセルフアドボカシー活動について紹介しておきましょう。

　知的障害のある人たちが集い、感情を分かち合うことを通して、自己のもつ権利や集団活動の進め方等の情報を獲得し、話し合いを重ね、レクリエーションやソーシャルアクション（地域社会や制度施策に対する運動）を展開していくことで、互いの生活環境を高め合うグループ活動を、セルフアドボカシー活動といいます。

　この活動は、北欧や欧米における実践に影響を受けて始まりました。

　1つは1973年にカナダで本人たちによる会議が行われたとき、参加者の1人が「知恵遅れと呼ばれるより前に、自分たちはまず人間（ピープル・ファースト）として扱われたい」と発言したことに端を発する活動です。このピープル・ファーストの日本での広まりの契機は、1993年にカナダで行われた「ピープル・ファー

スト世界大会」に日本から多くの当事者参加があったことで、1994年に「ピープル・ファーストはなしあおう会」が大阪で開催されて以来、毎年全国大会が開かれています（2019年11月には第25回大会が大阪で行われました）。

　もう1つは、1990年にパリで開催された「世界精神薄弱者大会」（現在は「国際育成会連盟世界会議」）に、日本から初めて5名の本人が参加し、諸外国のリーダーに刺激を受けて帰国した後に、全国各地に結成された「徳島とものの会」や「東京さくら会」などの本人の会としての活動です。本人たちは、自分たちの生活に必要なサービスを獲得するために、さまざまな場面で発言や行動をし、仲間同士の絆を深めてきました。

　知的障害のある人たちの親によって構成される団体である全日本手をつなぐ育成会（現在は全日本手をつなぐ育成会連合会）では、毎年、全国大会を開催しています（2019年2月には連合会としての第5回大会が京都で行われました）。20年ほど前から、その分科会の1つとして、自分たちの生活について話し合う「本人部会」（現在は「本人大会」）がスタートしました。例年、本人活動に積極的に参加している本人を中心に、全国各地から多いときでは1000人近くが集まります。持ち回りで開催都道府県の本人の会が中心となって運営委員会が設置され、支援者の協力を得て、事前準備から当日の分科会の進行、次年度へ向けての振り返りまで、一貫して行っています。「会社と生活」「いじめ・人権」「テーマなし」「趣味・スポーツ」「本人活動」などのテーマで分科会が開かれ、その議論を持ち寄って整理した「本人決議文」を全体会で発表しています（話し合いに参加することが苦手な本人向けに、観光や体験ツアーも用意されています）。本人大会であることから、当然ではありますが、分科会および全体会において、支援者は完全に脇役となっています。たとえば、座席は一番後ろに位置づけられ、発言も認められない、いわゆる「傍聴」の状態なのです。

　また、「本人決議文」は、全体会において、全日本手をつなぐ育成会の役員、厚生労働省・文部科学省の関係者等が列席している中で発表され、賛同をもって成立します。この活動を通して、本人たちの声が勝ち取ったサービスや支援の大きさは計り知れません。

　たとえば「『障害者』とか、『ちえおくれ』とか、『精神薄弱者』といわれると、一瞬、ドキッとします。このような言葉をつかわないでほしいのです。わたしたちは害のある人間ではありません。もっと人間らしい言葉にしてください。もっとほかの言葉をかんがえてください。決める時には、必ずわたしたちの意見を聞いてください」という意見は、「精神薄弱」から「知的障害」へと名称が変更さ

れるにあたって大きな原動力となりました。

　「鉄道割引をしょうがいの軽い人の付き添いの人たちも利用できるように働きかけてください」という要望の具体化は、障害の比較的軽い本人たちの社会参加を促進しました。

　「本人部会をおこなう日は、働いている人間も会社を休まないでこれるように、土・日にしてください」という決議の実現は、より多くの本人参加を可能にしました。

　「おなかのなかのあかちゃんの障害がわかると生まれないようにする出生前診断をやめてほしい。わたしたちは『障害者は社会からいなくなればよい』という考え方に反対する。その考えは、障害者をいためつける」という声は、優生保護法改正（現在は「母体保護法」と名称変更されている）に揺れる世論を動かしました。

　最近では、「療育手帳のカード化」「障害の重い仲間の生活向上への要望」「ガイドヘルパーやグループホームの増設」「利用しやすい相談窓口」等の要望が掲げられています。

　これらは、本人たちの声がもつ説得力と迫力が、結果として制度運用や具体的なサービス内容を決定づけることを示しています。

　本人たちは、このようにも言っています。

> 　本人大会の中でも、私たちは、本人決議にこだわってきました。言い続けて変わったこともあります。実現したいことは、何年でも言いつづけることが大事です。自分たちの願いや希望をまとめることは大変ですが、やりがいがあります。みんなの意見を大切にしたいし、仲間にわかる言葉にしたいので、つくるのに時間がかかります。みなさんの地域でも、自分たちの願いや希望を出し合って、決議文をつくってほしいと思います。

> 　本人活動に参加した人たちの暮らしが、大きく変わったと思います。制度のことへの関心が出てきたりします。それまでは自分の力ではどうしようもないことが、少しは変えられるようになったこと。手帳・年金など、また全国大会の決議文が現実に実現した。呼び方が「精神薄弱」から「知的障害（それも嫌だけど……）」に。……付き合う人が多くなり、いろいろな意見が聞けて、結婚や男女交際が増え、はやりの携帯メールを楽しみ、活動に幅が出てきた。

　活動を通して多くの仲間と出会い、さまざまな情報を得ることで、それまで他人任せだった自分の人生に無関心でいられなくなった様子がよくわかります。まさしく「継続・情報は力なり」です。本人活動が、日常生活のオプションではな

く、その質を高めるために必須のものであることを理解することができます。

2017年の北海道 札幌大会では、次のような本人大会決議文が出されています。

第4回　全国手をつなぐ育成会連合会
全国大会　北海道　札幌大会
第23回　札幌大会本人大会決議文

＜決議文の意義（する意味）＞

　この決議文は、1995年 旭川大会に参加した本人同士が話し合って作成しているものです。

　「～すること。」の「こと」を聞く人によっては、きつく受け取ってしまうかもしれない。

　けれど、私たちは、表現が難しい中で、自分の思いを伝える機会が少なく、奪われてきました。障害者権利 条 約第21条に「私たちには自分が伝えたい方法で自分の気持ちや考えを伝える権利があります。」と書かれています。

　伝えきれない仲間がいることを考え、文字にして自分たちの要求が伝わるように、正しい情報となるように、決議文を作り、伝え続けています。

　「私たちに関係することを決める時は、必ず私たちの意見を聞いて決めること！」「虐待、人権侵害を見逃さないで！」「困ったときはお互いさま！」という気持ちを大事にして、全国の仲間たちと力を合わせて活動していきたい。

このことを基として、次の事項の実現を強く要求します。

１．私たちに関することを決めるときは、必ず私たちをまじえてきめること。

２．次の事項を早急に解決すること。

---

　(1)　療育手帳のサイズ、デザインを全国 共 通のものにすること。

　(2)　全国、全道、各地の手をつなぐ育成会に必ず本人理事を入れること。

　(3)　自立支援医療の対象となっていない人（３割負担の人）の医 療 費の自己負担を１割にすること。

　(4)　全国どこへ行っても全ての障がい者が交通機関のサービスを同じように使えるようにすること。

３．福祉サービスのことばや説明の仕方をわかりやすくすること。

４．私たちが「いきいき」「のびのび」「ゆうゆう」と暮らせるために、適切な支援を受けられるようにすること。

---

　(1)　地域で暮らすために、必要な人には、24時間365日ホームヘルパーの支援を受けられるようにすること。

　(2)　グループホームで安心して暮らせるような体制や建物にすること。

---

(3) どこに住んでいても、必要で適切な福祉サービスを受ける権利を保障し、地域格差をなくすこと。

(4) 一人暮らしの人が、いつでも安心して相談を受けられるようにすること。

(5) 各地域に障がいのある人が気軽に相談できるピア・サポーター（常設）を置くこと。将来的に男女一人ずつ置くこと。

(6) 全国の仲間と交流して各地に本人活動やピア・カウンセリング活動を広げるために、各地域に連絡協議会をつくろう。そのための支援が必要。

(7) 障がい者の高齢化にともない、介護サービスの充実をはかること。

(8) 支援する人を増やしてほしい。

5．私たちが暮らせるだけの就労とお金を保障すること。

(1) 年金が無い人には、年金がもらえるようにすること。

(2) 職場で働く人の最低賃金をあげること。

(3) 福祉的就労で働く人の工賃をあげること。

(4) 国や行政は、お金（所得）の保障に責任をもち、生活をしっかりと支えること。

(5) 働くときに、仕事をわかりやすく説明してくれる支援者を必要に応じてつけること。

(6) 働く人が相談できる相談員を必ずつけること。

(7) 就労継続A型、就労移行支援について、年齢制限をつくらないこと。

6．災害のときや日常生活でも、障がいのことを理解し、本人の障がいに応じた対応（合理的配慮）をおこなっていくこと。

(1) 火災や災害から私たちを守るために、防火防災対策をしっかり立てると共に、災害が起きた時を想定して避難場所がわかるようにすること。

(2) 国や行政は、私たちの安全の保障に責任をもつこと。

(3) ハザードマップ（自然災害を予測する地図）を自宅に届けると共に、私たちに説明すること。

(4) 地震や津波などの災害に対する避難体制を整えること。

7．日本が「障害者の権利条約」を受け入れました。（批准しました。）「障

害者差別解消法」が平成28年４月から始まりました。「障害者虐待防止法」も見直す必要があります。

よりよいものに変えられるように、当事者の意見を聞くこと。

---

(1)　年金の横領や給料の未払いが札幌で起きた。全国でもいじめや虐待、差別がおき続けている。私たちの権利を守ること。

(2)　「障害者総合支援法」や「障害者基本法」で使われている「可能な限り」という表現をやめ、サービスが必要な人が必要なだけ使えるようにすること。そして、孤独死などの事件を繰り返さないこと。

(3)　私たちは、「恋愛」「結婚」「出産」をする権利がある人間であり、そのことを社会全体が理解し、そして守ること。

(4)　「障害者権利条約」と「各地域の条例」「障害者差別解消法」など、自分達に関係する難しい約束ごとを社会全体に分かり易く知らせること。

(5)　障がいが重くても軽くても、同じ人間として見ること。

8.「共に学ぶ教育」の実現

---

(1)　障がいがあっても、すべての子どもが地域の学校で義務教育を受ける権利を保障し、ともに学ぶ体制を整備すること。

(2)　高校などへの進路について、自分たちの意見を聴くこと。

2017年９月24日
第４回　全国手をつなぐ育成会連合会　全国大会　北海道　札幌大会
第23回　本人大会北海道　札幌大会　参加者600名の決議

　私たちは、障害のある人たちの権利を擁護する活動に携わっています。権利擁護には、①自分で権利や利益を主張・獲得できない人に代わって、必要に応じてそれらを主張・獲得する、②自分で権利や利益を主張・獲得することに困難を伴う人たちが、それらをいかに主張・獲得するかを学ぶことができるように支援する、という２つの方法があります。セルフアドボカシー活動を支援することの意義は、特に②に求めることができます。

　活発な活動を展開している「セルフアドボカシー活動」ですが、本人たちのもつコミュニケーション障害そのものだけでなく、情報獲得や活動経験の乏しさ、あるいは従来の生活体験に基づく自信のなさや安心して発言できる環境の不足ゆえに、その活動は、試行錯誤を繰り返しながら継続しているのが現状です。先に

紹介した「本人決議文」でも、

「わたしたちのことは、わたしたちをまじえて決めてほしい。

　支援者は、本人のできないところを支援し、できることまで支援をしすぎないようにしてほしい。

　支援をされすぎると自信をなくす。

　本人活動を応援してほしい」

と述べています。

　これらが意味することは、本人たちが活動を続けられるような環境を整備し、共に活動をすることを通して、本人たちのもっている力を発見・強化していく支援（エンパワメント）が求められていることです。

　また、①の意味では、私たちは本人たちの権利擁護者として、これまでに紹介してきた本人たちからのメッセージを聴いたままにするのではなく、その声に基づいてさまざまな支援を提供していくことが重要です。本人みずからが意思決定し、それを実現できるように支援することがその前提となりますが、本人の力だけで実現することが難しい場合には、支援者が代わりに意思を表明する、行動するといった代弁・代行も必要となります。その場合であっても、支援者の勝手な意向によるのではなく、あくまでも本人の意思を尊重し、それに沿って行うべきであり、本人の声をよく聴くことは、結果として代弁・代行の方向性を決定づけることになるのです。

3　知的障害のある人たちとかかわる際の基本的態度

　ここでは、本人たちとかかわる際の基本的な態度について、これまで述べたことを踏まえて整理します。

　全日本手をつなぐ育成会の委員会活動の中で本人と支援者によって作成された『本人活動支援2004』という冊子に、「悪い支援者チェックのための10項目」というものが紹介されています。この中から、あるべき支援者の姿を考えてみましょう。

《悪い支援者チェックのための10項目》
　①　傷つく言葉を言う人
　②　悪口、かげぐちを言う人
　③　プライバシーのことを言う人
　④　自分たちの話に割り込んでくる、でしゃばる人

⑤　仲のいい人だけにやさしくする人

⑥　自分たちのいうことを聞いてくれない人

⑦　のけものにする人

⑧　暴力（けんか）する人

⑨　支援してくれない（ほったらかしにする）人

⑩　差別する人

　裏を返せば、「してほしい支援」とは、本人たちのできることは見守り、できないことだけを手伝ってもらうことです。本人たちの邪魔をしない。本人たちのもてる力を信じて待つ。求めに応じて支援する。そして何よりも、本人たちとごく普通の人間関係を築くことができる支援者が必要だということを示しています。

　このような支援者になるためには、以下の2点が求められています。

⑴　知的障害のある人たちと隣人になるために、本人の声を聴くこと

　コミュニケーションを通して本人の意思表示を促し、漠然とした思いを実現していくには、相当な時間とエネルギーを要します。特に相手の言いたいこと、伝えたいこと、願っていることを受容的・共感的な態度で「聴く」ことは重要です。

　本人たちの声を聴くためには、まず私たち自身が、本人たちにとって、「何かを伝えたいと思える相手」になる必要があります。中には、理解しにくい不思議な行動をする人や自分の価値観と異なる人がいますが、相手の興味関心に寄り添い、共有することができるかどうか、ということが重要なのです。

　以下のコミュニケーションルールを参考に、自分のコミュニケーション方法を再確認してみましょう。

《コミュニケーションルール》

①　困ったことなどの問題点、マイナス面ばかりを聴きすぎないこと。可能性や理想を本人とともに追求しましょう。

②　質問には、自発的な発言を促す「開かれた質問」と、YES・NOで答えられる「閉じられた質問」があります。両者を上手に使い分けましょう。一方的な質問だけではなく、本人の自発的な発言に耳を傾けましょう。

③　わかりやすい質問を心がけましょう。得たい答えが返ってこなかった場合は、質問方法を変えてみましょう。答えにくそうな質問をする際のエチケットとして、質問に対して答えを躊躇している場合には、フォローしましょう。

④　事実確認にとどまらず、本人の希望や意向をていねいに聴いていきましょう。早すぎる助言や提案は、本人の主張を妨げます。本人と共に考えましょう。

⑤　本人の発言に対する関心や共感を伝えることは大切です。「顔で笑って心で泣いて」ではなく、「目は口ほどにものを言う」です。わかりやすい豊かな表

情や感情表現を心がけましょう。

⑥　聴き取った内容は、理解が正しいか、随時、確認しながら進めましょう。「わかったつもり」は禁物です。

⑦　聴き取った内容を記録することばかりに集中しないようにしましょう。本人の表情の変化にも注目しましょう。

(2)　知的障害のある人たちの暮らしを知り、自分だったらどう感じるかを考えること

成年後見による支援を必要としている人たちの多くは、社会福祉サービスを利用しています。後見人は、そのサービスの状況を本人の視点で理解することが必要です。そのための具体的な方法と視点として、以下のものがあります。

①　このサービスを用いて生活したいか否かを、徹底して本人の立場で考えることが大切です。他人の暮らし方に敏感になり、見る目を養いましょう。ノーマライゼーションのいう「当たり前の暮らし」を実現するためには、一人ひとりの希望や意向に応じた多様な選択肢と、自由に意思表示できる環境が必要です。

②　いつでも、どこでも、本人と懇談し、何かを選択する際には情報提供をすることで本人自身が決められるように支援しましょう。必要に応じて、給食を一緒に食べたり、日中活動を手伝ったり、行事に参加したりすることにより、本人の興味・関心を理解したり、信頼関係を深めたりすることができます。

③　本人の苦情や要望を携え、正しい状況把握をするためにサービス管理責任者や担当職員と面談します。本人や家族に確認しながら、個別支援計画や支援記録を閲覧し、説明を求めることも可能です。場合によってはケース会議などへ参加することも考えられます。

④　本人が希望や意向を表現できるように、見守り、励まし、必要に応じて本人との懇談で得た苦情や要望を代弁し、実現に向けた交渉をすることは重要です。その実行状況を、随時確認しましょう。

言葉による表現が少ない本人の場合には、観察すること（事実を積み重ねること）、想像すること（事実を根拠として考えること）が、より重要になります。一人の見解では「主観」に陥りがちですが、本人の希望や意向に耳を傾けることを意識したグループ（複数）で本人のことを見守り、考えると、そこから生まれる判断は「客観」となります。

第2章

　以上のことから、私たちが日常的に本人とかかわることを通してコミュニケーションのセンスを磨くこと、言い換えれば、具体的な相談や後見活動の中で本人と出会い、その声に耳を傾けつつ、相手を正しく理解することの積み重ねが求められています。

　本人とかかわる際には、「想像力」と「創造力」が必要です。想像力は、相手が何を迷い、感じ、望んでいるのかを、さまざまな感覚を駆使しながら、真摯に向かい合う中で、読み取る力です。創造力は、本人が発したヘルプに適切に応えていくために、一人ひとりにふさわしい方法を見出していくことを目的として、現状に甘んじることなく、飽くなき努力を重ね、ともに新たな関係を生み出す力です。後見活動は、本人の伝えようとする姿勢と、私たちの読み取ろうとする姿勢の調和によって進められるものなのです。

　また、私たちが担う後見活動は、本人の代弁・代行であることを忘れてはいけません。障害が重ければ、代弁・代行の割合や範囲が増加することは否めないでしょう。

　しかし、たとえ後見による支援を必要とする本人であっても、本人自身のもっている力を見極め、それに応じた支援をしていくことが、真の権利擁護につながります。

　日本は、2014年1月に障害者権利条約を批准しました。この条約12条では「法の前の平等な承認」が謳われており、12条3項では「障害のある人がその法的能力の行使に当たり必要とする支援」を規定していますが、これは後見人による意思決定の代理・代諾ではなく、当事者の法的能力の行使を前提として、必要に応じて適切な支援が提供されることを想定しています。この「意思決定支援」を確保することは、締約国としての国家の義務であることを12条4項では述べており、日本の後見制度を法的能力のない被後見人等の存在を前提とした、第三者が意思決定を代理するシステムであるとみなした場合、条約の内容との整合性を確認する必要が生じるのです。

　またこの条約では「合理的配慮」の重要性が述べられています。「合理的配慮」とは、「障害者が他の者との平等を基礎として全ての人権及び基本的自由を享有し、又は行使することを確保するための必要かつ適当な変更及び調整であって、特定の場合において必要とされるものであり、かつ、均衡を失した又は過度の負担を課さないもの」のことですが、知的障害のある人にとっては、「意思決定支援」を提供することを意味します。

　2017年3月、厚生労働省から「障害福祉サービス等の提供に係る意思決定支援

ガイドライン」が出されました。このガイドラインには、意思決定支援の定義や構成要素、意思決定支援者の配置や意思決定支援会議の開催、意思決定支援計画作成および実施等の枠組み、合理的配慮、記録作成、職員の知識・技術の向上、関係者・関係機関との連携、そして具体例が記載されています。「意思決定支援とは、自ら意思を決定することに困難を抱える障害者が、日常生活や社会生活に関して自らの意思が反映された生活を送ることができるように、可能な限り本人が自ら意思決定できるよう支援し、本人の意思の確認や意思及び選好を推定し、支援を尽くしても本人の意思及び選好の推定が困難な場合には、最後の手段として本人の最善の利益を検討するために事業者の職員が行う支援の行為及び仕組みをいう」と定義されており、このことは、③でこれまでに述べてきた「知的障害のある人たちとかかわる際の基本的態度」を踏まえた支援と同義です。

　「誰のための成年後見制度か」という原点に立ち戻り、本人を取り巻く関係者が、おのおのの視点や方法を用いて「本人の意思及び選好」を理解し尊重すること、「本人の最善の利益」を見極めることこそが、今、求められているのです。

（第2章Ⅱ　沖倉　智美）

第2章

《コラム》　全国手をつなぐ育成会連合会

　昭和27年に、3人の知的障害児の母親が「わが子にも教育を！」「わが子にも人権としあわせを！」との思いで、障害のある子の幸せを願って、教育、福祉、就労などの施策の整備と充実を求めて、同じ境遇の親・関係者・市民の方々に呼びかけたことをきっかけに、「精神薄弱児育成会」（別名：手をつなぐ親の会）が結成され、平成7年に社会福祉法人全日本手をつなぐ育成会となり、施策提言や法整備などさまざまな活動を行ってきました。しかし、急激に進む少子高齢化や国における社会福祉法人のあり方の検討の影響を考慮し、障害者福祉の運動を進める団体として最も適した組織となるために、平成26年に社会福祉法人格を返上しました。

　そして、先人の運動団体としての思いを大切に引き受けながら、「障害者の権利擁護」と「必要な政策提言」の活動を中心に、さらに障害のある人たちの安心・安全な暮らしを進めるために、55都道府県・政令指定都市の育成会が構成会員となり、全国で約20万人の会員が所属し、構成会員の内6カ所の育成会が事業を担当する役割を担う有機的なつながりをもつ連合体として、新たに全国手をつなぐ育成会連合会を発足させました。連合会では、①知的障害者のための広報・啓発活動、②知的障害者と家族・関係者のための教育・就労・地域生活に関する資料・図書の刊行、③権利擁護事業、④本人活動支援事業、⑤国際活動事業、⑥政策に関する研究・提言事業、⑦助成事業を活用した各地での相談事業・療育事業・本人活動事業、⑧地方育成会活性化事業、⑨関係団体との交流・協力事業、⑩就労事業所の連携・活性化事業などを行っています。

（全国手をつなぐ育成会連合会　会長　久保　厚子）

Ⅲ　精神障害者

●この節で学ぶこと●

精神障害の類型と特徴を理解し、後見人として精神障害のある被後見人とかかわる際に必要な情報や、活用できる社会資源などについて学びます。

1　精神障害の類型と特徴

精神医学・精神科医療の対象とされる精神障害とは、極めて幅広い概念であり、さまざまなものが含まれます。認知症は、脳の形や構造の変化により引き起こされる（脳）器質性精神障害の1つですし、知的障害や発達障害も精神障害に含まれます。

ここでは、統合失調症と気分障害について述べます。

(1)　統合失調症の症状と治療

(A)　統合失調症とは

統合失調症は、脳の機能異常により、幻覚や妄想などが出現したり、思考や感情がまとまらなくなったりするなどといった、さまざまな症状を来す精神病の一種です。いろいろな研究が進められていますが、現在でもその原因は不明です。適切な治療を受けないと、しばしば進行性に経過し、末期には、感情の起伏がなくなり、自分の殻に閉じこもり、1日中何もせずにぶらぶらとすごすというような特徴的な精神状態（残遺状態）を呈することがあります。

統合失調症の発生率（一般人口中における統合失調症の発生頻度）は0.7 〜 0.8％とされており、この数値は国や時代を問わずほぼ一定だといわれています。発症は、10歳代後半から30歳代半ばまでがほとんどですが、一部には、もっと高齢で発症する人もいます。

(B)　統合失調症の症状

(a)　幻　覚

統合失調症で発生する幻覚の症状としては、幻聴が大部分を占めます。典型的な幻聴は、対話形式の幻聴と呼ばれ、「幻聴の主が患者に話しかけてくるのに対して患者が応答すると、それについてまた相手が話しかける」というものと、「複数の声（幻聴）が患者のことを3人称で噂し合っているのが聞こえる」とい

うものがあります。自分の考えていることが同時に他人の声になって聞こえるという体験（考想化声）もあります。

　幻視、幻嗅、幻味が出現することは稀ですが、「誰かが自分の身体に電気をかけて嫌がらせをする（電波体験）」「自分の性器をいたずらする」「脳味噌が腐って流れ出す」など、奇妙な内容の体感幻覚がみられます。

(b)　妄想（思考内容の障害）

　統合失調症の妄想の特徴は、実際には自分とは何の関係もない物事を自分に関係づけて考えるという自己関係づけにあります。妄想は、内容によって、被害妄想（迫害妄想、関係妄想、注察妄想、追跡妄想、被毒妄想、物理的被害妄想、憑き物妄想）と誇大妄想（宗教的誇大妄想、予言者妄想、発明妄想、血統妄想、恋愛妄想）とに分けられます。妄想は、時間の経過とともに種々の現実世界での体験が取り込まれ複雑で体系的なものになり、患者の確信の度合いも強まってきます。

(c)　思路障害（思考過程の障害）

　統合失調症では、物事をまとめたり論理的に考えたりすること（思路）に障害が生じます。話の内容は大体わかるけれども、話の脈絡やまとまりが十分でなくわかりにくくなります（連合弛緩）。さらに進むと、思考の内容はバラバラになり、話の内容も理解不能な状態（滅裂思考ないし支離滅裂）になります。また、思考の進行がブレーキをかけられたように急に停止してしまう（思考途絶）こともあります。

(d)　思考・会話の貧困

　会話をしていても、比喩やことわざなどの抽象的な言い回しが使用できなかったり理解できなかったりすることがあり、思考の貧困、会話の貧困などと呼ばれます。

(e)　自我障害

　統合失調症では、自己と他者・外界とを区別する自我境界があいまいになります。そのため、自分の行動や体験が自分のものであるという感覚に障害を生じることがあります。自分で考え、感じ、知覚しているという実感が、喪失あるいは減弱します（離人感）。さらに自我境界があいまいになると、自分の思考・感情・行動が他人や外部の力により支配されていると考えるようになります。これを「させられ体験」（作為体験）とよび、統合失調症に特有の症状と考えられています。

　自分の考えが周囲に知れわたる（考想伝播）、自分が考えていることが相手にすぐわかってしまう（考想察知）、自分の考えが他人に操られる（思考干渉）、他

第2章

人に考えを吹き込まれる（思考吹入）、自分の考えを抜き取られる（思考奪取）などの症状が現れます。

（f）　感情障害

周囲への関心が乏しくなり、感情を起こすような外からの刺激に対する反応性が低下し、喜怒哀楽の情や身体的苦痛に対しても鈍感になります（感情の平板化、感情鈍麻）。同一対象に対して愛と憎しみといった相反し矛盾する感情を同時にもつ（両価性）、他人との心の交流が乏しくなる（疎通性障害）、自分の殻に閉じ込もり、外界との接触を積極的に断つ（自閉）などの特徴的な感情障害もみられます。

（g）　意欲・行動の障害

能動性・自発性が低下し（意欲の低下）、何もせず怠惰な生活を送っても、退屈を感じなくなります（無為）。身だしなみもだらしなく、動作も不活発になり、食べては眠るという生活になります。

表情は動きに乏しく、硬く冷たい印象を与え、時に眉をひそめたり（ひそめ眉）、口を尖らせたり（とがり口）するなど、奇妙な表情がみられます。ブツブツと独り言をいったり（独語）、おかしなこともないのに1人でクスクス笑ったり（空笑）することもあります。

（h）　陽性症状と陰性症状

統合失調症の症状を理解するうえでは、「陽性症状」と「陰性症状」とに分けて考えるとよいでしょう。

「陽性症状」は、幻覚、妄想、思路障害、奇異な行動など「ないはずのものがある」症状です。

「陰性症状」は、感情の平板化・感情鈍麻、思考の貧困、意欲低下、無為、自閉など「あるはずのものがない」症状です。

（C）　統合失調症の病型（タイプ）

統合失調症の典型的なタイプとして、妄想型、破瓜型（解体型）、緊張型の3つがあります。

（a）　妄想型

20歳代後半以降という比較的高齢で発病します。妄想が主な症状で、しばしば幻聴を伴います。陰性症状が比較的少なく、幻覚や妄想と無関係の場面では対人コミュニケーションも良好に保たれていることが多く、予後（症状が治まったあとの回復の程度）はよいと考えられています。

（b）　破瓜型（解体型）

思春期から青年期にかけて発病します。感情鈍麻や意欲低下などの陰性症状から始まります。思考の解体（まとまりの悪さ）が目立つようになり、会話や行動にまとまりがなくなり自閉的になります。幻覚や妄想は目立たず、あっても一時的または断片的です。予後はあまりよくありません。

(c)　緊張型

青年期の発病が多く、極度に興奮したり、奇妙な行動がみられるなどの緊張病症候群や行動の異常といった症状が、急激に発症します。治療に対する反応性はよく、予後も悪くはないのですが、再発を繰り返すことも多くみられます。

⒟　病期別にみた症状

統合失調症の症状は、経過に従って、急性期、回復期、安定期に分けることができます。病期によって、主としてみられる症状は異なり、それに応じて治療の目標や治療方法にも違いがあります。

(a)　急性期の症状

幻覚、妄想、興奮などの陽性症状が主ですが、感情的に不安定で切迫感が強い状態でもあります。周囲とのコミュニケーションが障害され、病識を欠いていることもしばしばあります。精神科病院へ強制入院させたうえで治療を行う必要があるときもあります。成年後見人・保佐人は、「家族等」として、精神保健福祉法に基づく医療保護入院に同意することを求められる場合もありますので（☞第1章Ⅱ5(3)）、精神科医療機関との連携が求められることになります。

(b)　回復期の症状

臨界期、寛解後疲弊病期、転回期などとも呼ばれます。再発・再燃を繰り返すごとに治療に対する反応性が低下することが知られています。回復期では、再発の防止が治療上重要となります。陰性症状が目立つのもこの時期からです。

(c)　安定期の症状

陽性症状・陰性症状ともに、ある程度固定します。すべての人が慢性化するわけではありませんが、おおむね70〜80％のケースで何らかの症状が残ります。

⒠　経過・予後

経過は一般的に、初期、中期、長期の3段階に分けることができます。

初期は、およそ発病から5年あたりまでの時期で、①幻覚・妄想といった症状を起こす急性期の段階（急性期）と、②治療などによって症状が静まり、病状が安定する段階（寛解期）とに分けられます。初期には、こうした急性期－寛解期を1サイクルとして何度か繰り返されます。

中期は、発病後5年から10年頃までの時期で、軽快へ向かっていく人もいれば、

残遺状態に向かっていく人もいます。

　長期は、発病後10年以上経過した時期です。これまでの予後調査の結果をまとめると、非常に良好な予後が20 〜 30％、部分的な寛解を合わせると70％を超えます。しかし、およそ20 〜 30％は残遺状態にとどまり、予後不良です。

　　（F）　治療の方法

　統合失調症の治療は、基本的に薬物療法（主に抗精神病薬）によって行われます。薬物療法によって幻覚・妄想・興奮などの急性期症状がある程度コントロールされた状態にならなければ、それ以外の治療を十分に行うことはできません。

　抗精神病薬は、脳内で過剰に活動しているドーパミン神経の活動を抑えることによって統合失調症の症状を改善すると考えられています。抗精神病薬は、従来型（定型）抗精神病薬と新規（非定型）抗精神病薬とに分けられます。最近では、陽性症状に加えて陰性症状に対する効果も一定程度あり、副作用が少ない新規抗精神病薬から薬物療法が開始されることが多いようです。

　抗精神病薬の副作用としては、手指振戦（手指の震え）、四肢硬直（体が硬くなる）などのパーキンソン様症状、ジストニア（目が上を向く、ろれつが回らない）、アカシジア（足がムズムズして、じっとしていられず、落ち着きなく歩き回る）、口渇、便秘、尿閉、起立性低血圧（立ちくらみ）、生理不順、乳汁分泌などがあります。

　そのほか、**心理社会的な治療**としては、作業療法、レクリエーション療法、社会生活技能訓練（Social Skills Training : SST）などがあります。

　図表２−47に統合失調症の症状と治療との関係を示しました。薬物療法によって寛解期に導入されても、その後の経過は服薬継続の有無によって左右されます。

図表２−47　　統合失調症の症状と治療

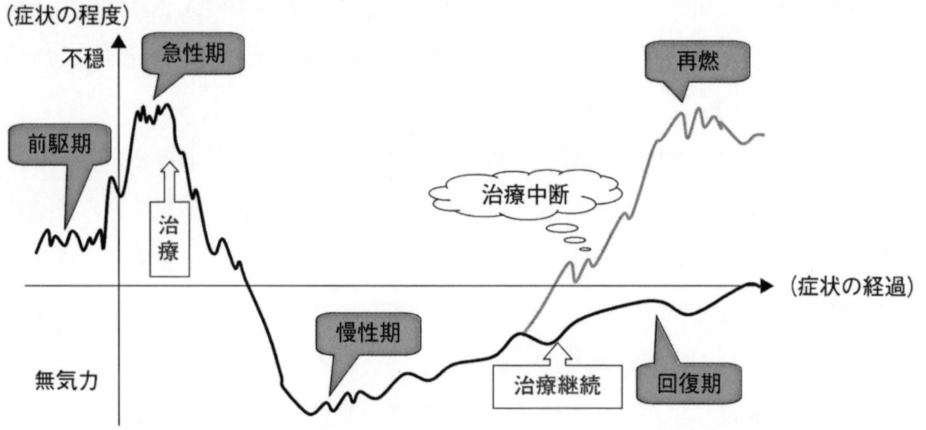

服薬を継続しない人の70～80％は１年以内に統合失調症の症状を再発するのに対して、服薬を継続できた人の再発率は20～30％程度で、また、症状も大幅に少なくなります。再発・再燃を防止するためには、継続的に精神科医の診察を受け、病状のモニタリングや薬物療法の調整を受けることが重要となります。

　また、再発・再燃するときに最初に出てくる症状（再発早期徴候）は、人によってほぼ一定していることが知られています。後見人も、被後見人の再発早期徴候のパターンを把握し、精神科医療機関などと情報を共有し、連携することが重要と思われます。

(2)　気分障害

　気分とは、憂うつな気分、楽しい気分などのように特別の対象や内容をもたず、比較的長く持続する感情の状態をいいます。気分障害で重要なのは、うつ病と双極性障害（躁うつ病）です。

(A)　うつ病

　何の原因もないのに、うつ状態が続く病気です。うつ状態では、気分が落ち込み、好きなものにも興味をもつことができず、考えや動作が鈍くなります。

　うつうつとした、絶望的な気持ちが１日中続き（抑うつ気分）、好きなことにも興味・関心をもつことができなくなります（興味関心の低下）。食べ物の味がわからなくなり、食欲が低下し、体重も減ります。不眠となり、特に用もないのに朝早くに目が覚めてしまいます。動作や頭の働きも、いつもよりゆっくりとなり（制止）、迷いが多くなり物事を決めることができにくくなります。将来に対して希望がもてず、何を考えても悪いほうに考えがちとなります。自分は生きる価値のない人間だとしか思えず、死にたくなってしまいます（希死念慮）。重症な場合には、妄

図表2－48　躁状態とうつ状態の症状

	躁状態	うつ状態
気分	高ぶっている（爽快気分）。	落ち込んでいる（抑うつ気分）。
	上機嫌なことも、不機嫌なこともある。	イライラすることもある。
活動性	自尊心が肥大し、様々な活動に手を出したくなる。	意欲が出ず、日常生活が困難となる。
思考	次から次へと考えが浮かぶ。	考えそのものが前に進まない。
会話の様子	一方的に多くを語る。	途切れ途切れで先に進まない。
注意力	注意散漫で気が移りやすい。	ボーッとして注意力がない。
睡眠	睡眠の必要を感じなくなる。	眠れない。時に眠りすぎることもある。
食欲・性欲	増進する。	減退する。時に食べすぎることもある。
行動の問題	喧嘩や暴力に至ることもある。	自殺のおそれがある。

想などの精神病症状が出ることもあります。

　うつ病の治療では、抗うつ剤を服用しながら十分に休養をとることが重要です。また、認知行動療法なども併用されます。

⒝　双極性障害（躁うつ病）

　うつ状態と躁状態を呈する病気です。うつ状態と躁状態の症状の比較を、図表2－48にまとめました。

　躁状態では、気分は高揚し、活動性が増します。不眠不休であっても、疲れを感じません。多弁で早口になり、一方的に話します。次から次へと考えが浮かびますが、すぐ気が散り、集中できません。誇大的になり、尊大な態度をとったり、些細なことで周囲の人とトラブルになります。誇大性が高じると、「超能力がある」などの誇大妄想に発展することがあります。

　躁状態の治療や双極性障害の再発予防には、気分安定薬が使用されます。

（第2章Ⅲ1　五十嵐　禎人）

2　精神障害者を支援するときに利用できる社会資源

⑴　医療にかかわる社会資源

⒜　外来の場合

　精神障害は「病気と障害をあわせもつ」といわれており、バイオ（生物的）、サイコ（心理的）、ソーシャル（社会的）による支援が求められます。そのため、精神科医療も重要な社会資源となります。以下では、代表的な治療方法やリハビリテーションなどを紹介します。

①　精神科デイケア　　外来者が通所して、1日6時間程度のプログラムに参加するリハビリテーションです。夕方から4時間ほど行われる「精神科ナイトケア」、10時間ほど行われる「精神科デイナイトケア」、3時間程度の「精神科ショートケア」があります。

②　精神科作業療法　　作業療法士とともに集団生活や個別活動等を行い、意欲や自信の向上、対人交流の改善、耐性の向上等を目標とします。本人の希望を踏まえて、生活に必要な手技の獲得などの作業活動を行います。

③　精神科訪問看護・在宅診療　　医師の指示の下に、看護師や精神保健福祉士、作業療法士などが、1人または複数で精神障害者の自宅を訪問します。健康状態や生活状況、服薬状況などについての理解を共通のものとし、医療的な視点をもちながら本人の生活を支援します。近年は精神障害者の在宅診

療を担う医療機関も少しずつ増えてきました。

④　相談室、医療連携室、地域連携室等　さまざまな名称で医療機関が設置している相談部署です。病院によっては、地域連携、相談、事務など、目的によって窓口を分けています。受診・入院相談や制度の活用、退院支援、地域関係機関との連携などに対応するのが一般的です。

（B）　入院の場合

精神科病院には、開放病棟のほかに、鍵のかかる閉鎖病棟や病室があります。

入院形態も、本人の意思に基づく任意入院を基本としながら、医師（精神保健指定医）の判断と家族等（成年後見人・保佐人、一定の関係にある家族、市町村長など）の同意によってなされる医療保護入院、自傷他害を防止するために都道府県知事の命令によって行われる措置入院などがあります。

精神科病棟の種類は、精神症状が激しい急性期症状のときに入院しやすい「救急病棟」や「急性期病棟」、中期または長期の治療・リハビリテーションや、医療的環境において療養することを想定した「精神科療養病棟」などがあります。そのほか、精神疾患の特徴に合わせた「ストレスケア病棟」（主にうつ病などを対象としています）、「認知症病棟」（治療病棟、療養病棟）「アルコール依存症治療病棟」「思春期病棟」「身体合併症病棟」などもあります。

なお、重度の精神疾患と身体疾患の両方を診察することのできる医療機関は全体として少なく、精神科の課題となっています。

夜間や休日の初診・入院を受け入れる体制は、都道府県によって大きく異なります。すでに受診先がある場合は、事前に主治医と相談することをおすすめします。

本人の同意によらない入院形態は、非自発的入院とよばれ、権利擁護の観点から慎重な対応が必要です。医療保護入院の実施にあたっては家族等に入院時の同意が求められます。入院後の入院継続の可否は、精神科医の判断となります。精神科医の判断に反し、家族等が入院後に医療保護入院の同意を撤回する場合は、退院請求の手続をとることになります。また、医療保護入院の場合、精神科病院は、退院支援を目的として、入院後7日以内に「退院後生活環境相談員」を選任するよう求められているほか、入院時に推定された入院期間を超える1年未満の医療保護入院者を中心に医療保護入院者退院支援委員会を開催することとされています。さらに、努力義務として、地域援助事業者の紹介することも求められています（☞第1章Ⅱ5(5)）。

措置入院者に対しても、「退院後生活環境相談員」と同様の担当者を配置する

動きがあり、精神保健福祉法に先行して、2018年診療報酬改定で、「精神科措置入院退院支援加算」が新設されました。

(2)　生活支援にかかわる社会資源と相談機関

生活支援の中心となる障害者総合支援法による給付は、介護給付、訓練等給付、地域生活支援事業（市区町村事業・都道府県事業）の３つに大別されています。

精神障害者の利用が多いサービスは、次のようなものです。

①　介護給付では、「居宅介護（ホームヘルプ）」です。

②　訓練等給付では、「就労移行支援」「就労継続支援」「共同生活援助（グループホーム）」通所や宿泊での「自立訓練（機能訓練・生活訓練）」などがあります。

　「自立訓練」は従来、自立訓練（機能訓練）が身体障害者、自立訓練（生活訓練）は知的・精神障害者を対象としていましたが、平成30年４月から、区分が廃止され、いずれのサービスも障害種別にかかわらず利用できることになりました。

　また、訓練等給付に「自立生活援助」と「就労定着支援」（後述）が加わりました。「自立生活援助」は、障害者支援施設や居宅介護（グループホーム）、精神科病院等から一人暮らしに移行した知的障害者や精神障害者などを対象とします。本人の意思を尊重した地域生活を支援するため、一定の期間にわたり、定期的な巡回訪問や随時の対応により、障害者の理解力、生活力等を補う観点から、適時のタイミングで適切な支援を行うサービスです。

③　市町村が行う地域生活支援事業では、「地域活動支援センター」「福祉ホーム」「移動支援」「地域移行支援」「地域定着支援」「成年後見制度利用支援事業」などです。「移動支援」は市町村による運用の違いがあります。「地域移行支援」は、精神科病院からの退院者だけでなく、保護施設や矯正施設等退所する障害者も対象となっています。

障害者総合支援法による相談支援体制は、以下のように分けられています。

①　指定特定相談支援事業者　　障害者の相談支援を基本に、サービス等利用計画（計画相談支援）を作成し、社会資源の利用を援助する役割を担います。

②　指定一般相談支援事業者　　精神科病院からの退院を支援するために、地域移行支援・地域定着支援等を担います。

③　障害児相談支援事業者　　障害児支援利用計画（障害児相談支援）などを担います。

複数の役割を１つの事業者が兼ねる場合もあります。

　また、地域の中核的な相談機関として、基幹相談支援センターが設置されます。

　地域精神保健福祉における行政機関の中心的な相談機関は、保健師が配置される保健所です（「保健センター」や「保健福祉センター」など名称はさまざまです）。必要に応じて、訪問指導も行います。最近では、精神保健福祉士や社会福祉士などを配置するところも増えてきました。

　精神保健福祉法に規定され、都道府県（政令指定都市）に１カ所以上設置されている精神保健福祉センターも、精神障害者の支援に関する中核的な相談機関です。

　このほか、生活保護の実施機関である福祉事務所や、関係行政機関の協力機関で、地域福祉の担い手である民生委員や児童委員も、相談機関となります。

(3)　就労支援にかかわる社会資源

　就労支援には、雇用促進のために、事業主に対して行われる支援と、障害者本人に行われる支援があります。

　事業主に対する主な制度としては、障害者の雇用義務制度や、障害者を雇用することに伴って事業主が負うことになる経済的負担の調整を図る「納付金制度」などがあります。精神障害者は、これまで雇用義務の対象ではありませんでしたが、平成30年４月から対象になりました。

　障害者本人に対する支援としては、ハローワーク（公共職業安定所）や地域障害者職業センター、障害者就業・生活支援センターなどで行われるものがあります。

　ハローワークには障害者窓口が設けられています。障害者手帳を所持し、障害者であることを明らかにすることで、障害者雇用の求職活動も可能です。地域障害者職業センターが行う「精神障害者総合雇用支援」は、企業への就職を希望する人や障害者を雇用しようとする意思のある事業主に対する「雇用促進支援」、休職中の人への「職場復帰支援」、人間関係や作業能率などの点から仕事を継続することが難しい人や障害者の雇用を継続することが難しい事業所に対して支援を行う「雇用継続支援」などがあります。

　福祉的就労事業所は、雇用契約による就労継続支援事業Ａ型と、利用契約による就労継続支援事業Ｂ型があります。一般就労等を希望する方を対象とした「就労移行支援事業」もあります。

　平成30年度から新たに始まった「就労定着支援事業」は、就労移行支援等を利用し、一般就労に移行した障害者の就労に伴う生活上の支援ニーズに対応できるよう、事業所・家族との連絡調整等の支援を一定の期間にわたり行うサービスで

第2章

す。

⑷　経済的な支援にかかわる社会資源

(A)　障害年金

　年金制度には、障害を受給要件とする障害年金があります。障害年金は、保険料を納付していることと、障害の程度が給付の対象であることが認められれば、給付を受けることができます。

　精神障害を理由に障害年金を受ける場合は、初めて精神科医療機関を受診した日（「初診日」といいます）が重要となります。精神的な変調で受診している場合は他の科を受診した場合でも初診日と認められることがあります。障害年金を受給できるかどうかは、初診日までの決められた期間について、保険料が納付されているか、または免除の手続がとられているかが問われることになります。年金は保険制度なので、年金保険料を支払っていない（免除は除きます）場合は、たとえ障害となっても障害年金の対象になりません。

　国民年金（基礎年金とも呼ばれています）は、原則として20歳から60歳まで加入します。20歳を過ぎた学生なども平成３年４月からは強制加入となりましたが、それ以前は任意加入になっていたため、学生などは国民年金の加入を選択できました。未加入期間に「初診日」があると、保険料の納付要件を満たさず、障害年金を受けられません。このような学生無年金障害者の課題は、社会的問題となり、救済措置として**特別障害給付金制度**が設けられました。

　給付される金額は、令和２年度の障害基礎年金１級で年額97万7125円、同２級で、年額78万1700円です。特別障害給付金は、障害基礎年金２級相当の障害で、年額50万3520円です。

　障害年金の申請をするときには、まず本人の意向を確認することが大切です。また、保険料の納付状況や診断名、障害の状態や経過、初診日など、一人ひとり条件が違うため、近くの年金事務所へ相談するとよいでしょう。

　近年は、社会保険労務士が有料で障害年金申請手続を代行することも見受けられます。

　このほか、障害者を扶養している保護者が掛け金を納め、保護者が死亡または重度の障害となったとき、障害者に年金が給付される障害者扶養共済制度があります。

(B)　自立支援医療

　精神科病院に通院する際の医療費負担を軽減するための制度として、障害者総合支援法に基づく自立支援医療があります。１カ月ごとに、通院医療費に上限を

設け、長期的な通院による経済的負担の軽減を図るものです。精神科医療機関で行うデイケア、訪問看護なども対象となります。

（C）　**精神障害者保健福祉手帳をもっていることで受けられる支援**

精神障害者保健福祉手帳をもっていることで、経済的な支援を受けられる制度があります。具体的には、以下のようなものがあります。

① 　所得税の障害者控除

② 　相続税の障害者控除

③ 　特別障害者に対する贈与税の非課税

④ 　心身障害者扶養共済制度に基づく給付金の非課税

⑤ 　少額貯蓄の利子等の非課税

⑥ 　生活保護を受けている人に対する障害加算（1～2級・重度加算）の適用

精神障害者保健福祉手帳1級の人は、特定贈与信託を利用することもできます。特定贈与信託とは、親族等が財産を信託銀行等に信託し、信託銀行等がその財産を管理・運用し、特別障害者（重度障害者）の生活費等として定期的に金銭を渡すというものです。この信託を利用すると、相続税法の「特別障害者に対する贈与税の非課税制度」により、6000万円を限度として贈与税が非課税となります。

そのほか、都道府県によって受けられるサービスは若干異なりますが、公共の交通費が減免されたり、公営の美術館や公園などといった都道府県施設の利用料が減免されたりします。

東京都では、平成31年1月1日から、精神障害者保健福祉手帳1級所持者で一定の要件を満たす方を心身障害者医療費助成制度（マル障）の対象とし、医療費、薬剤費等の助成を始めています。

(5)　**住居にかかわる社会資源**

精神障害者が利用できる住居には、以下のものがあります。

① 　障害者総合支援法における居宅介護（グループホーム）や自立訓練（機能訓練・生活訓練）事業

② 　市町村の任意事業である福祉ホーム

居宅介護（グループホーム）は、1人1部屋のアパート形式の家屋を使うことが多く、日中は世話人とよばれる支援者が、生活の相談に応じます。自立訓練（機能訓練・生活訓練）事業は、自立した日常生活や社会生活ができるよう、一定期間、生活能力の維持、向上のために必要な支援、訓練を行ったり（生活訓練）、身体機能の維持、向上のために必要な訓練を行う事業で、通所型と宿泊型があります。

　福祉ホームは、10人規模の施設です。市町村の事業であることから、その市町村に住んでいる人を対象としています。数少ない施設です。

　このほか、2週間ほどの期間だけ施設を利用する短期入所（ショートステイ）という制度があります。入院までは必要ないものの、生活疲れや家族の介護疲れに対応する制度として行われています。居宅介護（グループホーム）などを利用して行われます。

　なお、精神障害者が民間賃貸住宅を借りる場合に、保証人を求められて契約できないことがあります。そのような実情に対応するため、保証人としての役割の一部を担う制度を整備している自治体もあります。精神障害者保健福祉手帳を持っている人は、公営住宅に、優先的に入居することもできます。

⑹　障害者総合支援法と介護保険法の関係

　65歳以上、あるいは、40歳以上で介護保険の規定する特定疾病に該当する場合は、原則として、障害者総合支援法より介護保険法が優先的に適用されます。ただし、すでに障害者総合支援法の福祉サービスを利用しており、介護保険法に同様のサービスがない場合は、障害者総合支援法が継続されることもあります。

　2018年4月に介護保険法と障害者総合支援法が改正され、「共生型サービス」が始まりました。共生型サービスは、介護保険または障害福祉のいずれかの指定を受けている事業所が、もう一方の制度の指定も受けやすくなるようにするものです。

　高齢障害者については、利用者負担軽減制度がつくられました。65歳に達する日前5年間にわたり、ホームヘルプ、デイサービス、ショートステイなどの障害福祉サービスを利用し、一定の要件を満たす高齢障害者に対して、介護保険サービスの利用者負担が軽減されるよう障害福祉制度により利用者負担を軽減（償還）するものです。詳しくは市区町村の担当部署へ相談してください。

3　精神障害者への接し方

(1)　人と接するということ

　当然のことですが、「精神障害者」という民族や文化をもっている人たちがいるわけではありません。しかし、精神障害者と接する機会がないと、特別な存在としてとらえがちです。精神疾患や精神障害の理解は、相手の理解を深める「道具」としては必要ですが、精神障害者と接するときの基本的な態度に「道具」は必要ありません。

　後見人として精神障害者とかかわる場合は、後見人の役割を果たすためにも、良好なコミュニケーションをとることが求められます。しかし、こちらが理解したくても相手がこちらを避けたり、相手が近づいてもこちらが無意識に敬遠したりすることが起こり得ます。そこには、相手を理解しようとする態度だけでは成り立たない要素があります。それは、かかわる人自身の特徴と、相手との関係性です。相手の怒りや不満の原因が後見人の態度にある場合もあります。会話が深まらないのは、話し合えるほどの信頼関係が築かれていないためかもしれません。このように考えると、精神疾患や精神障害の特徴を学んでも、観察者や評価者の視点だけで相手に向き合うと、コミュニケーションは深まりません。

　相手のことを知り、自分のことを知り、相手と自分の関係性を知る。さらに、それらを取り巻く環境や状況、場面を知り、それぞれに配慮や工夫ができれば、相手とのコミュニケーションは、ほどよいものになっていきます。

　精神障害ばかりが強調されると、精神障害者への配慮が先行し、その人のありのままの姿を見失う可能性があります。まず大切にすべきなのは、相手の考え方や感じ方を知り、相手の立場に立って理解を深めるために、相手から教わる姿勢だといえるでしょう。

(2)　生きにくさを感じる「生活のしづらさ」

　統合失調症の人が生きにくさを感じることを表現した言葉に、「生活のしづらさ」というものがあります。

　言わなくてよいことまで正直に話してしまったり、唐突で場にそぐわない態度や言動になってしまったり、休み下手で緊張しながら休み時間を過ごしたり、過度な気遣いで疲れてしまったり、根気が続かなかったりなど、さまざまなことが指摘されています。このような生きにくさは生活のあらゆる場合に及ぶことがあります。

右上：第2章

　一方で「生活のしづらさ」は固定されたものではなく、また、すべての総合失調症の人が抱えているわけではありません。総合失調症の傾向として理解し、決めつけた見方は避けるべきでしょう。

　「生活のしづらさ」について、周囲が見方を変えてみるのも大切なことです。隠しごとができないことを「正直さ」として受け止めたり、思ったことをそのまま伝える態度を「率直さ」としてとらえたりすることです。本人の周囲が多様な価値感やものの見方を尊重できる環境であれば、本人の感じる「生活のしづらさ」は和らぎます。周囲の環境を整えることは、生活の幅を広げることにつながります。

　後見人は、本人にこのような生活上の苦労があることを後見人として理解したうえで、周囲の環境を整えることに努めていく必要があるでしょう。

　精神疾患の影響として、偏った見方・考え方や、状況から考えて事実とは思えない考え（幻覚や妄想）をもっていることもあります。しかし、一方では、精神疾患の影響を受けながらも、買い物・食事・洗濯など、日常の作業を無難にこなす人は少なくありません。精神障害者は、「生活のしづらさ」や精神疾患を抱えながら、一方では、たくましさをもっているといえます。

(3)　精神障害への配慮とコミュニケーションのコツ

　人は、言葉と、言葉以外の方法とで、コミュニケーションを図ります。話す内容や言葉の選択も大切ですが、言葉以外の方法によるコミュニケーションはさらに重要です。これは非言語的コミュニケーションと呼ばれ、声の強弱や間のとり方、うなずきや表情、視線の向け方、距離のとり方、対座する位置や面談時間、服装や化粧の度合いなど、言葉以外の方法で伝わるコミュニケーションの方法のことをいいます。非言語的コミュニケーションは、本人が意識していることもあれば、無意識に使っていることもあります。コミュニケーションの質を決めるのは、言語よりも非言語のコミュニケーションによるところが大きいといわれています。

　人と接するときの最も基本的な技術は傾聴です。これは、何を伝えようとしているのかを受容的に聴くことです。この場合、事実とは考えにくい幻覚や妄想による内容が語られるときは、その中身をつぶさに聴くよりも、その人の抱えているつらさや腹立たしさなどといった感情への共感が重要となります。整合性や矛盾点の追及、内容の詳細な確認など、論理的なやりとりは、病気を悪化させる可能性があります。

　精神障害によって幻覚や妄想が強くなり、適切な対応ができないと感じた場合

には、後見人だけで解決を図ろうとするより、医師などの専門家へ相談することことが必要でしょう。

「話の焦点をあわせる」ことも大切です。そのためには、相手が話しやすいように、本人なりの工夫や努力を称賛したり、本人が言おうとしていることを要約して聞き返したり、焦点に対する本人の意見を聞きたいとお願いしたりすることも役立ちます。相手の主張を確認したり要約したりするときには、できるだけ相手の使う言葉を用いるとよいでしょう。

質問の仕方にもコツがあります。たとえば、自由に答えることのできる「開かれた質問」と、「はい」「いいえ」のどちらかで答えられる「閉じられた質問」があります。目的や状況に応じて組み合わせ、効果的な問いかけになるよう工夫します。

⑷　「考え」の変化や「揺れる」ことを理解し受け止める

人の「考え」は、場面や状況に応じて変わることがあります。精神障害者の場合には、精神障害の影響によって、その変化がさらにわかりづらくなることもあります。考えが変わりすぎたり、考えを言葉にすることができなかったり、考えがまとまらなかったりする場合です。このような状況では、本人の意向を確認しにくくなり、「考えられない人」として、確認することをあきらめてしまうことがあります。こういったときには、まず、考えや気持ちが「揺れている」と理解することが大切です。そして、時間をかけたり、質問の仕方を工夫したりすることで、手がかりを得られるかもしれません。「考え」の変化を受け止める姿勢が必要でしょう。

本人に話しかけても、こちらの話にうなずくだけで、「内容を理解していないのでは？」と感じることもあります。このような場合は、「理解していないというよりは、相手に委ねて決めてきた人なのかもしれない」という違う切り口からの理解が必要かもしれません。相手の生き方の軌跡を尊重し、「考え」を表現することを強要することのないような配慮が必要です。

⑸　少しずつかかわりを深め、ほどよい距離を保つ

本人との関係は、いきなり深まるわけではありません。ノックをして相手の反応を待ち、ドアを開けてくれたら自己紹介する。ときには玄関で、ときには部屋へあげてもらう中で、少しずつかかわりが育まれていく。後見人には、このような感覚が必要です。相手がこちらと向き合う心の準備もしていないのに、ズカズカと入り込んでいくような態度は避けるべきでしょう。

相手によっては、深いかかわりを望まない人もいます。後見人として、かかわ

りにくいときもあるかもしれませんが、かかわりの深さや、そこへたどり着くまでに必要となる時間は、本人のペースに合わせる必要があります。また、かかわりは、深めるほどよい、というわけではありません。深入りしない関係を保つことで、安心できる人もいます。後見人としての役割を遂行するためのかかわり方と、本人が居心地よいと感じるかかわり方の双方を考慮しながら、接していく必要があります。そのためには、本人と自分とがどのようなかかわりの状態にあるのかを冷静にとらえる姿勢が大切です。

(6)　本人の自己決定を支援し、尊重する

　精神疾患や精神障害の理解に欠けると、精神障害の影響によって、できない状態にあることを強要したり、できることを奪ってしまったりする場合があります。

　後押しや承認がないと不安で決められなかったり、物事を決めるエネルギーが出なかったりするなど、自己決定する準備ができていない人に対して自己決定を迫ることは、自己決定の押し付けになってしまいます。このようなときは、自己決定を支援することが望まれます。精神疾患の影響で、本来ならしないであろう高額な商品を衝動買いすることや、場違いな行動をすることについて、後見人が支持することも、自己決定の尊重とは違うかもしれません。

　しかし、精神疾患や精神障害の知識から、型にはめこもうとする態度は避けなければなりません。精神疾患や精神障害の前に「人ありき」の視点が大切です。重要なのは、精神疾患や精神障害の特徴を見つける答え合わせでなく、精神疾患や精神障害の部分が、本人の生活や人生にどう影響しているのか、どのように生きづらくさせているのか、という理解です。

　このように考えると、本人が欲しているものは何か、あきらめてしまったことは何か、これから取り組めることは何か、ということにも目を向け、関係機関とともに、自己実現に向けて連携していく必要が出てきます。本人の挑戦や失敗、挫折や苦悩もまた人として当たり前のことだということが、置き去りにされてしまいがちですから、後見人としては注意しておきたいところです。

　厚生労働省が平成30年6月に公表した「認知症の人の日常生活・社会生活における意思決定支援ガイドライン」では、本人が意思を形成することの支援（意思形成支援）、本人が意思を表明することの支援（意思表明支援）を中心に、本人が意思を実現するための支援（意思実現支援）を含めた3つの過程を意思決定支援のプロセスとして説明しています。3つの過程は必ずしも順番が固定しているわけではないという意見もありますが、精神障害者の意思決定支援においても、同様に重要であると考えます。

　他方、取り返しのつかない失敗を見守るだけの態度は、避ける必要があります。本人への説明を前提とした代理権の行使は必要になることもあるでしょう。留意すべきは、代理権行使後も、本人の病状の変化や判断力の回復等に合わせ、自己決定・意思決定支援に立ち返れる姿勢を後見人がもち続けることです。

　過度な代理権行使や、自己決定の名の下の放任は、いずれも権利侵害につながる意識を忘れず、代理権行使は必要最低限としていく視点が重要です。

　本人の人生をみずからが選べるように支援していくのも、後見人の重要な役割です。後見人として決断しなければいけない場面や、本人から意見を求められたときは、後見人としての意見を伝えることが必要ですが、その根底には、相手とのかかわりをとおして得られた「その人が望むこと」への配慮が必要といえます。

(7)　精神疾患をもつ家族へのかかわり方

　同居や近隣に居住し、被後見人の生活に大きな影響をもたらす家族が、精神科治療や何らかの支援を必要としている場合があります。このような場合、家族への支援がなく、後見人だけが家族との接点にならざるを得ないことになります。後見人は被後見人を支援する立場にあり、家族の支援者ではありませんが、家族単位で考えざるを得ない場面では、家族が医療機関や相談機関、行政とつながりをもてるように橋渡しの役割を行う必要があると考えられます。そのために、家族に直接働きかけるか、被後見人を介して家族に働きかけるか、行政に相談するか、民生委員など他の相談者の力を借りるか、という選択肢が考えられますが、緊急性がない限り、家族のことで被後見人や家族に直接働きかけるのは、慎重になるべきでしょう。まずは、家庭裁判所や成年後見支援センター等に相談し、助力を得ていく必要があります。家族への介入の必要性を感じながら、後見人が1人で抱え込んだり、対処したりすることは避けたほうがよいでしょう。

　平成29年度から5年間かけて進められている成年後見制度利用促進基本計画では、地域連携ネットワークおよび中核機関に期待されている4つの機能の一つに「後見人支援機能」があります。市民後見人の重要な支援機関になることを望みたいところです。

（第2章Ⅲ②③　長谷川　千種）

Ⅳ　その他の障害

●この節で学ぶこと●

　高次脳機能障害や発達障害の特徴を理解し、後見人として必要な情報や活用できる社会資源について学びます。

1　高次脳機能障害者

(1)　高次脳機能障害の特徴

　高次脳機能障害とは、さまざまな理由によって脳を損傷したことによって生じる後遺障害のことをいいます。大きな特徴として、外見からはわかりにくい、一人ひとり症状が違うということがあげられます。

　脳の損傷の原因としては、交通事故などの脳外傷によるもの、脳血管障害などの病気によるもの、低酸素脳症、感染症や薬物・アルコールによる中毒などによるものがあります。そして、その損傷した脳の部位によって、症状が異なってくるのです。

　脳の機能には、一次機能と高次機能があります。一次機能とは、知覚や運動に関する機能のことをいいます。高次機能とは、言語・思考・記憶・行為・注意などの認知機能や精神機能のことをいいます。高次脳機能障害とは、この高次機能が障害されている状態であるということになります。障害の程度や症状の出現する頻度は、脳に傷害を受けてから経過した時間や環境などによって差があります。

　高次脳機能障害の症状には注意障害・記憶障害・遂行機能障害・社会的行動障害などがあり（図表2-49）、これらの症状により、日常生活または社会生活に制約がある状態です。

　失語症以外の身体に障害を伴わない場合は身体障害とは認められないこと、成人になってからの知的能力の低下は一般的に療育手帳を取得できないこと、記憶障害や注意障害だけでは精神障害の対象とはなりにくいこと、介護保険制度では特定疾病や年齢的制限があることなどの理由のため、高次脳機能障害は、長い間制度のはざまにおかれてきた障害となっていました。現在でも、まだまだ一般に周知されているとはいえない状況です。

　家族や関係者、そして社会の理解を深め、高次脳機能障害者の社会参加や活動

図表2－49 高次脳機能障害の症状

記憶障害	物の置き場所を忘れる。新しいできごとを覚えられない。同じことを繰り返し質問する。
注意障害	ぼんやりしていて、ミスが多い。2つのことを同時に行うと混乱する。作業を長く続けられない。
遂行機能障害	自分で計画を立ててものごとを実行することができない。人に指示してもらわないと何もできない。約束の時間に間に合わない。
社会的行動障害	興奮する、暴力を振るう。思い通りにならないと、大声を出す。自己中心的になる。

（出典）　国立障害者リハビリテーションセンター、高次脳機能障害情報・支援センター「高次脳機能障害を理解する」

が進められる必要があります。

(2)　**高次脳機能障害者を支援する際に利用できる社会資源**

　脳損傷による高次脳機能障害者の社会生活支援を推進するため、厚生労働省は、平成13年度から5年間にわたって、高次脳機能障害支援モデル事業を実施しました。このモデル事業における調査・分析の結果に基づいて、高次脳機能障害の診断基準（図表2-50）が明確に示されることとなりました。

　そして、それを引き継ぐ形で、平成18年に、高次脳機能障害支援普及事業（現「高次脳機能障害及びその関連障害に関する支援普及事業」）が、障害者自立支援法の地域生活支援事業として位置づけられました。都道府県は、「専門性の高い相談支援事業」として高次脳機能障害支援普及事業を行っています（障害者総合支援法においても引き継がれています）。具体的には、高次脳機能障害支援拠点機関の設置や、支援コーディネーター（社会福祉士、精神保健福祉士、保健師、作業療法士、心理技術者等、高次脳機能障害者に対する専門的相談支援を行うのに適切な者）を配置し、支援を必要とする高次脳機能障害者の社会復帰のための相談支援、地域の関係機関との調整等の相談支援事業等を実施しています。

　市町村は、相談支援事業（指定相談支援事業者）として、本人や家族からの相談に応じて、各種福祉サービスの利用や権利擁護などについての支援を行っています。また、地域活動支援センター事業では、通所による創作活動や交流の場が提供されており、日中の活動場所（居場所）として利用することができます。

　(A)　**高次脳機能障害と各種障害者手帳**

　障害福祉サービスを利用するには、障害に応じた手帳を取得することがポイントになります。高次脳機能障害は、その症状の発症や受傷した時期によって、取得できる手帳が異なります（図表2-51）。

図表2－50　診断基準

Ⅰ．主要症状等	1. 脳の器質的病変の原因となる事故による受傷や疾病の発症の事実が確認されている。 2. 現在、日常生活または社会生活に制約があり、その主たる原因が記憶障害、注意障害、遂行機能障害、社会的行動障害などの認知障害である。
Ⅱ．検査所見	MRI、CT、脳波などにより認知障害の原因と考えられる脳の器質的病変の存在が確認されているか、あるいは診断書により脳の器質的病変が存在したと確認できる。
Ⅲ．除外項目	1. 脳の器質的病変に基づく認知障害のうち、身体障害として認定可能である症状を有するが上記主要症状（Ⅰ-2）を欠く者は除外する。 2. 診断にあたり、受傷または発症以前から有する症状と検査所見は除外する。 3. 先天性疾患、周産期における脳損傷、発達障害、進行性疾患を原因とする者は除外する。
Ⅳ．診断	1. Ⅰ～Ⅲをすべて満たした場合に高次脳機能障害と診断する。 2. 高次脳機能障害の診断は脳の器質的病変の原因となった外傷や疾病の急性期症状を脱した後において行う。 3. 神経心理学的検査の所見を参考にすることができる。

なお、診断基準のⅠとⅢを満たす一方で、Ⅱの検査所見で脳の器質的病変の存在を明らかにできない症例については、慎重な評価により高次脳機能障害者として診断されることがあり得る。
また、この診断基準については、今後の医学・医療の発展を踏まえ、適時、見直しを行うことが適当である。

（平成16年2月20日作成）

図表2－51　各障害者手帳の概要

種別	対象	高次脳機能障害が対象となる場合	手帳の等級	再認定	交付
身体障害者手帳	身体障害者福祉法に定める障害を有する者	身体の麻痺や失語症（言語機能障害）、視野の障害等がある場合	1級～6級	軽度化は、1、3、5年	知事の指定する医師の診断書に基づき知事が交付する。
療育手帳（愛の手帳）	知的障害を有する者	18歳未満の発災・受傷により知的障害がある場合など	A1、A2、B1、B2（1度～4度）	3、6、12、18歳	児童相談所長、心身障害者福祉センター所長の判定書に基づき知事が交付する。
精神障害者保健福祉手帳	精神疾患を有する人のうち精神障害のため長期にわたり日常生活または社会生活への制約がある者	記憶障害、注意障害、遂行機能障害、社会的行動障害等がある場合など。	1～3級	2年ごとに更新	医師の診断書に基づき、知事が交付する。

（出典）東京都『高次脳機能障害者地域支援ハンドブック〔改訂版〕』

　18歳前の受傷・発症で知的発達に障害が生じた場合には、障害の程度により、療育手帳の対象となります。また、高次脳機能障害は「その他の精神障害『器質性精神障害』」に該当することから、精神障害者保健福祉手帳の対象となります。障害等級は1級から3級で各障害年金の障害等級に準拠しています。手足のマヒや言語障害（失語）などの障害がある場合には、障害の程度（1級〜6級）により、身体障害者手帳の対象となります。

　なお、身体障害者手帳は、他の手帳（療育手帳、精神障害者保健福祉手帳）と重複して取得することができます。

⒝　医療と福祉の連携

　交通事故や脳血管障害などのために入院して治療し、一定の期間を経ると、退院して在宅生活を始めることになります。この段階で、本人も家族も、以前との違いに直面することがあります。たとえば、入浴時には、浴槽に入ることや体を洗うこと自体はできても、体の一部分しか洗わなかったり、髪を洗う手順を忘れていたりするため、入浴をしたりするときに声かけや確認が必要になることがあります。外出すると道に迷ってしまう、意思疎通がうまくいかない、すぐに興奮して大声を上げたり暴力を振るったりするようになるといった行動が現れることもあります。当初は、その症状が高次脳機能障害によるものだとは、本人も家族も気づかないことがあるため、その変化に戸惑い、お互いに大きなストレスを抱え込むことになります。本人にとっては、二次受傷となることもあります。病院での治療の段階で、高次脳機能障害であることを発見することが大切です。

　高次脳機能障害であることがわかれば、高次脳機能障害者支援拠点機関（「高次脳機能障害者支援センター」などという名称で設置されています）や、主治医のいる医療機関等に配置されている専門職（作業療法士、理学療法士、言語聴覚士、臨床心理士、医療ソーシャルワーカー（MSW））に相談して、協力を求めることができます（医療と福祉の連携）。

　また、高次脳機能障害者の生活能力は、1年、3年と年単位で、ゆるやかに回復していきます。そのため、医療機関でのリハビリが終了した後も、家庭や地域での活動をリハビリの場として、回復に向けた取組みを続けていくことが大切です。長期間にわたり、相談機関、福祉機関、医療機関、当事者・家族会などが緊密に連携・協力して進めていくことが必要です。以下では、高次脳機能障害者の発症・受傷から時間の経過に伴う医療福祉における社会資源について説明します（図表2−52）。発症から2〜4週間までを急性期、その後は、療養を続ける必要がある場合、リハビリテーションのために転院をするなど回復期に入ることにな

第2章

ります。また、発症から6カ月を経過する頃までには在宅か施設かということを判断したり、社会復帰について検討することが必要になります。

(a) 40歳以上の脳血管障害

高次脳機能障害者が、介護保険における第1号被保険者（65歳以上）である場合には、介護給付を受けることができます。

第2号被保険者（40歳以上65歳未満）で、高次脳機能障害の原因が特定疾病にあたる脳血管障害である場合には、障害福祉サービスに相当する介護保険サービスがあれば介護保険を利用することが優先されます。

行動援護、自立訓練、就労移行支援、就労継続支援等については、障害者総合支援法のサービスが利用できます。

(b) 40歳未満の脳血管障害、脳炎、低酸素脳症、脳腫瘍、脳外傷等

40歳未満の高次脳機能障害者の方は、障害者総合支援法のサービスを利用できます。障害者総合支援法によるサービスは、障害福祉サービスと地域生活支援事業に大別されます。

高次脳機能障害は「器質性精神障害」として精神障害に位置づけられているため、精神障害者保健福祉手帳がない場合でも、自立支援医療受給者証や医師の診断書（高次脳機能障害の診断基準に該当しているもの）があれば、障害福祉サービスを受けることができます。

高次脳機能障害者に対する相談支援は、地域生活支援事業で定められた「一般的な相談支援」（市町村が行います）および「専門性の高い相談支援」（都道府県が行います）に位置づけられています。

(c) 脳損傷に対する給付

脳損傷の原因が、勤務外の病気やけが、自損事故の場合は、公的医療保険（国民健康保険、健康保険、共済保険、後期高齢者医療保険）を利用することができます。

業務中の事故や通勤事故の場合は、労働者災害補償保険（労災）が適用されます。

自損事故以外の交通事故により脳損傷を受けた場合は、自動車損害賠償責任保険（自賠責保険）が適用になります。

それぞれ、後遺症の程度に応じた賠償が受けられます。

また、被保険者が病気やけがのために働くことができない場合には、傷病手当金や休業給付などの休業補償（1年6カ月まで）が受けられます。

年金加入者（国民年金・厚生年金）は、障害認定日（おおむね初診日から1年6カ月を経過したとき）に、障害の程度（1級・2級）にあるか、65歳に達するまで

図表2-52　　高次脳機能障害者の社会資源

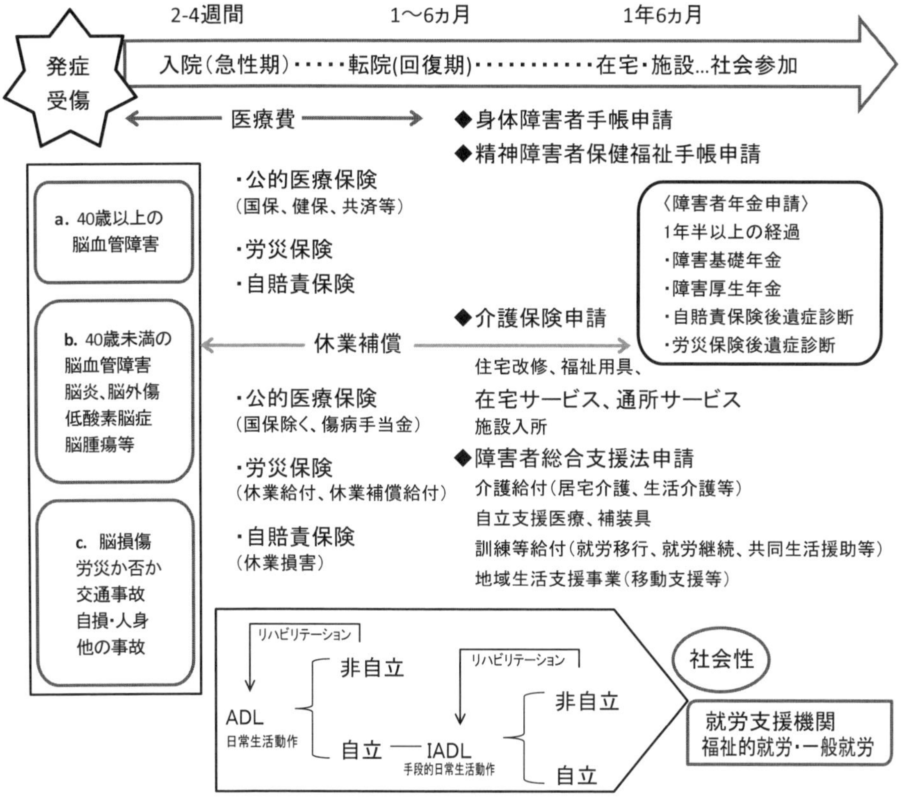

（出典）渡邉修「高次脳機能障害の理解」より筆者一部加筆

の間に障害の状態になったときに、障害基礎年金を受給することができます。20歳前に受傷・発症した場合は、20歳から支給されます。また厚生年金加入者は、障害の程度（1級〜3級）に応じて障害厚生年金（上乗せ分）が支給されます。

(3)　高次脳機能障害者への接し方

　高次脳機能障害者と接するときには、ゆっくり、わかりやすく話すようにしましょう。何かをお願いするときには、一つずつ、具体的に示します。また、情報をメモして渡したり、絵や写真などを利用することも有効です。できていないことよりも、できることを見つけます。本人に疲れた様子がみられたら、一休みして気分転換を促すことが必要です。高次脳機能障害では、回復に向けたリハビリが大切ですが、どのような活動（リハビリ）でも、意欲的に取り組むことのできるものが効果的です。そのためには、能動的に取り組める課題を見つけること、「自分が選んで行う」ということの支援「意思決定支援」が大切となります。

(4)　支援の際に注意するべきこと

　本人の突然の発症や受傷は、家族の生活の仕方や、役割、将来設計にさまざまな変化を及ぼします。本人や家族にとっては、以前との違いを理解し、受け止め

るのに時間がかかります。後見人としては、そのような心情を十分に理解することが、まず必要です。高次脳機能障害者本人や家族のおかれている状況や、これまでの生活、役割、今後の希望等について十分に話を聞くことが大切です。

　ある日突然「働く生活」から引き離された本人の、リハビリテーションと社会復帰の目標は、「再び働くこと」です。発症・受傷前に就業経験のない若年の高次脳機能障害者にとっても、社会参加や自己表現、経済的な自立等を考えたとき、働くということは重要です。「以前とどう変わったのか」「何ができるのか」「どう接したらよいのか」を理解して、「新しい仕事を探す支援」「元の仕事に戻る支援」「長く働き続けるための支援」と障害状況を考慮に入れて、職務とのマッチングを検討します。福祉的就労も1つの選択肢として検討していくことになります。各都道府県に設置された障害者職業センターの支援を受けることもできます。職業生活は規則正しい生活をする、身の回りのことを行う、外出をする等在宅生活を支援することが基本となります。また、地域活動支援センター、障害者センター等で行う自立訓練や、介護保険のデイサービスなどを活用して準備をしていくこともできます。高次脳機能障害者支援の多くは、就労支援と密接につながっています。

　また、当事者・家族会へ参加することによりピアサポート（同じような課題に直面する人同士が互いに支え合うこと）を受ける、家族のサポーターを増やすといった取組みも大切です。

　本人は、障害に対する認識に乏しい場合も少なくありません。そのようなときには、家族が、安定した環境の下で、障害の特徴を理解し、生活環境を調整するなどといった対応をすることが、本人の回復に影響します。

　何よりも、一人ひとり異なる障害の特徴を、周囲が理解し、サポートすることが必要となります。

（第2章Ⅳ①　大輪　典子）

2　発達障害者

⑴　発達障害の定義と発達障害者支援法

　発達障害の定義には、広義のものと狭義のものがあります。以下では、発達障害者支援法の定義を用いることとします。これは、狭義の定義といえます。

　発達障害者支援法が成立する前の日本では、障害といえば、身体障害、知的障害、精神障害を指していました。しかし、発達障害の中核である自閉症の当事者

あるいは家族の多くが、他の障害とは異なるその障害特性に悩み、また、周囲の人たちに障害特性を理解してもらうことを願っていました。

　特に、知的障害を伴わない自閉症の人たちは、精神保健福祉法の対象として福祉的支援を受けることは可能だったにもかかわらず、精神保健福祉法の対象であることがあまり知られていませんでした。また、自閉症と精神障害の障害特性が混同される心配もありました。また、身体障害・知的障害・精神障害のある人たちに交付される各障害者手帳が、一部の発達障害のある人には交付されず、障害福祉サービスを利用できないという実態がありました。

　そこで、「発達障害者も必要なサービスを使いたい」「発達障害者の特性を踏まえて支援してほしい」という声が、全国各地の当事者・家族の中から出されてきました。この声の高まりを受けて、平成16年に発達障害者支援法が成立しました。

　発達障害者支援法の目的は、「発達障害者の自立及び社会参加に資するようその生活全般にわたる支援を図り、もってその福祉の増進に寄与すること」とされています。

　発達障害者支援法では、発達障害について、以下のように定めています。

> 　自閉症、アスペルガー症候群その他の広汎性発達障害、学習障害、注意欠陥多動性障害その他これに類する脳機能の障害であってその症状が通常低年齢において発現するものとして政令で定めるもの

　発達障害を「発達期における障害」と広義でとらえ、知的発達障害、つまり知的障害を発達障害に加える考えもあります。実際、海外では、このようにとらえているようです。

　しかし、日本では、発達障害にみられる特有の障害特性に特に配慮するという視点で、先のように定義をしています。

　ここでは、発達障害者支援法で定義される発達障害のある人について理解していくこととしましょう。

　発達障害の原因として、今でも、「育てられ方のせい」「しつけの悪さ」などとして、育児や教育の問題であると指摘する人たちがいます。

　しかし、発達障害者支援法の定義のように、発達障害とは「脳機能の障害」であって、育児や教育の仕方が原因ではありません。このことについて、後見人をはじめとする支援者は、強く意識する必要があります。これは、社会から誤解を受けてきた可能性のある発達障害のある人だけでなく、その養護者をはじめ、家族に対する支援にもつながります。

(2)　発達障害のある人への支援には障害者総合支援法を利用することができる

　発達障害者支援法においては、発達障害をできる限り早く発見し、発達支援（医療的・福祉的・教育的な援助）を提供していくことが望ましいとされています。

　発達障害者を支援していくためには、医療・福祉・教育に関係する機関、そして場合によっては労働機関と、十分な連携をとっていくことが求められます。そして、発達障害のある人それぞれの年齢やライフステージに合わせた総合的な支援をしていく必要があります。

　これまでも、知的障害を伴う発達障害のある人は知的障害者福祉法に基づく福祉サービスを、知的障害を伴わない発達障害のある人は精神保健福祉法に基づく福祉サービスを利用することができました。これについては、平成23年に障害者基本法が改正され、精神障害に発達障害を含むことが明文化されたことで、発達障害のある人は当時の障害者自立支援法の対象であることが、あらためて確認されています。また、現在、障害者福祉サービスを規定する障害者総合支援法では、障害者手帳の有無にかかわらず、障害福祉サービスを利用できることとし、利用がしやすくなっています。

　なお、平成28年発達障害者支援法が改正されました。その内容は、発達障害のある人の障害を支援する視点から、義務教育における一貫した個別指導計画作成、いじめ・差別・虐待対応への国・自治体への義務づけ、司法場面における意思疎通支援の捜査機関や司法機関への義務づけなど、多岐にわたっています。

(3)　発達障害の特徴

(A)　広汎性発達障害（自閉症、アスペルガー症候群など）

　人とコミュニケーションをとることが難しい、社会性が乏しい、何が起きるか予測できない（見通しがもてないことに対する不安が強い）といった特徴がみられるのが広汎性発達障害です。

　この言葉のとおり、自閉的傾向の連続性・多様性としてとらえ、「さまざまなレベルでの自閉的傾向」と理解すると、わかりやすいかもしれません。

　アメリカ精神医学会（APA）が2013年に出版し、翌年邦訳されたDSM（Diagnostic and statistical Manual）−5 では、自閉スペクトラム症という診断名が用いられています。

　知的障害を伴う自閉症から、知的障害を伴わない高機能自閉症やアスペルガー症候群など、さまざまな障害像を示す人たちがいます。スペクトラムとは「連続性」を意味しますが、自閉スペクトラム症を理解するためには障害像の多様性に目を向けることが重要です。それぞれに大きな悩みがあり、配慮すべきポイント

があります（☞(4)）。

　なお、本書では以下DSM－5発刊後広く使用されており、この多様性を強調する自閉スペクトラム症を用いることにします。

　(B)　注意欠陥・多動性障害（AD／HD）

　不注意や多動性・衝動性を特徴としています。それらの特徴は、行動として現れることが多いようです。具体的には、注意が持続しない、落ち着きがない、興奮気味に話し続ける、カッとしやすいなどといった特徴が日常生活でみられます。ただし、落ち着きのなさは年齢とともに収まることが多いようです。

　成人期には、衝動性や一方的に話し続けることで、周囲との摩擦が生じる場面がみられます。

　自閉スペクトラム症のある人の中には注意欠陥多動性障害を伴う人もおり、両方の障害特性に配慮する必要がある場合もあります。

　なお、診断名としては注意欠如多動症が用いられることがあります。

　(C)　学習障害（LD）

　知能に比べて、読む、書く、計算する、といった特定の能力が不十分で、そのために学習の困難さが伴う障害のことをいいます。全体的な知的能力が低い知的障害とは区別されます。

　能力が不十分である分野が限られていることから、それにあわせた訓練をすることで効果も期待できます。ただし、本人の努力だけに頼るのではなく、障害を補う教材や道具を利用し、日常生活に支障がないように工夫していくことが望まれます。

(4)　自閉スペクトラム症のある人とかかわる際の配慮

　ここでは、発達障害の中で占める割合が最も高く、後見人としてかかわっていくうえでかなりの配慮が求められると思われる自閉スペクトラム症のある人について、さらに理解を深めることにします。先述したDSM－5では2つの診断基準が示されています。1つ目が「社会的コミュニケーション障害」、2つ目が「行動、興味、活動の限局」です。以下に、自閉スペクトラム症の特性に配慮した具体的なかかわり方の例を説明します。

　(A)　社会的コミュニケーションの障害に対する配慮

　自閉スペクトラム症のある人は、言葉でコミュニケーションをとることが、基本的に苦手であることを理解しましょう。話すことができる人でも、言葉による指示を理解することは苦手です。また、「なぜ」「何」「どうして」「どのくらい」といった抽象的な質問や、長い文章による質問を受けると、混乱してしまうこと

があります。

　質問されていることが理解できていないと、パターン的に「はい」と肯定的な返事をしてしまうことがあります。支援者としては、肯定的な返事をしているからといって同意をしているわけでない場合があることに注意が必要です。発せられる言葉のみに注目するのではなく、その人の実生活から意思を推し量る場面も出てくることから、日常生活の様子も知っておく必要があります。

　また、単に会話が苦手だけでなく暗黙の了解や社会的常識から察するといったようなことは苦手です。「あ・うん」の呼吸や、「空気を読む」ことも苦手な場合が多く、不躾（ぶしつけ）な言動をとったり、無愛想に感じさせる対応をとることがあります。しかし、そういった対応をする場合でも、本人は、必ずしも対人関係を拒否しているわけではありません。繰り返し会っても、人間関係がなかなか深まらない印象を受けることがありますが、本人から明らかに拒否されるということがなければ、関係はつくられつつあると考えてよいでしょう。話が深まらなくても、関係を維持し、見守っていくことが重要です。必要なことはわかりやすいように説明しましょう。余計な雑談などは不要です。

　常識に欠けた言動がある一方で、社会的に望ましいとされることを過度に主張する、いわゆる「あるべき論」を表明し、「言っていることとやっていることが違いすぎる」と批判を浴びてしまうことがあります。

　「自閉」というと、「閉じこもる」「人と付き合いたくない」という印象をもたれる場合があります。しかし実際には、積極的に人とのかかわりを好むもののマイペースで場から浮いてしまうような人もいるなど、必ずしも人とのかかわりを嫌っているわけではありません。

　(B)　行動、興味、活動の限局した反復的なパターン（想像力の障害や興味関心の狭さ）への配慮

　急な予定の変更や目新しいことは苦手であることを理解しましょう。たとえば、その場に応じて時間を変更することは苦手です。面会するときには、「こんにちは」と挨拶するのと同時に、「○○分くらいお話しましょう」「○時○分までお話しましょう」と、あらかじめ終了の時刻を告げると安心できます。

　また、後見人が次にいつ面会するのかなど、日時にこだわりをみせる場合があります。予定には変更があるものですが、自閉スペクトラム症の人に対しては、あいまいにせず具体的に示し、その約束を守っていくことが望ましいといえます。約束したことを確実に実行するだけで信頼関係は深まっていきますので、無理な約束や口先だけの約束、「また今度」「いつか」「いずれ」といったあいまいな表

現を避けるようにしましょう。スケジュールは、口頭で伝えるだけでなく、表やメモなど文字で伝えることが適切です。

なお、どうしても予定を変更しなければならない場合は、変更する理由を本人が理解できるように説明すれば、混乱を防ぐことができます。

　(C)　その他に配慮するべきこと

障害のある人にかかわる場合、一般的には、その人のもっている力に注目し、その力が発揮できるように支援することになります。ただし、自閉スペクトラム症のある人は、それまで周囲の人に誤解されたり不適切なかかわりを受けたりした経験によって、傷ついている人もいます。高い力を有している点ばかりに注目され、苦手な部分について相談することができなかったり、我慢したり、場合によっては、周囲から「怠けている」「ふざけている」と言われていることがあります。そのため、得意な部分に目を向けるだけではなく、苦手な部分に配慮し、苦手な部分をどう克服していくのかを、本人と話していくことが重要です。

これまで開発・実施されている、さまざまな支援方法や療育・教育技法を参考にするとよいでしょう。適切な支援をしていくことによって、就職できる人もいます。そういった点で、訓練により自閉症は治癒すると感じるかもしれません。しかし、こだわり行動など自閉スペクトラム症の本質的な部分は、大きく変化することはないようです。

たしかに、自閉スペクトラム症のある人が、対人関係など苦手な部分を他の能力でカバーし、周囲の支えを得て社会参加をする場面が増えています。たとえば、「人との関係は苦手だが、仕事は真面目にコツコツと集中してやっている」といった評価を受けることがあります。しかし、だからといって、さらに仕事量を増やしたり、能力の開発のためにむやみに頑張りを求めたり、叱咤激励したりすることはマイナスになります。自閉スペクトラム症のある人に対しては、特に、その人らしい生き方を尊重してかかわっていくことが重要です。

また、本人の意思を確認する方法や意思決定を支援する方法としては、それぞれの生活歴から推測し、2〜3の選択肢を提示し、提示したものに対して「はい―いいえ」の意思を確認していく方法が有効です。先述したように、つい「はい」と回答する傾向があるため、「いいえ＝NO」の回答は重視します。

⑸　連携をとるべき機関

発達障害のある人は、おおむね6歳前の発達期までにその障害特性が発現しますが、なかには、大人になるまでその障害がわからない場合があります。周囲からは、「ちょっと変わった人」「付き合いにくい人」とみられ、周囲からのストレ

スで二次的な精神症状を発症する人もいます。

　発達障害のある人は、その障害のあることが理解されにくいことや、社会性の障害のために社会生活や日常生活を送るのが困難な場合が多いこともありますから、障害特性を理解した専門職のかかわりは重要です。後見人としては、これらの専門職・専門機関と連携をもつことになります。

　特に重要な存在となるのが、発達障害に特化して都道府県・政令指定都市に設置されている発達障害者支援センターです。このセンターは、発達障害者および家族に対して、専門的な相談に応じたり助言を行ったりすることで、発達支援・就労支援などを実施することを目的にしています。

　また、発達期からのさまざまな悩みに応えるため、多くの人に主治医がおり、その付き合いが長くなることも多いようです。発達障害は、治癒することはありませんが、ストレスなどから生じる二次的な精神的な不安定、あるいは強度行動障害とよばれる粗暴な行為、不眠・衝動性などの症状が生じやすいことを考えれば、精神科医をはじめとする医療機関との連携は重要になります。最近では、障害基礎年金の診断書が改訂され、発達障害に配慮されるようになっていますが、この診断書の作成も精神科医等に依頼することになります。

　そのほかにも、日中活動の場である施設の職員や、発達障害のある人が働く職場の担当者、余暇活動を支援するヘルパーなどと連携をとるとよいでしょう。平成28年の発達障害者支援法の改正により就労支援も強化されましたが、職業安定所（ハローワーク）や障害者職業センター等職業関連の機関との連携も増えると思われます。

　障害のある本人と家族、さまざまな機関との関係を調整し、総合的な相談を受ける相談支援事業所の相談支援専門員は、後見人にとっても、よい相談相手となります。

（第2章Ⅳ2　小嶋　珠実）

第 3 章

市民後見活動の実際

　秋田県横手市、特定非営利活動法人尾張東部権利擁護センター、埼玉県志木市、岡山県笠岡市においてすでに行われている市民後見人の養成・支援の取組みについて、そのしくみ、養成の流れ、支援・監督体制等について学びます。その取組みのあり方はさまざまですが、大きな枠組みは共通しています。市民後見というしくみの全体像を把握しましょう。

　また、これまでの学習により、成年後見制度に関連する法律や制度の基本的知識を身に付けたうえで市民後見人の実践例を学習することで、市民後見人の活動のイメージを形づくります。そして、第3巻で学ぶ市民後見人の実務につながるように、そのイメージを具体的なものにしていきます。

　なお、本章では、市民後見人が事例によって活動の内容を紹介していますが、プライバシーへの配慮および個人が特定されることのないよう、活動の基本内容が変わらない範囲で加筆・修正をしています。

横手市における市民後見の取組み

1　横手市の概況

　横手市は、秋田県の内陸南部に位置し、横手市、増田町、平鹿町、雄物川町、大森町、十文字町、山内村、大雄村の１市７町村が平成17年10月１日に合併して、秋田県第２の都市として誕生しました。

（平成31年３月31日現在）			
人　口	８万9646人	要介護認定者数	6714人
世帯数	３万4183世帯	精神保健福祉手帳交付者数	533人
高齢化率	37.18％	療育手帳交付者数	737人

　東に奥羽山脈、西は出羽丘陵に囲まれた横手盆地の中央に位置し、奥羽山脈に源を発する成瀬川、皆瀬川が合流した雄物川と横手川が貫流し、中央部には肥沃な水田地帯が形成されています。

2　後見実施機関の実務

　横手市では、平成23年から市民後見人養成研修を開催しています。平成25年には市民後見人の養成、受任調整、市民後見人の活動支援、成年後見制度の利用促進を進めるため、横手市成年後見支援センターを設置しております。市民後見人というしくみが、家庭裁判所を含む地域社会から信頼を得ていくためには、単に市民後見人を養成するのではなく、市民後見人に対して継続的な助言や活動を支援する体制、そして後見活動が適正になされるための指導管理する体制の整備が重要となります。

(1)　組織体制
　横手市では、成年後見支援センター（以下、「センター」といいます）を地域包括支援センター内に設置し市で運営しています。センターは、運営検討委員会、事務局で構成されます。（図表２－52）

図表2−52　横手市成年後見支援センター

```
┌─ 横手市地域包括支援センター ─────────────────┐
│  ┌─── 横手市成年後見支援センター ─────────┐  │
│  │                                        │  │
│  │  ┌ 運営検討委員会 ┐                    │  │
│  │  【構成員】 7名                         │  │
│  │   弁護士、司法書士、社会福祉士、精神保健福祉士  │  │
│  │   民生児童委員、社会福祉協議会等          │  │
│  │  ┌ 事務局 ┐                           │  │
│  │  【構成員】 4名                         │  │
│  │   センター長（兼任）、社会福祉士等（兼任）、  │  │
│  │   相談員（専任）、事務員（兼任）          │  │
│  └──────────────────────────┘  │
└────────────────────────────────┘
```

運営検討委員会は、弁護士、司法書士、社会福祉士等の専門職や民生児童委員等の7名で構成されています。センターの運営方針、活動状況、課題等の検討を行うほか、家庭裁判所へ推薦する市民後見人等候補者の選考や市民後見人名簿登録者の選考を行います。また、市民後見人では対応が困難な事案が発生した場合には対応方針を検討することになります。

事務局は、地域包括支援センター職員との兼務で4名配置されます。センター長、社会福祉士等の専門職、成年後見相談員、事務員が配置され、市民からの相談窓口、市長申立てを含む申立支援、市民後見人養成研修等の企画・実施、市民後見人の活動支援、広報啓発活動、関係機関との連絡調整を行います。

(A)　運営検討委員会の業務

①運営方針、活動状況、課題等の検討、②市民後見人名簿登録者の選考、③後見人候補者の選考、④困難事案の対応方針の検討

(B)　事務局の業務

①市民からの相談対応、申立支援、②市長申立事務、③市民後見人養成研修の企画・実施、④市民後見人活動支援、⑤市民後見人名簿の作成・管理、⑥成年後見制度の広報・啓発活動、⑦関係機関との連絡調整

(2)　市民後見人の養成から活動開始まで

┌ 横手市市民後見人定義 ┐

　横手市市民後見人は、横手市に住む高齢者や障がい者の権利擁護のため、日常的な金銭管理等の後見活動に取り組み、誰もが横手市の一員として、互いを尊重し、共に助け合う地域形成の一助となる役割を担う。

(A)　市民後見人養成研修

　市民後見人養成研修（以下、「養成研修」といいます）は基礎研修と実践研修で構成されます。基礎研修の全課程を修了した人が、これに続く実践研修を受講できることになります。

　基礎研修は、後見活動において必要となる基礎知識や倫理観の習得、関係諸制度の理解を図るほか、当市の現状や市民後見人が必要とされる背景の理解を図る内容となります。講義形式を中心に、4日間21科目で構成されます。

　実践研修は、6日間14科目で構成されます。講義中心の基礎研修と比較し、グループワークや施設の視察、市民後見人との同行訪問など、より実践的な技術の習得を図るものとなります。養成研修の講師の多くは、センターの運営検討委員等が務めます。

⒝　市民後見人名簿への登録

　養成研修の修了者の中から、市民後見人として活動する意向をもち、一定の基準を満たす方を市民後見人候補者として市民後見人名簿（以下、「名簿」といいます）に登録します。登録にあたっては、前述の運営検討委員会において登録の可否を決定します。登録の基準としては、以下のような点があげられます。

① 　原則として横手市に住民登録をして、実際に横手市に在住していること
② 　年齢25歳以上であること
③ 　弁護士や司法書士等の専門職後見人でないこと
④ 　市民後見人として活動する意思をもち、成年後見制度に関する基礎的知識を有し、後見人等として活動を安定的、継続的に実行できる健康状態や生活状況にあること
⑤ 　多額の負債があるなどの経済的な困窮にないこと
⑥ 　名簿登録者に対して行われる定期的な研修に参加できること
⑦ 　次の欠格事由等に該当しないこと
　　・家庭裁判所で法定代理人・保佐人・補助人を免ぜられた者
　　・破産者
　　・被後見人に対して訴訟をした者並びにその配偶者および直系血族
　　・行方の知れない者
　　・成年後見開始・保佐開始・補助開始・任意後見監督人選任の審判を受けた者
　　・親族以外の任意後見契約受任者や、任意後見人になっている
　　・公序良俗に反した行為をしている
　　・反社会的勢力とかかわりがある

(C) 市民後見人フォローアップ研修

研修修了者は、名簿登録後も定期的に行われるフォローアップ研修を受講することになります。関係制度の改正等もあり、継続的に知識を習得していくことが重要となります。後見活動への意欲の維持や向上を図ります。

(3) 受任調整会議における後見人等候補者の推薦

家庭裁判所へ成年後見制度の開始審判の申立てがあった事案の中で、市民後見人の選任が適切であると判断された場合、センターに後見人等候補者の推薦を求める依頼があります。センターでは前述の運営検討委員会による受任調整会議を開催します。

受任調整会議では、①市民後見人が受任し適切に対応できる事案なのか、②受任可能な場合、名簿登録者の中から誰を推薦するのか、を検討します。そして、名簿登録者の受任の意向を確認後、家庭裁判所へ推薦します。

《受任調整の視点》

・成年被後見人が横手市民であること。

・管理すべき財産が少額かつ多額の負債を負っていないこと。

・現在の居所が市内または近隣の市町村であること。

・身上保護上、困難性がなく施設や近隣等でのトラブルがないまたは起こす心配が少ないこと。

・親族等と財産等をめぐる紛争やトラブルがないこと。

図表2－53 名簿登録から受任まで

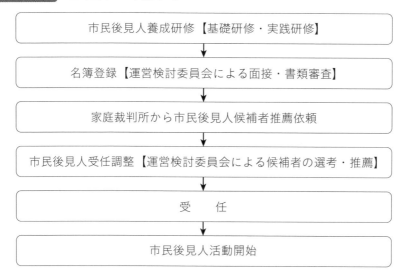

市民後見人養成研修【基礎研修・実践研修】
↓
名簿登録【運営検討委員会による面接・書類審査】
↓
家庭裁判所から市民後見人候補者推薦依頼
↓
市民後見人受任調整【運営検討委員会による候補者の選考・推薦】
↓
受　任
↓
市民後見人活動開始

⑷　その他

　後見実務機関に求められる機能の一つとして、成年後見制度の広報、啓発活動があげられます。当市においても高齢化に伴う認知症高齢者や一人暮らし高齢者等の増加など潜在的なニーズの増加が懸念されています。本来、成年後見制度を活用することが望ましいと考えられる方々が、制度の利用につながるよう市民への周知・啓発と利用促進を図っています。

㈠　成年後見制度定期相談会

　弁護士、司法書士、社会福祉士の専門職による成年後見制度等に関する相談会を開催しています。一般市民の方々はもちろん、介護保険事業所等の従事者、すでに親族後見人として活動している方々等からの相談を受けています。

㈡　地域活動団体への出前講座

　民生児童委員等のさまざまな団体からの依頼に応じて、出前講座を開催します。

㈢　成年後見制度利用支援

　低所得であることを理由に、本来、制度の活用が望ましいと考えられる方々の制度利用が制限されることがないよう、一定の条件を満たす方々については、申立てに要する費用や後見人等へ支払われる報酬にかかる費用について助成します。

③　市民後見活動に対するサポート体制

⑴　相談・支援機能

　センターは、名簿登録者が受任し、市民後見人として活動を始める際や活動中に判断に迷った場合など、随時、相談に応じることができる体制を整えています。また、事例検討会を含めた専門的な支援体制を整え、重層的にサポートします。

　センターは、市民後見人に活動している事案についての報告を定期的に求め、援助の状況のチェックや、より適切な援助を行うための相談・助言などを行います。定期面談には、後述の後見監督人も同席します。

　定期面談は、受任当初からの6カ月間は毎月実施し、以降は3カ月ごとに実施します。面談では、①後見活動の報告、②具体的な後見業務に関する相談、③後見業務の課題の検討、④被後見人に関する記録、関係書類等の整理・保管方法の指導、⑤家庭裁判所へ提出する後見事務報告書、財産目録、収支状況報告書等の作成の指導等を行います。

　また、対応困難な事案が発生した場合には、必要に応じて運営検討委員会を開催し、対応方針の検討などの支援を行います。

(2)　後見監督人の選任

　名簿登録者が市民後見人として選任された場合、家庭裁判所は後見監督人を選任します。後見監督人は実際の後見活動について、指導・監督を行います。家庭裁判所とセンターとの間で調整のうえ、後見監督人には運営検討委員の中の弁護士、司法書士、社会福祉士から選任されます。市民後見人は、後見人として受任中または受任経験のある後見監督人から後見活動についてのアドバイスや指導、監督を受けることができます。また、家庭裁判所への報告書類等の提出についても後見監督人が確認のうえで家庭裁判所に提出されます。

　後見監督人の就任期間は１～２年ほどとしています。市民後見人の後見活動に対する理解の状況や習得状況を勘案しながら後見監督人とセンターで検討し、後見監督人が家庭裁判所に後見監督人辞任を申し立てて、認められた場合に離任します。

(3)　『市民後見人活動の基準（マニュアル）』の作成

　センターは、家庭裁判所（秋田家庭裁判所横手支部）の助言の下、『市民後見人活動の基準（マニュアル）』を作成しました。このマニュアルでは、受任時や活動終了時の具体的な手続についての記載のほか、市民後見人に求められている責任や倫理観、期待されている活動についても記載されています。

　また、Q&Aに多くを費やし、より具体的な疑問に答えられるよう作成されています。

(4)　損害賠償責任保険等への加入

　市民後見人が、被後見人や第三者の身体や財物へ損害を与え、被後見人への名誉毀損やプライバシー侵害など、市民後見人に賠償責任が発生した場合や後見活動中の市民後見人自身の負傷に備え、損害賠償責任保険、傷害保険に加入します。

　市民後見人の報酬は低額になることが予想されるため、原則として、保険費用についてはセンターで負担します。

(5)　関係機関等との連携

(A)　専門職後見人と市民後見人との連携

　市民後見人単独での受任は困難と思われる事案でも、専門職後見人との複数後見等によって、市民後見人の活動が可能になる場合もあると考えられます。専門職後見人と市民後見人との連携のあり方について検討していくことが重要です。

(B)　家庭裁判所との連携

　市民後見のしくみは、社会全体で認知症高齢者や障がい者等を支えるという趣旨を尊重したうえで、それを実行に移すものです。これを円滑に運用するために

は、後見人等の選任と監督を行う家庭裁判所との十分な連携が必要となります。

　　(C)　市民後見活動への市民の理解と協力

　地域社会における市民の共助、支え合いの観点から、さまざまな社会経験をもち、地域への貢献に意欲をもつ市民が、市民後見のしくみに理解を示し、一人でも多く市民後見の取組みに参加することが望まれます。市民後見のしくみが理解されるよう、普及啓発に努めることが重要になります。

　少子高齢化、核家族化の進行とともに、地域によってその程度の差はあるものの、家族・親族や地域のつながりが弱くなっています。高齢者や障がい者への日常生活における支援等が低下傾向にあり、成年後見制度の潜在的ニーズの増加が予想されます。

　親族後見人は、被後見人のより身近な存在として後見活動を行い、専門職後見人はその専門性を活かして、法律的紛争のある事案や虐待等の困難な事案の後見活動を担っていきます。

　一方で市民後見人は、被後見人が住み慣れた地域で安心して暮らせるよう、同じ市民の目線で後見活動を行うことが期待されています。

（第3章①①②　細川　博司）

実践例①　市民後見人の活動

(1)　事例の概要

　私が市民後見人として受任し、平成26年から5年間寄り添った被後見人は80歳代の男性でした。精神疾患のため30歳頃から50年以上も入院し、病院が生活の拠点となっている方でした。

(2)　活動内容

　初めて面会した時は、ぎこちない雰囲気でした。1カ月に2回ほど面会していたのですが、会話が成り立たず、話題がすぐに途切れてしまうのです。日によっては、何しに来たと言わんばかりに不機嫌なときもありました。それでも彼が私の顔を覚えてくれるようになってからは、面会に行くと、時折、笑顔で会ってくれるようになりました。

　彼は、いわゆる「つなぎ」を着せられていました。後見支援センターと相談し、身体拘束にあたる可能性があるので善処してもらうように病院へ依頼しました。つなぎを着用する時間帯を徐々に縮小していき、ついには就寝時間帯だけの着用というところまで改善しました。つなぎでない普段着姿の彼をみたときは、ちょ

っと若く新鮮にみえました。

　財産管理については、定期的な管理のみでした。収入は障害老齢年金のみ、支出としては病院やグループホームの毎月の支払いが中心となります。

(3)　病院からの依頼

　病院から私に身元引受人を早急に決めてほしいとの依頼がありました。彼の兄弟はすでに他界しており、異母弟妹と甥姪がいることがわかりました。後見監督人や後見支援センターと相談して、彼の一番上のお姉さんの子どもにあたる甥御さんに、お願いしてみることにしました。ただ、50年以上も交流はなく記憶も定かではありません。面識もない後見人の依頼をはたして受けてくれるものか、とても心配でした。手紙の一言一句に推敲を重ね、時間をかけて依頼状を書きました。返事はノーでした。再度、お願いの手紙を書きました。今度は、後見人としてできること、できないことを縷々説明し、身元引受人の必要性を訴えました。了解の返事をもらえたのは年が改まってからでした。身元引受人は、手紙の相手のお兄さんになってもらうことになりました。

　受任から2年が過ぎた頃、彼の退院の話が突然、持ち上がりました。彼の病状がこれ以上悪化しないとの診断がなされたためです。私としては彼の生活環境の急変に伴うストレスが非常に気になり気が進みませんでした。しかし、病院のソーシャルワーカーや後見支援センター担当者の「普通の高齢者らしく家庭的な雰囲気の施設で過ごしてもらうほうが、本人のためにもよいのではないか」という意見を受け、介護施設へ転居しました。本人も特別嫌がりませんでした。新しい住居は、少人数で共同生活を送る家庭的なグループホームでした。本人の様子が少しずつ変わってきました。病院では外出を嫌うとのことでしたが、外出をとても楽しみにし、いろいろなレクリエーションに全部参加していたそうです。そのときの写真を見ると、本当に楽しそうに写っていました。彼が転居を受け入れてくれて、よかったと心から思いました。

(4)　活動を終えて

　治療の場である病院での生活を離れ、生活の場である介護施設で2年ほど過ごし、彼は永眠しました。彼とは月2回、10分ほどの面会でしたが、会えなくなってみると生活の一部が欠落しポッカリ穴があいたようで、何か満たされない気持ちを感じています。きっと、後見業務が私の生活の一部になっていたのだなあ、と感じています。後見人活動を私の人生の大切な思い出として残して行きたいと思っています。

II 尾張東部権利擁護支援センターによる市民後見の取組み

1 尾張東部権利擁護支援センターの実務

(1) 尾張東部圏域の概況

　尾張東部圏域行政は、瀬戸市、尾張旭市、豊明市、日進市、長久手市および東郷町の5市1町（以下、「構成6市町」といいます）愛知県の東側に位置し、名古屋市のベッドタウンとして人口増加の市町も複数あります。名古屋市近郊のため弁護士や司法書士も多く、専門職後見人の依頼や法律的な専門相談等、法律家との連携がしやすい地域でもあります。構成6市町では、高齢化率20％未満の若く活気あるまちと、歴史ある古いまちが南北に連なっています。潜在的な成年後見制度利用対象者数は約2万3000人です（図表2−54）。

図表2−54　尾張東部圏域の潜在的成年後見制度利用対象者数

	瀬戸市	尾張旭市	豊明市	日進市	長久手市	東郷町	6市町計
人口（人）[平成31年4月現在]	129,550	83,595	68,817	90,974	58,545	43,831	475,312
高齢化率（％）[平成31年4月現在]	29.4	25.6	25.7	19.9	16.4	22.3	24.1
推定認知症者数[平成30年4月現在]	5,656	3,164	2,622	2,682	1,402	1,448	16,974
手帳所持者数[平成30年4月現在]	1,911	1,040	1,204	982	578	581	6,296

※推定認知症者数は、高齢者×厚生労働省の推定認知症有症率（15％）
※手帳保持者数は知的障害者の療養手帳および精神障害者の精神保健福祉手帳保有者数

(2) 尾張東部権利擁護支援センターの組織・運営体制

　はじめに、尾張東部権利擁護支援センター（旧尾張東部成年後見センター。以下、「センター」といいます）は、尾張東部圏域の行政が主導して、成年後見センター設置に向けた課長級による検討会議を重ね、平成23年10月から広域型非営利活動法人（NPO法人）「尾張東部成年後見センター」を設置し、成年後見制度の利用促進を中心に事業展開してきました。

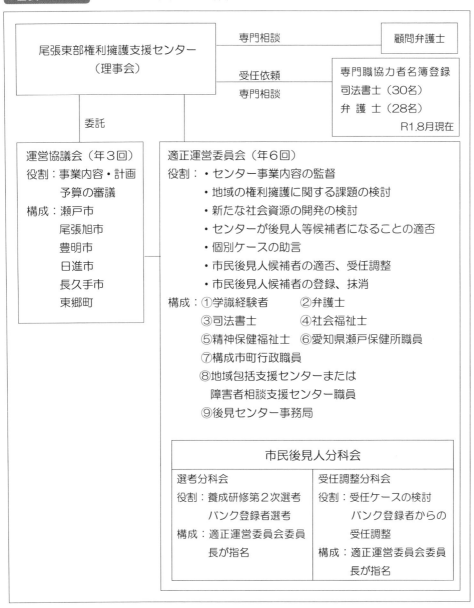

図表2－55　センターの組織・運営体制

　センターは、構成6市町の担当課長とセンターとが協議する場である運営協議会と、センター内部に設置する専門職と担当課長を構成委員とする適正運営委員会がそれぞれの役割を担いつつ、行政がセンター運営参加を担保する組織運営が大きな特徴となっています（図表2－55）。

(3)　センターの事業概要

　センター設置当初は、法人後見による成年後見制度の受け皿となることを主な事業としていました。しかし平成25年度からは、事業方針の転換を行い成年後見

制度が必要な人に適切に制度へつなげるための相談を中心としたコーディネート業務を展開してきました。現在の事業内容は大きく分けて４つになります。

(A)　広報・啓発

・対象者別に定例開催している講演会・研修会の会場は、６市町を持ち回りで行っています。専門職向け研修会では弁護士・司法書士・社会福祉士・行政のほか、医師会とも連携しています。これらの研修会には市民後見人や市民後見人バンク登録者（以下、「バンク登録者」といいます）も積極的に参加しています。

・市民後見に関しては、平成29年度に地域の大学と連携して「市民後見活動紹介プロモーションビデオ（以下、「PV」といいます）」を制作しました。担当した学生たちは、実際の活動を撮影する中で市民後見人の意義を感じ取りとても温かみのあるPVに仕上がっています。PVは、市民後見人養成研修説明会や研修会で活用するほか、関係機関に配布し、地域包括支援センターでは、地域のサロン等で上映しています。

(B)　相談（申立て支援・候補者調整）

・広域のセンターとして、毎月、６市町に相談員が赴き、巡回相談をしています。巡回相談は各市役所等で行い、ホームページや広報紙で周知しています。そのほか、来所相談や病院や自宅、施設等へ出向いて相談対応することも多くあります。

・センターへの相談は、行政、地域包括支援センター等の関係機関からが約８割を占めています。支援者が身近な相談から権利擁護の必要性に気づきセンターへの相談につながっています。

・申立支援では、本人、親族申立てにおける書類作成支援を非弁行為や非司行為に留意して行っています。また、家庭裁判所での受理面接に同行して親族や本人をサポートしています。

・候補者調整では、法人後見以外の候補者調整等を目的として平成26年に「専門職協力者名簿登録制度」を創設し、法律専門職58名（司法書士30名、弁護士28名）が名簿登録しています（令和元年９月現在）。

・市民後見人に対する法律専門相談は上記の名簿登録者が対応しています。

(C)　人材育成

・平成27年度から市民後見人養成研修を始め、令和元年11月から第３期市民後見人養成研修を開催しています。現在、市民後見人バンク登録者は、35名（第１期16名〔初回登録時19名〕第２期19名）です。

・住民のための成年後見サポーター養成研修（2日間10時間）では、権利擁護支援の必要な人の発見につなげるための権利擁護サポーターを養成することを目的として、定例開催しています。この研修をきっかけに市民後見人をめざす人もいます。

図表2−56　市民後見人バンク登録・活動状況

市　町	受任形態				類　型			申立て			合計	市民後見人バンク登録者		
	受任中		終了		後見	保佐	補助	首長	本人	親族		第1期	第2期	合計
	リレー	新規	リレー	新規										
瀬戸市	0	3	1	2	6	0	0	5	0	1	6	1	6	7
尾張旭市	1	2	0	1	3	0	1	2	2	0	4	3	7	10
豊明市	0	1	0	0	1	0	0	0	1	0	1	3	1	4
日進市	3	0	0	0	3	0	0	2	1	0	3	7	5	12
長久手市	0	1	0	0	0	1	0	1	0	0	1	1	0	1
東郷町	1	0	0	0	1	0	0	0	0	1	1	1	0	1
計	5	7	1	3	14	1	1	10	4	2	16	16	19	35

(D)　法人後見

　法人後見については、平成25年から法人後見が必要な事案に限定し、独自に策定した「法人後見受任ガイドライン」に照らして適正運営委員会にてセンターが法人後見候補者となることの適否の検討を行います。法人後見では、専門相談員1名あたり被後見人等10名までの担当とし、本人の意思を尊重し、本人らしいゆたかな暮らしを模索しながらチームでの支援を行っています（図表2−57）。

　平成23年からの累計で93件、うち後見66件（71.0％）、保佐19件（20.4％）、補助8件（8.6％）であり、保佐、補助の割合が全国の平均（後見77.8％、保佐16.4％、補助4.6％、平成30年最高裁判所成年後見事件の概況）より高い水準にあります。

　法人後見の取組みから、さまざまな課題が抽出され、法人受任ガイドラインや専門職協力者名簿登録制度、6市町共通の成年後見制度利用支援事業の整備、市民後見の推進等を提案し、行政とともに地域の権利擁護支援のためのしくみを構築してきました。しくみの目的は個別支援における、本人にとって、ゆたかな暮らしや生き方を実現するためのものであり、権利擁護支援のための地域のしくみづくりでもあります。このような法人後見の実践をとおして得た見識やスキルは、市民後見人の養成や後見活動のサポートに活かされています。

(4)　市民後見を推進するための枠組みづくり

　センターは、市民後見を推進するにあたり、その目的や対象者、報酬の考え方等の枠組みをつくるため、平成27年度に「尾張東部圏域における市民後見人等に関する検討委員会（以下、「検討委員会」といいます）」を設置しました。委員構成

図表2−57　法人後見受任の実績

	後　見	保　佐	補　助	合　計	受任状況			
					受任中	市民後見リレー	取　消	終　了
認 知 症（人）	39	10	2	51	24	4	0	23
知的障害（人）	4	4	2	10	8	0	0	2
精神障害（人）	23	5	4	32	24	1	1	6
合　　計（人）	66	19	8	93	56	5	1	31

令和元年9月末現在

は、6市町の担当課長はじめ、学識経験者、弁護士、司法書士、社会福祉士、精神保健福祉士、保健所職員、地域包括支援センター職員とし、以下の内容について全6回の協議を重ねました（図表2−58）。

　これらの協議内容について家庭裁判所への趣旨説明を行い、市民後見人が担当する事案や選任形態について、家庭裁判所と何度か意見交換を行う中で、行政・センター・家庭裁判所との連携が進みました。そして第1期バンク登録者は登録後の1年間に10名選任され、市民後見の取組みは、地域連携ネットワークにおいて重要な役割を果たしてきました。

⑸　成年後見制度利用促進法における中核機関の役割

⒜　権利擁護を推進する機関として位置づけを明確にするための名称変更

　平成28年に成年後見制度利用促進法が制定され、平成29年には国の成年後見制度利用促進基本計画が示されたため、平成30年度に「尾張東部圏域成年後見制度利用促進計画」を広域計画として策定しました。計画策定の議論の中で、今後のセンターのあり方について、成年後見制度のみならず地域の権利擁護を推進することを明確にするために、令和元年10月から「尾張東部権利擁護支援センター」と名称を改めました。

⒝　中核機関としての機能強化

　同計画を受けて、平成31年4月からセンターは、構成6市町の権利擁護支援のための地域連携ネットワークの中核機関として位置づけられました。

　地域連携ネットワークには、住民が重要な位置をしめ、市民後見活動は具体的な実践の一つとして同計画においても明確に位置づけられています（図表2−60）。

⑹　市民後見人養成と選任までの流れ

⒜　市民後見人養成研修説明会の開催

　説明会では、検討委員での内容（前出図表2−58）を丁寧に伝え、市民後見人

図表2－58　**市民後見事業検討委員会の検討項目とその内容**

目　的		権利擁護と地域福祉の担い手となる市民後見人を養成し、その活動を支援することにより、認知症高齢者や知的障害、精神障害のある方が判断能力が不十分となっても、尊厳をもって地域で暮らし続けることができるよう共生社会の実現を目的とする。
報　酬		報酬を前提としない地域における社会貢献型ボランティア活動とすること
市民後見人の受任要件	資産状況	多額の財産管理や負債、紛争がなく不動産処分を伴わないこと
	居住状況	安定的な居住が確保されていること
	生活状況	身上保護の困難性がなく見守りが中心であること
	親族状況	親族がいる場合は親族間紛争がないこと
	支援体制	介護保険、障害福祉サービス等支援体制が構築されていること
選任形態		市民後見人は単独受任／センターは市民後見監督人として就任 ・法人後見からのリレー（移行型） ・新規相談事案を市民後見人選考分科会にて審議および受任調整する
年齢要件		バンク登録時20歳以上（令和元年６月改定により年齢上限なし）
地理的要件		本人の居住場所までおおむね30分程度で通えること
研修内容		基礎研修５日間・25時間　実務研修8日間・40時間 施設実習２日間・６時間　合計71時間（研修修了までに３回の選考実施） 市民後見人バンク登録後のフォローアップ研修 年４回
バンク登録の更新		市民後見人バンク登録者は３年ごと更新選考あり（レポート・面談） レポートでは後見事務能力の評価および面談による審査を実施
協力体制		・6市町の社会福祉協議会日常生活自立支援事業担当者＝研修実行委員として市民後見人養成研修への運営協力を行う。 ・6市町の日常生活自立支援事業の生活支援員は基礎研修、実務研修の希望科目の受講を可能とする。
センターによる監督・支援体制		・就職時の書類作成支援、死後事務に関する支援を行う。 ・親族不在の場合は相続財産管理人選任申立て支援を行う（経費負担含む）。 ・法律職による専門相談および監督人（専門相談員）による相談対応を行う。 ・市民後見人は３カ月に１度、監督人に財産管理状況および身上保護に関する報告をする（緊急連絡は監督人への24時間連絡体制）。 ・市民後見人の活動に関してはセンターが損害賠償保険に加入する。 ・市民後見人の都合による不在時は監督人が対応する。 ・監督人としての職務の内容は「尾張東部権利擁護支援センターによる市民後見監督基準」を定めている。
開催頻度（図表２－59）		養成研修は、年度をまたいで２年に１度行う 養成研修の開催地は６市町を持ち回りで実施する
その他		市民後見人バンク登録の運用に関しては別に「尾張東部圏域市民後見人バンク運用要領」に必要事項を定める

第３章

図表2－59　市民後見養成研修・フォローアップ研修スケジュール

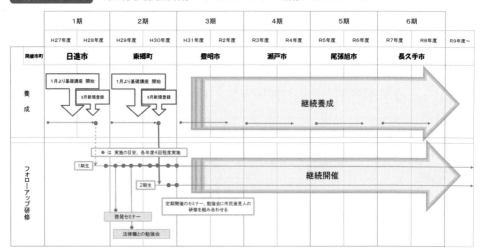

図表2－60　尾張東部圏域成年後見制度利用促進計画における市民後見関連実行計画の抜粋

中核機関（市民後見人に関する項目の抜粋）	1　広報・啓発	・第3期市民後見人養成研修説明会⇒6市町広報紙・回覧板 ・市民後見人かわら版（第4版）作成配布 ・市民後見人プロモーションビデオ上映
	2　相　談	・就職時相談 ・定期報告時相談 ・終末期における相談 ・死後事務相談 ・法律専門相談
	3　利用促進	1．受任調整 2．家庭裁判所との連携 3．担い手活動支援 　・第3期市民後見人養成研修 　・フォローアップ研修年4回 　・第1期市民後見人バンク登録者更新登録審査
	4　後見人支援	1．市民後見人担当ケース 　　本人の満足度聞取り調査→後見業務の見直し 2．家庭裁判所との連携
	5　協議会等	市民後見人ケース検討 　・市民後見人受任調整　年6回　偶数月 　・進行管理推進委員会　年2回

は、報酬を前提としない社会貢献型ボランティアであることを十分理解したうえでの受講とするため、説明会への参加を必須条件としています。

　説明会は住民が受講しやすいように平日と休日の2回開催しています。周知は、行政の広報紙のほか、地方新聞や回覧板、ホームページやメーリングリスト、ポ

スター等を使い、5〜6カ月前から行います。説明会では、市民後見人の実践報告やPV上映をとおして、具体的な活動のイメージをもてるよう工夫しています。

(B)　市民後見人養成研修プログラムと選考

　説明会参加者は、第一次選考として基礎研修受講動機レポートを添えて申し込みます。次に、5日間25時間の基礎研修を受講後、第2次選考として身上保護、財産管理に関するレポートを提出し、選考委員会委員による面談を受けます。選考合格者は、8日間40時間の実務研修を受講します。実務研修では、財産目録等の作成や身上保護に関する支援方針等、具体的な実務を学びます。研修期間中に、2日間の施設実習を行い、最終選考のレポート・面談を経て、合格者は市民後見人バンク登録をすることができます。市民後見人バンク登録後には年4回のフォローアップ研修を受講します（図表2-61）。

(C)　養成研修から得られる大切なこと

　養成研修には必ず振り返りのグループワークの時間を設けています。受講生それぞれが、どのような学びがあり何を感じたかをグループで話し合い、発表します。また、研修では事例検討を含む演習時間（グループワーク）が15時間あります。グループワークでは、①人の意見を批判せず自分の意見や価値観と相対化しながら聴くこと、②自分の意見をまとめて伝えること、③グループの司会では話

図表2-61　第3期市民後見人養成研修の流れ

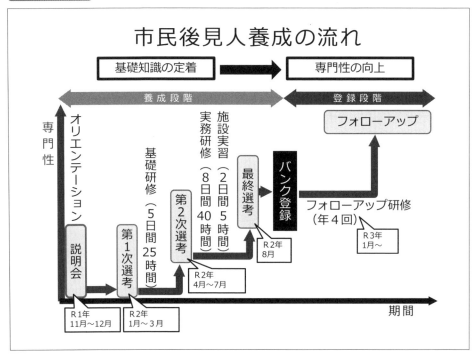

合いをスムーズに進めること、④書記の担当では、グループの意見を簡潔にまとめて記録すること、⑤発表者は、全員の前でグループの意見をわかりやすく伝えることなどの役割を経験します。センター職員や社会福祉協議会職員がファシリテーターとしてフォローしますが、回数を重ねるごとに、活発な議論になり、楽しそうな雰囲気と、積極的に取り組む姿勢がみられます。グループワークの場から、受講生は自らの価値観や思考の傾向に気づくことができ、お互いに励まし合い仲間意識も醸成されます。7カ月の研修期間では知識だけでなく、仲間から多くのことを学び合い、のちの市民後見活動にも活かされています。

(D)　市民後見人にふさわしい事案の検討

(a)　新規相談からの検討

センターには、構成6市町の行政や地域包括支援センター等から権利擁護に関する相談の連絡が入ると、本人親族へのアセスメントや関係者とのケース会議を行います。そこでは、成年後見制度が本当に必要かどうかの判断や、行政と市長申立ての検討を行います。また、候補者について市民後見人が適切な事案の見極めも関係者で検討します。

(b)　法人後見からの移行の検討

法人後見で法的課題や福祉的課題が解決し、落ち着いて暮らしている方については法人後見から市民後見人へのリレー（移行）の検討をします。法人後見受任者については、毎月センター内で全受任者の状況の確認を行い、課題、支援方針等について職員全員で検討します。その中で市民後見人への移行が可能な事案について検討します。

(E)　市民後見人分科会でのケース検討と候補者調整

市民後見人にふさわしい事案については、適正運営委員会に設置される市民後見分科会の受任調整会議で事案の適正と候補者を決めます（図表2-55）。センターでは、7カ月以上の養成研修等で市民後見人の個性を理解しており、本人に見合った市民後見人を候補者として市民後見人分科会に推薦しています。分科会では市民後見人の受任要件に関するチェックリストを用いて確認します。担当行政はそのチェックリストに署名して家庭裁判所に提出します。

(F)　本人と候補者との事前面談と申立て

次に、分科会で承認された市民後見人候補者は、家庭裁判所への申立て前に、本人との事前面談を行います。事前面談を行うことで、本人、市民後見人、親族や関係者の安心につながり、選任後の活動もスムーズに開始できます。

(G)　家庭裁判所との情報共有

　市民後見人を候補者とする申立ての場合には、家庭裁判所に申立て書類以外に詳細なケース資料、市民後見人受任要件のチェックリスト等を添付しています。また、センターおよび行政担当者は家庭裁判所への受理面接に、候補者である市民後見人に同行します。家庭裁判所という緊張しがちな場所で申立人や市民後見人をフォローしながら、家庭裁判所職員への補足説明等を必要に応じて行います。

2　市民後見人活動へのサポート体制

　市民後見活動にあたり、センターは対外的な責任関係を明確にするとともに、市民後見人からの相談対応において、被後見人の個人情報の提供に関して、個人情報の保護に関する法律との抵触を避けるためにも成年後見監督人等として就任することが必要であると考えています。また、後見監督人等として市民後見人が円滑な後見活動ができるよう支援するとともに、市民後見人が日々抱える悩みや迷いに早期に気づき、相談しやすい関係性の構築をめざしています。監督人としての職務については、「尾張東部権利擁護支援センターによる市民後見人監督基準」に沿って対応しています。

3　市民後見人への相談・支援体制

(1)　就任時のサポート

　就任後には、本人や親族、行政、関係機関を含めた会議を開催し、課題の共有や市民後見人の役割等を確認します。その後、就職時報告書の作成にあたり財産調査や財産関係の引渡しに立ち会います。市民後見人が作成した報告書類、財産関係書類との照会等の確認を行い、監督人であるセンターから家庭裁判所へ就職時報告を行います。

(2)　活動開始後〜意思決定支援の取組み〜

　市民後見人は基本的に週1回程度本人の居所へ訪問しており、日々の活動、財産管理状況を所定の用紙へ記録して3カ月ごとに監督人に報告します。

　市民後見人による頻回な訪問や、本人に寄り添う支援によって、次第に本人の表情が変化し、意思の表出がみられるようになります。市民後見人はその表出された意思の実現が難しいときには、監督人に相談をしています。そして、実現可能性に向けて市民後見人と監督人はともに悩み、考え、関係者とのケース会議等を開催します。このような意思決定支援の取組みは大変重要ですが、市民後見人

第3章

だけでは困難な場合もあり、チームで検討、支援できる環境を整えるため、監督人として介入することがあります。

　これまでの取組みでは市民後見人が、施設で暮らす被後見人の希望を引き出し、本人が在宅で暮らしていたときの友人が集まる喫茶店のモーニングサービスへ定期的に行くことを実現しました。また、以前に通っていたスナックや居酒屋へ夜間に行きたいという希望についても、すぐに諦めるのではなく、施設や医師・行政・事業所といっしょに検討を重ね実現してきました。このような希望は、被後見人でなければ普通にしていたことが、認知症や施設入所によってなぜ不可能になるのかということを正面からとらえ、あらためて、成年後見制度の理念である自己決定の尊重やノーマライゼーションの実現を、市民後見人の実践をとおして地域で考える機会となっています。

⑶　終末期医療に関する本人の意向

　センターでは、終末期医療に関する聴取りを、法人後見および市民後見人が担当する被後見人等本人に対して行っています。認知症等で理解が難しい場合もありますが時間や場所、尋ねる人を変えて本人とコミュニケーションがうまくとれる人の協力を得て何度かチャレンジしてみます。数人で行い書面に記録をします。親族がいる場合には本人から聴き取った意思を親族に伝えます。また、人の気持ちは変化することがあるため定期的に確認をします。実際に市民後見人が立ち会った終末期医療の場面では、医師はその書面をもとに本人の意思を尊重した医学的判断を行ったこともあります。しかし、判断能力が不十分な状態になってから終末期医療における本人意思の確認の困難さを痛感するとともに、ACP等の普及をはじめ、自らの意思を伝える地域でのしくみが必要だと思います。

⑷　市民後見人の交代や辞任

　後見人は基本的には、本人が亡くなるまで後見事務が続きますが、就任時には想定できなかった相続が発生し、親族間紛争に直面する場合があります。弁護士等による専門相談等の対応をしますが、それでも不満を抱いた親族が、登記事項証明書に記載のある市民後見人の自宅住所に押しかけてくるのではという心配は、市民後見人の家族をも巻き込むのではという不安を払拭できません。そのような場合には市民後見人分科会にて、市民後見人の辞任、監督人であるセンターが後見人として交代することの協議結果を経て、家庭裁判所に申立てを行い、交代することもあります。

　また、長期にわたる後見活動では、市民後見人自身や家族の生活環境の変化などから、身体的・精神的に活動が続けられない状況に陥る場合もあります。市民

後見人はその責任感から苦悩し、プライベートな家庭の事情を含め、揺れ動く感情を正直に打ち明けて、センターに相談します。そのような場合には、まず、市民後見人の気持ちを受け止め、後見活動を続けていくことができるかどうかをいっしょに考えます。気持ちの整理をするための時間を要する場合には、数カ月の猶予期間を設けます。その間は、監督人であるセンターが後見人等として後見実務を担当します。市民後見人は、財産管理や活動記録等の事務負担はなく、本人への面会は自由に行うことができます。そのような時間の中で、市民後見人自身が後見活動の継続について、こたえを出していくことができるようセンターは市民後見人を見守ります。

　市民後見人は後見活動を担う法定代理人としての責任があります。しかし、市民後見人が個別の事情により無理をして、義務感だけで後見活動を継続することは、本人の意思を尊重し、ノーマライゼーション社会や、身上保護を重視するという目標が重荷となり、本来の目的を果たすことが難しくなると思われます。本人の立場から、よりよい選択が何なのかを考えると同時に、市民後見人が社会貢献型ボランティアという立場で後見活動を担うからこそ、より柔軟な選択肢があること、しかし安易な選択ではなく、本人を中心に市民後見人を含む関係者が、真摯に検討を重ねることが大切だと思います。

4　市民後見推進事業と地域福祉

(1)　行政の主体的関与の重要性

　構成6市町では行政、センター、社会福祉協議会が協働して市民後見の推進を行ってきました。センターは市民後見に関する事業を委託されていますが、行政と常に二人三脚で行っています。行政は検討委員会での枠組みづくりから始まり、養成研修では講師を担当し、家庭裁判所への説明、市民後見人の広報活動、市民後見人活動報告会への参加等、すべてに関与しています。たとえば、市民後見人養成研修説明会では開催地の福祉部長等が市民後見の意義を述べたあいさつを行い、養成研修では講師のほか、会場手配を行います。また、第1次選考から最終選考まで選考委員として、レポートを精読し面談を行う中で、その志の高さに共感し、市民後見活動報告会に参加し、活動を評価するとともに、活動を阻む行政課題を見出す等、行政の主体的な姿勢は市民後見人の大きな支えとなっています。

(2)　市民後見人の実践から地域福祉の向上へ

　市民後見人が行う本人への丁寧な支援に、施設等関係者からは、自らのケアの

あり方を振り返り、市民後見人からの市民目線での施設への提案を受け入れ、施設全体の質の向上につながっていること等が報告されます。また、行政や地域包括支援センターやケアマネジャーからの相談では、「私の大切な利用者さんの後見人には市民後見人さんをお願いしたい」との声が届けられます。市民後見人の意思決定支援をめざした小さな実践は、地域の中で、施設を含むさまざまな支援者や地域住民を巻き込んで着実に広がっています。地域の社会資源である施設がよりよいケアをめざすこと、本人が暮らす地域で小さな後見活動が展開されることは、地域福祉が向上し、市民後見の目的である地域共生社会の実現へと一歩ずつ近づいていると思います。

（第3章Ⅱ①〜④　住田　敦子）

実践例② 尾張東部権利擁護センターにおける市民後見人の活動

(1) 事例の概要

70歳代、独居の男性、認知症を発症し本人申立てにより尾張東部成年後見センターが後見人となり、特別養護老人ホーム入所後4年を経て市民後見人に移行した。現在、要介護4で後見活動は3年目になります。

(2) 受任の経緯

リタイヤしたら社会貢献をしたいと思い受講しました。講義が進むにつれ、困ったときには後見センターがバックアップしてくれると確信し、就業中の当時から活動してみようと考えるようになりました。市民後見人を選んだのは、地域に関心をもつ機会ができ、地域デビューにつながると思ったからです。

(3) 活動内容

はじめは、どのような日常を本人は過ごしているのか知りたくて、曜日や時間帯を変えながら週1回のペースで訪問しました。ご本人の隣に腰掛けて目を見て話しかけますが、つじつまは合いません。それでも、顔を覚えてくれているのか、「ああ、ありがとね」と迎えてくれるようになり、30分程度おしゃべりが止まりません。こんなに話したかったのかと驚き、タイミングよく相槌を打つことに徹すると、いっしょに大笑いすることも多くなっていきました。他の入所者さんたちともなじみになり、悩みごとを聞くことも出てきました。

しかし、訪問を重ねるうちに、30人が食堂の同じテーブルで、車いすのまま互いに話もせず、1つのテレビを見ているという、毎回同じ光景に異様さを感じま

した。職員さんは自分たちのおしゃべりに夢中で、入所者さんには敬語を使わず話しかけているし、このままでよいのだろうかと思いました。別の日、午前10時45分に訪問したときには何人もがエプロンを付けてじーっとしていましたので、「昼食は何時からですか」と職員さんに聞くと12時ですと返答があった。自宅で生活していたら、エプロンは食事の直前につけるのではないか、いやエプロンなど子どもでもあるまいし付けないかもしれないと、施設運営の現状に戸惑いを感じました。1年後にケアプラン見直しの担当者会議に出席し、さまざまな気づきを率直に施設職員たちに伝えました。個人的な苦情ではなく、地域の社会資源をともに育てていく役割として、伝えるべきだと思いました。

(4)　変　化

　施設に他人の目が入ることは、相互によい緊張感をもたらしました。意見を述べる市民後見人は、責任ある訪問者でなければと気合いが入り、施設側は前向きな変化をみせてくれました。「ボランティアさんを探してレクリエーションを充実させることはできないか」との提案に対しては、話し相手ボラ・傾聴ボラ等、さまざまなボランティアに働きかけて実現し、入所者の楽しみの充実を試みてくれました。食事前のエプロンを着けるのは30分〜直前に改善されましたし、職員研修が始まり、言葉づかいも変わってきました。何よりも、市民後見人の意見や提案を真っ直ぐに受け止め、入所者さんがよりよく生活できる環境をともにつくろうと考えてもらえる姿勢は、未来があって明るい気持ちになりました。こういうことが第三者である市民後見人のおもしろさなのではないかと思います。

第3章

Ⅲ 志木市における成年後見制度と市民後見人育成の取組み

1 志木市後見ネットワークセンターの実務

(1) 志木市後見ネットワークセンターの整備経過と機能

　本市では平成30年４月に、市の直営で中核機関を担う後見ネットワークセンターを設置し、各種施策を展開しています。市民後見人の育成は、市の基本計画においても重要な柱であり、その支援体制づくりを進めています。

　志木市後見ネットワークセンターの整備経過では、平成28年５月に施行された「成年後見制度の利用の促進に関する法律」において、県や市町村に対し、必要な後見制度利用の促進体制整備等に努めるように明示されたことに伴い、平成29年４月に全国初となる「志木市成年後見制度の利用を促進するための条例」を制定しました。平成29年６月には、中・長期的かつ専門的な計画策定や実施事業の進行管理を行うため、条例に基づく審議会を設置し、５回の審議を重ね、平成30年４月「志木市成年後見制度利用促進基本計画」を策定しました。この計画に基づき、現在は既存の「成年後見支援センター」を終了したうえで「後見ネットワークセンター」を開所しています。

(A) 成年後見制度に関する相談・支援

　後見ネットワークセンターでは、親族、未成年を含む成年後見の利用促進に関する支援を一元的に行っています。一次相談窓口として①市内の地域包括支援センター５カ所、②障がい者等相談支援事業所６カ所の計11カ所を位置づけ、高齢者や障がい者等から相談を受け、権利擁護支援が必要な場合、後見ネットワークセンターにつなぐ役割を担っています。また市認知症初期集中支援チームとも協働し、成年後見の利用が必要なケースの発掘・把握とともに、スムーズな後見制度の利用につなげるよう努めています。あわせて地域自立支援協議会や地域ケア会議等の既存組織を活用して、地域連携ネットワークを構築しています。

　後見ネットワークセンターのスタッフは、市職員（社会福祉士、保健師等）と、市内の障がい福祉事業を行う特定非営利活動法人の福祉専門職により成り立っています。

毎週２日、さらに隔週１日は弁護士、司法書士による窓口や電話での成年後見に関する相談と、後見人の支援をしています。

(B)　専門職支援

(a)　専門職研修

毎年、後見にかかわる一次相談窓口職員、介護保険および障がい福祉サービス事業者職員、市職員（福祉専門職）向けに、専門職研修を開催しています。

(b)　専門職派遣

市内一次相談窓口職員や介護サービス事業者および障がい福祉事業者職員による支援会議等へ、後見ネットワークセンターから弁護士や司法書士の法律専門職を派遣し、成年後見制度の利用について、ケース検討をしたり、後見制度について講習する機会を提供しています。

(C)　情報発信

後見ネットワークセンターの紹介や取組みを、市広報・ホームページ・フェイスブックに掲載したり、一次相談窓口へ「ニュースレター」としてメールにて知らせています。

また毎年、後見制度の理解促進を図るため、講演会等を実施しています。対象は市民のほか、市民後見人、要援護高齢者等支援ネットワークシステム関係者（民間企業や民生委員、人権擁護委員、町内会等）です。要援護高齢者等支援ネットワークシステム関係者は、認知症等により権利擁護が必要な人を発見した場合に、市や一次相談窓口である地域包括支援センターへ通報・連絡をする役割を担っています。令和元年度の講演会では、①公証人等を絡めた法律専門職を招き、「親なき後の高齢の親と子の『財産管理と相続』を考える」と題し、講演をしてもらいました。その他、②後見ネットワークセンターの紹介、③市民後見人の紹介、④要援護高齢者等支援ネットワークシステムの見守り、活動の事例報告を行いました。

(2)　後見専門職からのサポート

(A)　志木市成年後見制度利用促進審議会

審議会は、町内会連合会の役員や有識者、弁護士、司法書士、障がい者支援団体からの計６人を委員としています。そのほかにオブザーバーとして、埼玉県職員やさいたま家庭裁判所も出席しています。

令和元年度は、「志木市成年後見制度利用促進基本計画（第２期）」（令和２年度〜令和６年度）の策定について審議がされています。

(B)　担当者会議

　法律専門職による市民後見人へのサポート方法など、後見ネットワークセンターでの企画立案について、助言をもらっています。たとえば、市民後見人の手引き内容、市民後見人養成講座、家庭裁判所への意見書と協議などです。

　(C)　成年後見制度利用促進調整会議（後見候補者調整会議）・企画運営会議

　利用促進調整会議は法律専門職や福祉専門職等6人の委員で構成し、市民後見人を含む後見人候補者を調整しています。

　また、企画運営会議は利用促進調整会議と一体的に実施しており、市民後見人の養成方法や支援方法等の後見ネットワークセンター事業の企画や運営について議論しています。

　たとえば、市民後見人の支援方法、後見人選任後の集中支援のあり方、後見人の支援体制などです。

　(D)　地域連携ネットワーク

　市民、地域とともに、行政、家庭裁判所、民間・企業の三者が一体的に連携・協力し支援を行う公的支援システムとして、地域連携ネットワークの体制を構築しています。

　地域連携ネットワークでは、必要な制度支援のため福祉関係者や一次相談機関（地域包括支援センターおよび障がい者等相談支援事業所）と、中核機関および基幹センターである後見ネットワークセンターが連携しています。既存の保健・医療・福祉の支援ネットワークを活かし、家庭裁判所や専門3士会（弁護士・司法書士・社会福祉士）等の連携の下、成年後見制度における支援を推進します。また、既存の各分野や地域活動、民間・企業（電気・水道事業者・新聞事業者・金融

図表2-62　成年後見制度の利用に関する地域連携ネットワークの全体イメージ

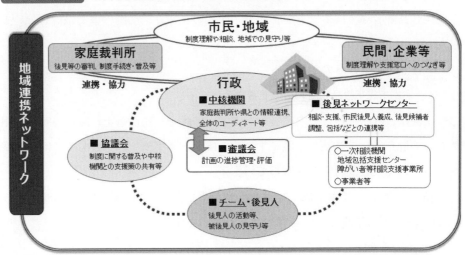

機関・店舗等）は、日常の見守りや気づきから、支援の窓口へつなぎ制度利用の体制づくりを進めることを目標としています。

　図表2－62下線部の「チーム」は後見人を含み、福祉サービス事業者やケアマネジャー、相談支援専門員、民生委員等の本人を支援する人などで構成します。本人の権利擁護のため制度利用前から積極的にニーズを把握し、制度利用後も、一次相談機関や関係機関と連携を図り、本人の生活に即した支援を施します。

　後見人等は、身上保護と財産管理を充実させるとともに、権利擁護が図られるよう適切な後見活動を行い、中核機関および後見ネットワークセンターと協力し、チームの構成員と後見活動および見守りに関する必要な情報共有を行います。

(3)　市民後見人養成の流れ

　毎年、20歳以上の市内在住・在勤者を対象に市民後見人養成講座を開催しています。全5日の基礎講座と障がい者施設・高齢者施設での実習、専門職事務所での実践研修、家庭裁判所の見学を体験します。また、同講座の受講済登録者のフォローアップ研修にもなっています（図表2－63）。

　講座修了後、市民後見人として活動することへの意向確認の面談を法律専門職と福祉専門職が実施します。そこで意思が確認された方を市民後見人候補者推薦名簿に登録します。平成30年度は40人（延べ233名）を養成し、23名が名簿登録をしました。

　本市は平成24年から市民後見人候補者を育成し、これまで延べ7人の市民後見人が誕生しています。令和元年6月には監督人が専任されない市民後見人第1号が選任され、静岡県を含む関東より以北では初めてのケースとなりました。

【平成30年度実績例】

(1)　市民後見人養成公開講座

　成年後見制度講演会・シンポジウム（平成30年10月15日開催）

　テーマ「権利と利益を市民とともに守る福祉のまち志木をめざして」

（参加者401人）

(2)　市民後見人養成講座

・養成講座（基礎講座）平成30年7月14日から8月25日まで（全5回）

（受講生40人）

・養成講座（実践研修）平成30年9月10日から9月28日まで（半日／人）

　　　　　　場所　後見ネットワークセンター専門職事務所

（受講生23人）

　　　　　平成30年10月10日から10月19日まで（半日／人3カ所）

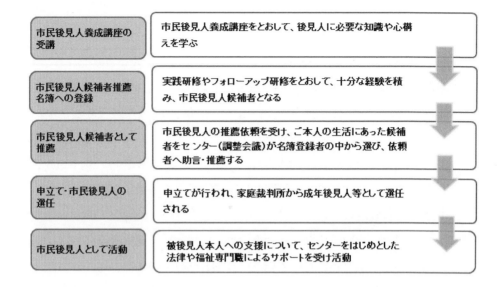

図表2−63 市民後見人養成と活動までの流れ

市民後見人養成講座の受講	市民後見人養成講座をとおして、後見人に必要な知識や心構えを学ぶ
市民後見人候補者推薦名簿への登録	実践研修やフォローアップ研修をとおして、十分な経験を積み、市民後見人候補者となる
市民後見人候補者として推薦	市民後見人の推薦依頼を受け、ご本人の生活にあった候補者をセンター(調整会議)が名簿登録者の中から選び、依頼者へ助言・推薦する
申立て・市民後見人の選任	申立てが行われ、家庭裁判所から成年後見人等として選任される
市民後見人として活動	被後見人本人への支援について、センターをはじめとした法律や福祉専門職によるサポートを受け活動

　　　　　場所　知的、精神障がい者通所施設、高齢者入所施設

　　　　　　　　　　　　　　　　　　　　　（受講生延べ26人）

・フォローアップ研修　平成31年1月21日および1月31日（全2回）

　　　　　　　講義および家庭裁判所見学、裁判傍聴（受講生延べ29人）

2　市民後見活動に対するサポート体制

(1)　相　談

後見ネットワークセンターのスタッフと、弁護士、司法書士が窓口・電話相談にて後見活動に関する相談に対応しています。

(2)　24時間対応携帯電話

監督人をおかない市民後見人が誕生したこともあり、開庁時間以外の予期せぬ緊急事態にも後見人をサポートできるよう、後見ネットワークセンター職員とのホットライン用に携帯電話を備えています。

(3)　定期面談

集中支援（1・2・3・6カ月後面談）および定期支援（3カ月ごと面談）により、市民後見人が後見活動を行ううえで抱える問題や課題について、センターの法律・福祉専門職が解決に向けて支援を行っています。

集中支援の内容は、①家庭裁判所への報告書類を精査し、財産管理等が適正か確認、②後見人を支援するチーム構成員と主担当者を紹介し、市民後見人の支援

会議への参加状況などの把握や周知、③本人との信頼関係や親族、関係者に活動の理解が図られているか、本人の状態変化、権限変更の必要性の有無を確認、④本人支援に関し、施設や周囲環境で権利侵害等の課題点等がないかです。

　定期支援では、集中支援の内容のほか、書類の記載内容の精査を行い適正な書類の作成等ができているか双方で確認します。

　その他、日常生活で困ったときや高難度の事案発生、緊急時における相談や面談等を随時行い、チームへの必要な情報共有や連携も行います。

⑷　手引きの作成

　後見活動を行ううえで、活動が円滑に行えるよう後見活動の手引きを作成しています。

　後見人自身が身近な市民であることを活かした、細やかで迅速な対応に期待し、後見活動が財産管理に限らず、被後見人の状況に応じた、身上保護を中心とした「その人らしさ（権利擁護）」を感じられる活動をめざした内容になっています。

⑸　内容例（後見活動）

　日常の後見活動は必ず記録し、自身で計画的な活動に活かしましょう（図表2－64、65）。

図表2－64　市民後見人活動記録

年	月	日	時間		市民後見人活動記録（例）
1	7	22	13	20	・本人・関係者と面会。本人および親族から本人の財産引継ぎ（受領書交付） ・B銀行の貸金庫内の保管物を本人の娘さんといっしょに確認。 ・髪が伸びていて散髪に行くことができていない状況であった。8月上旬に美容室の予約をし、相談支援センターしきへ報告した。
1	7	28	14	15	・就労継続B型事業所で本人と面談（50分）し、困っていることを尋ねたところ、事業所の利用中にエアコンがきき過ぎて寒いときがあり、カーディガンを購入したいとの要望あり、施設職員と室温や衣服を相談し購入するものを決めた。施設利用料2カ月分支払い済み。
1	7	30	15	40	・相談支援専門員と後見ネットワークセンターの担当者といっしょにチーム会議（ケア会議）に参加した。本人と面談。電気シェーバーのカタログを家電量販店で複数取得し本人に渡す。預金引出し（後見事務費・立替金精算）。
1	8	10	15	10	・本人と面談のため自宅を訪問すると未開封の薬が大量に発見された。本人は言いづらそうに「つい飲み忘れてしまう」と打ち明けた。打ち明けてくれたことは飲み忘れ対策に向けた大きな一歩であることを伝えたうえで、今後必要な支援を入れるため、相談支援事業所や病院と情報共有する同意をもらう。

図表2−65　本人の希望内容

	本人の希望・ニーズ	そのための内容
1	自宅で健康的な生活を続けたい	定期的に訪問し、本人の今後の生活への希望を伺い、心配なことがないか確認する。必要に応じて、支援機関へつないだり支援チームに加わり、後見人として支援する。
2	誕生日イベントに毎回参加し、友達にプレゼントをあげたい。	定期的な預貯金の管理を行い、本人の希望するプレゼントの購入をする。
3	家族と話をしたい。	情報共有し、伝える。

(6)　報酬助成制度

　後見人に報酬を支払うことが困難な方（①世帯全員が非課税、②貯金額が単身世帯の場合は50万円以下、単身以外の世帯の場合は100万円以下、③居住する家屋以外に資金化して報酬の支払いにあてることができる本人の適当な資産がない）に対し、市では報酬の全部または一部を補助しています。

(7)　ネットワークづくり

(A)　市民後見人同士の交流

　フォローアップ研修では、市民後見人同士が交流できるようグループワークの時間をとったり、アナウンスをしてコミュニケーションを促しています。また、自主的な市民後見人同士の活動も支援しています。

(B)　審議会委員との意見交換

　成年後見制度利用促進審議会では、志木市の成年後見の利用促進を図るため施策について審議を行っています。委員は、弁護士、司法書士、障がい福祉団体、町内会連合会、大学関係者で構成されており、市民後見人を審議会に招き、活動の様子や困りごと等を審議会委員と意見交換の協議を踏まえ、支援に活かしています。

（第3章Ⅲ①②　山田　美穂）

実践例③　市民後見人の活動例

(1)　被後見人の状況

本人：70代女性。認知症。内臓疾患あり、入院中。

＜親族＞

夫：病気のため判断能力が低下、専門職後見人が付いている。施設入所中。

(2)　選任までの経緯

　高齢者あんしん相談センターの情報提供により、成年後見制度利用促進調整会議で受任候補者を検討しました。夫に専門職後見人が付いており、後見ネットワークセンターがサポートすることで、市民後見人を家庭裁判所に推薦しました。県内初で直接選任による監督人をおかない市民後見人として、さいたま家庭裁判所から選任されました。

(3)　市民後見人による活動

　本市主催の市民後見人養成講座を修了された方で、地域貢献意欲が高く、民生委員や町内会活動等もされ、地域で積極的に活躍されています。後見活動は、今回が初めてです。

(A)　地域ケア会議

　選任から2週間後、今後の支援方針の確認のため、市民後見人と本人の夫の後見人、高齢者あんしん相談センター、サービス事業者や後見ネットワークセンターによる会議を行いました。本人の世帯の状況把握と課題を共有し、本人の生活状況について協議を行いました。

(B)　今後の活動

　本人の歩行機能が低下してきているため、リハビリも期待できる高齢者住宅へ入居が望ましいことを提案していただきました。

(4)　後見ネットワークセンターの所感

　市民後見人は支援を受け、適切な活動を行うために家庭裁判所へ報告する前に後見ネットワークセンターで関係機関と情報共有を行いながら、市民ならではの細かな視点で活動をされています。

　本人の身体状況から住まいに配慮するなど本人の人生をよりよいものにし、その人らしさを権利擁護する、後見人の人柄さえも感じるエピソードでした。

　後見ネットワークセンターでは、こうした市民が市民に寄り添う貴重な社会貢献として、市民による後見活動に期待し、支援に努めてまいります。

第3章

IV　かさおか権利擁護センターにおける市民後見の取組み

1　かさおか権利擁護センターの紹介

(1)　設立の経緯

　笠岡市の高齢化率は35.8％（平成31年4月1日現在）であり、全国より20年も早く超高齢社会を歩んでいます。今後は、さらに高齢者人口の増加とともに認知症高齢者数の増加も見込まれていますが、笠岡市においては全世帯数における高齢者単身世帯および高齢者夫婦のみの世帯が占める割合が大きくなってきており、権利擁護領域における支援の必要性が非常に高まっています。

　その中でも、「成年後見制度」に焦点をあててみると、弁護士や司法書士、社会福祉士等のいわゆる親族以外の第三者が成年後見人、保佐人、補助人（以下、「成年後見人等」といいます）に選任されている割合が全体の7割以上を占めているこんにちにおいて、笠岡市およびその周辺市町におけるそれら専門職の数が少ないために、どうしても遠方の専門職に頼らざるを得ない状況にあります。その結果、本人との物理的な距離が遠くなることから本人に寄り添ったきめ細やかな身上保護が提供できにくいという問題がかねてから指摘されていました。

　こうした状況の中、今後さらに成年後見制度の需要が見込まれるにあたり、身上保護面においてより質の高い支援を行うためには、これまでのように専門職だけで対応していくことには限界があることから、平成21年に、笠岡市に所縁のある専門職等から、特に専門的アプローチを必要としない事案については、住民目線、住民感覚で本人の生活状況を把握し、あくまでも「仕事」としてかかわる専門職では気づかないような小さなことへの配慮ができる「市民後見人」で対応していくことはできないかという要望の声があがりました。

　これを受けて、任意の協議体ではあるが、行政、社会福祉協議会、法律・福祉の専門職等が集まり、「市民後見人準備懇談会」を発足し、実際に笠岡市において市民後見人に関する事業の展開が可能かどうか協議を重ねてきました。協議の中では、当時、笠岡市では成年後見制度を専門的に取り扱っている機関がなかったため、市民後見人の養成はできたとしても、その後、成年後見人等としての活

動が始まったときに市民後見人を後方支援できる体制がない、つまり、市民後見人に対して適切な助言、指導、監督ができる人材が笠岡市にはいないということが、大きな問題点としてみえてきました。

　そこで、市民後見人の事業をより効果的に展開するためには、このような人材の育成と後方支援体制の整備が優先されるべきであり、まずは「器」づくりから始めることになったわけです。

　市民後見人は住民が住民の生活を支えるいわば「地域福祉」の究極の形です。そのため、その「地域福祉」の推進を活動理念としている社会福祉協議会を主に事業を展開することとし、社会福祉協議会の中に成年後見人等としての実務面も含めて成年後見制度に精通する人材を育成するために、まずは社会福祉協議会で法人後見を実施することに至りました。

　ただ、新たな事業を始めるにあたってどうしても問題となるのが「ヒト」「モノ」「カネ」であり、小さな自治体が単独で事業を実施するときの大きな弊害となります。そこで、隣町の里庄町も含めて広域で実施し、それぞれの自治体が負担を分かち合うことで、小さな自治体でもこれらの問題を解決しやすくなることから、平成23年4月1日に笠岡市、里庄町両社会福祉協議会が共同で設置し、運営を笠岡市社会福祉協議会が行う「かさおか権利擁護センター」を開設しました。

(2)　笠岡市および里庄町の概況

　笠岡市は、岡山県南西部に位置し、西は広島県に接する県境のまちです。また、里庄町は笠岡市の東隣に位置しています。

　平成の大合併のときには周辺の自治体が次々と合併していく中、笠岡市、里庄町ともにどこの自治体とも合併せずこんにちに至ります。

笠岡市	（平成31年4月1日現在） 人口　：　4万8407人 高齢化率　：　35.8% 療育手帳および精神障害者保健福祉手帳所持者数　：　823人
里庄町	（平成31年4月1日現在） 人口　：　1万1202人 高齢化率　：　30.2% 療育手帳および精神障害者保健福祉手帳所持者数　：　144人

2　かさおか権利擁護センターの実務

(1)　かさおか権利擁護センターの事業

　平成23年4月1日に、かさおか権利擁護センター（以下、「センター」といいま

す）を開設し、成年後見制度にかかわる専門機関として次の事業を実施しています。

① 成年後見制度に関する事業

　ⅰ 相談の受付

　ⅱ 首長申立ての調整、事務補助および受任調整

　ⅲ 親族申立ての支援

　ⅳ 法人後見（笠岡市社会福祉協議会が成年後見人等を受任）

　ⅴ 普及・啓発活動（セミナー、シンポジウム、研修会等の開催）

② 市民後見に関する事業

　ⅰ 市民後見人の養成

　ⅱ 市民後見人バンクの設置・運営管理

　ⅲ 市民後見人の受任調整

　ⅳ 市民後見人の活動に対する支援

③ 日常生活自立支援事業

笠岡市在住者のみセンターで対応しています。里庄町在住者は里庄町社会福祉協議会が対応します。

(2)　権利擁護諸制度（成年後見制度、日常生活自立支援事業）の総合窓口として

　笠岡市に限ったことになりますが、前述のとおりセンターの事業として成年後見制度に関する事業と日常生活自立支援事業を実施しています。以前は、日常生活自立支援事業については笠岡市社会福祉協議会の他の部署が担当していましたが、成年後見制度と日常生活自立支援事業の窓口が異なっていたことにより、たとえばセンターが相談を受ける中で日常生活自立支援事業のほうが本人にとって有益な場合などは、相談途中で担当部署や担当者が変わることになるため、相談者の立場になって考えてみると不便を感じることが多くありました。

　そこで、平成27年度から体制を見直し、成年後見制度と日常生活自立支援事業の担当部署を一元化することで、相談を受けてから同じ部署、同じ担当者が継続的にかかわることができるようになっています。また、日常生活自立支援事業から成年後見制度への移行についても、センターによる法人後見で対応することで引き続き同じ担当者がかかわっていくことが可能であり、本人にとっても支援者が変わることによる混乱や精神的負担を軽減できるというメリットがあります。

3　市民後見人に関する取組み

(1)　市民後見人の養成

(A)　受講者の選定

　笠岡市および里庄町における市民後見人の養成は、「市民後見人養成課程」という名称で約2年間かけて養成し、現在まで笠岡市は第5期生、里庄町は第4期生まで養成が修了しています。

　受講するためには、まず受講説明会に参加し、成年後見制度や市民後見人の概要を理解したうえで受講申込みをしてもらいます。そして、一次選考（書類審査）、二次選考（面接審査）を経て受講者を決定しています。なお、受講者の募集にあたっては公募を原則としており、センターから特定の人に声をかけて受講を促すなどは一切しないこととしています。

　成年後見人等としての活動は、本人の生活に深くかかわり、ときとして本人の人生を左右する大きな決断を求められる場面に遭遇することがあります。本人にとっては、専門職であろうが、一般住民であろうが、同じ成年後見人等であることには変わりなく、市民後見人だからといって失敗が許されるというものではありません。センターとしては、あくまでも自発的なやる気と社会貢献に対する意欲や熱意が成年後見人等としての責任感につながると考えているため公募としています。

(B)　市民後見人養成課程のカリキュラム

　市民後見人養成課程は、養成1年目を「基礎課程」、2年目を「応用課程」と位置づけて実施しています（図表2-66）。

(a)　基礎課程

　基礎課程は、セットアップ研修会（全2回／4時間）、市民後見人養成講座（全7回／30時間）、福祉研修会（全2回／7時間）の3部構成になっており、このうち、市民後見人養成講座は県が開催する研修会になります。厚生労働省が推奨する「市民後見人養成のためのカリキュラム」について、岡山県ではその内容に則した講座を県が実施しており、各自治体から受講者を派遣するというシステムになっているため、市民後見人の養成における各自治体の負担が大きく軽減されています。

(b)　応用課程

　応用課程では、基礎課程で習得した知識を踏まえて、事例をもとに家庭裁判所

図表2-66 市民後見人養成課程の養成スケジュール

課程	月	養　成　課　程　の　内　容
	8月	◎受講説明会 ◎一次選考（書類審査）
基礎課程	9月	◎二次選考（面接審査） ◎第1回　セットアップ研修会　「成年後見制度の基礎①」（2時間） ◎第2回　セットアップ研修会　「成年後見制度の基礎②」（2時間）
	10月	◎岡山県開催　市民後見人養成講座（全7回／30時間）
	11月	
	12月	
	1月	◎第1回　福祉研修会　「高齢者福祉に関すること」（4時間）
	2月	◎第2回　福祉研修会　「障がい者福祉に関すること」（3時間）
	3月	◎基礎課程修了時レポートの提出
応用課程	4月	
	5月	
	6月	◎第1回　応用研修会　「年間収支計画を立てる①」（2時間）
	7月	◎第2回　応用研修会　「年間収支計画を立てる②」（2時間）
	8月	◎福祉施設等実践研修
	9月	認知症対応型デイサービス、障害者支援施設、精神科病院での実習
	10月	◎第3回　応用研修会　「後見事務計画を立てる①」（2時間）
	11月	◎第4回　応用研修会　「後見事務計画を立てる②」（2時間）
	12月	◎第5回　応用研修会　「関連法律について」（3時間）
	1月	◎応用課程修了時レポートの提出
	2月	◎養成課程修了認定面接
	3月	◎養成課程修了証書交付式

へ提出する報告書の作成や年間収支計画を立てたり、事例における課題抽出、課題解決のために成年後見人等という立場でどのような支援ができるか検討するなど、より実務に則した内容の応用研修会（全5回／11時間）を受講します。

また、成年後見制度の利用対象者となり得る、認知症高齢者の方や知的、精神障がい者の方と実際にふれあい、コミュニケーション技法や疾患の理解をしてもらうことを目的として、福祉施設等実践研修（実習）を実施しています。

(2)　市民後見人の選任までのしくみ

(A)　市民後見人バンクへの登録

市民後見人養成課程を修了した者は、市民後見人として適性かどうかの最終判断をするために面接を受けてもらい、その後センターが設置および運営管理する市民後見人バンク（市民後見人候補者名簿）へ登録することになります。

(B)　市民後見人候補者受任調整会議の開催

センターが申立て段階からかかわっている事案で、まずセンターが市民後見人による支援が適当であると判断した事案について、行政職員、法律関係専門職で構成された「かさおか権利擁護センター事業検討委員会」の中で受任調整会議を開催します。この会議の場で、市民後見人による支援が適当かどうかの最終判断を行い、市民後見人バンク登録者の中から候補者を選定（マッチング）します。

なお、市民後見人が受任する事案については、首長申立てや後見相当のみに限定するなどの制限は設けておらず、すべての申立て、類型を対象としています。

(C)　家庭裁判所への推薦と選任

受任調整会議において候補者が決まったら、その候補者に対してセンターから事案の概要説明や受任の意向確認をします。候補者が受任を承諾すると、申立書の成年後見人等候補者欄にその候補者の情報を記載し、行政が発行する市民後見人養成課程修了証の写しや、どのような研修を受けたのかが記載されたセンターが発行する履修証明書を添えて、家庭裁判所へ申し立てます。その後、家庭裁判所調査官との面談等を経て、成年後見人等として選任されることになります。

(3)　市民後見人の活動における支援体制

(A)　市民後見人の活動形態

市民後見人は、笠岡市社会福祉協議会との複数後見方式で活動します。つまり、センターの設置主体である笠岡市社会福祉協議会も家庭裁判所から成年後見人等として選任を受け、法人後見業務を担うセンターは同じ成年後見人等という立場から市民後見人の活動をサポートします。

なお、前述のとおり笠岡市社会福祉協議会における法人後見業務は、センターの業務として実施しているため、以下、「センター」というときは法人として後見人等の選任を受ける笠岡市社会福祉協議会のことを指します。

(a)　いつでも気軽に相談できる場所といっしょに動いてくれる存在

市民後見人養成課程において研修を重ねてきたといっても、実際に成年後見人等に選任されて活動が始まると、市民後見人の多くはその重責からいつも不安を感じているものです。その不安を少しでも解消し、市民後見人に安心して活動を続けてもらうためには、「いつでも気軽に相談できる場所」が身近にあること、そして、「いざというときにいっしょに動いてくれる存在」というものが大きなポイントになると考えています。

家庭裁判所や専門職にとってはごく当たり前のことでも、一般住民である市民後見人にとっては初めてのことばかりで判断がつかないことが多くあります。確かに成年後見制度における監督機関は家庭裁判所になりますが、やはり一般住民

にとって「裁判所」はまだまだ敷居が高いという意識があるため、その意識は「こんな些細なことでも家庭裁判所へ尋ねていいのだろうか」と相談することを躊躇させることにもつながってしまいます。

　また、緊急時等における対応についても、個人の専門職と市民後見人との複数後見方式を採用した場合では、前述のとおりこの地域には専門職が少なく、どうしても遠方の専門職に依頼することが多くなってしまうことから、専門職がすぐに現場へ駆け付けることが難しくなり、結局市民後見人が不安を抱きながら1人で動かなければならないという状況になってしまうおそれがあります。

　これらのことから、約2年間という長い養成期間をともにし、成年後見人等への就任時から市民後見人との信頼関係がすでに構築されているセンターがいっしょに成年後見人等へ就任することで、「いつでも気軽に相談できる場所」としての機能を果たすことができ、さらに、センターは同じ地域に設置されているため、昼夜を問わず「いざというときにいっしょに動く」ことも可能になります。また、市民後見人自身も自分の生活があり、緊急時等においてすぐに動けるとも限りません。このような場合のほか、もしも市民後見人自身が病気等の理由によって活動を継続することが困難になったときなどの突発的な事態が発生した場合においても、センターが同じ成年後見人等という立場であることから、すぐに市民後見人に代わってセンターが成年後見人等としての正式な権限をもって対応することができるため、成年後見人等の不在期間をなくすことができるということも、センターとの複数後見方式によるメリットとしてあげられます。

(b)　市民後見人の主体性を尊重した支援

　成年後見人等への就任直後は、市民後見人は初めてのことばかりで戸惑うことが多くあります。そのため、就任から1年間は市民後見人の実地研修期間として位置づけて、センターは積極的に後見活動へ深くかかわっていきます。これは、市民後見人へ安心感を提供するという側面から考えると効果的ですが、いつまでもセンターが深くかかわり続けることによって、逆に後見活動における主導権をセンターが完全に担ってしまい、市民後見人の主体性が失われてしまうことにもつながります。

　そこで、就任2年目以降については、原則としてセンターによる後見活動は、市民後見人が動けないときや緊急時の対応のほか、本人の生活において大きなターニングポイントとなる医療機関への入退院時および病状説明を受けるとき、施設等への入退所時の対応といった限定的なものとし、日常的な後見活動は財産管理も含めて市民後見人が主体的に行っていきます。したがって、センターは市民

後見人との面談を定期的（月１回）に実施し、その中で身上保護、財産管理の状況報告を受けて助言や指導を行う、いわば「監督人」的な役割を担うことになります。

(B)　法律専門職との連携体制

　成年後見人等就任時には特に問題がなくても、後見活動を続けていく中で法的な問題が発生することがあります。前述のとおり、センターは同じ成年後見人等の立場で事案が終結するまで市民後見人をサポートしていきますが、社会福祉協議会が運営するセンターであるため福祉の専門職は在籍していますが弁護士等の法律専門職は在籍していません。そのため、法律面での支援を強化できるように、弁護士等の法律専門職が在籍する「かさおか権利擁護センター事業検討委員会」を設置しています。

　もしも、法的な問題が発生し、センターだけでは問題解決が難しいときは、委員である弁護士等の法律専門職へ相談し、助言を受けたり、場合によっては事案に直接介入してもらい問題解決を図る体制を整備しています。

(C)　「広域」というメリットを活かして

　市民後見人のメリットは、住民が住民を支える共助のしくみと、住民目線、住民感覚でより本人に寄り添った支援を行うことができるという点にあります。しかし、後見活動は本人の人生に深くかかわり、財産管理面においても他人の財産を管理するという性質上、専門職でも感じることですが、本人と成年後見人等との物理的な距離が近すぎると、それがメリットである反面、「やりにくさ」につながることもあります。

　笠岡市および里庄町は、両市町の面積を合わせても約148k㎡ほどであり、特に里庄町は約12k㎡という小さな自治体であることから、この中で本人との物理的な距離をある程度確保するために、笠岡市、里庄町という自治体の枠を越えて、笠岡市（里庄町）の市民後見人が里庄町民（笠岡市民）の成年後見人等に就任できるようにしています。

(D)　報酬に対する考え方

　専門職後見人であっても市民後見人であっても、成年後見人等である以上は同じように身上配慮義務が課せられ、成年後見人等として求められることはいっしょです。確かに、市民後見人は社会貢献活動であり、ボランティア要素の強い取組みであるといえますが、専門職後見人が当然のように報酬を受けている状況の中で、同じように責任を負い、専門職よりもはるかに時間をかけて本人に寄り添った後見活動ができる市民後見人も、当然その活動に見合う報酬を受け取るべき

第
3
章

図表2－67　センターの役割と支援体制

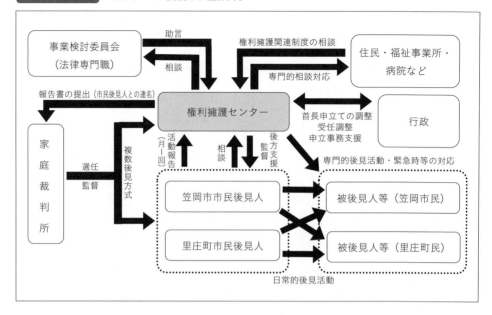

であるとセンターとして考えています。

　また、生活保護受給者等で本人の財産から報酬を捻出することが難しい場合は、笠岡市および里庄町がそれぞれ規定している成年後見制度利用支援事業による報酬の助成を受けることができ、助成を受けることができる事案の対象も、首長申立て事案だけに限らず親族等による申立て事案もその対象に含まれています。

(4)　市民後見人に対する監督機能

　前述のとおり、笠岡市および里庄町における市民後見人は、就任2年目からより主体的に活動するようになりますが、後見活動においては身上保護、財産管理両面においてときとして本人の人生を左右するほどの大きな判断をしなければならない場面に直面することもあります。そのため、市民後見人の主体性を担保しつつ、適切に後見活動がなされているのか日常的に監督することも、実施機関であるセンターの責務であると考えています。

　そこで、月に1回、センターは必ず市民後見人との面談を実施し、1カ月間の活動内容と財産管理状況の報告を受け、適切に後見活動がなされているか確認します。そして、課題の整理と解決に向けて市民後見人といっしょに検討し、助言を行ったり、必要に応じてセンターが事案に対して専門的な介入をすることもあります（図表2－67）。

(5)　市民後見人相互の交流

　市民後見人同士が活発に意見交換することは、自分の価値観を見直し、後見活

動における視野を広げることにつながります。そこで、センターでは定期的に市民後見人バンク登録者を対象とした交流会を開催しています。この交流会では、実際に市民後見人として活動している人から活動報告をしたり、他自治体の市民後見人を招いて交流を図る等の取組みをしています。

　また、交流会の内容や開催頻度についてはセンターが決めるのではなく、市民後見人バンク登録者の中から交流会実施委員（任期1年）を3名選出し、その委員が主体となって決定することとしており、受け身型ではなく参加型の交流会になるようにしています。

(6)　市民後見人へ期待すること

　市民後見人への期待としては、笠岡市および里庄町がこの事業に取り組むきっかけとなった「専門職による第三者後見人不足の解消」という側面もありますが、これまで市民後見人に関する事業を実施してきた中でみえてきたことは、本人にとってより身近な存在である一般住民だからこそ住民目線、住民感覚で本人に寄り添うことができ、それがまさに市民後見人の専門性であり大きな武器でもあるということです。

　本人の判断能力が低下したとしても人生の主体者は本人です。しかし、センターの職員も含めて専門職というのは、専門的知識があるがゆえに、「こうあるべき」「これが正しい」という支援の押し付けになってしまうことがよくあり、残念ながら支援者が人生の主体者になっている事案を多くみかけます。確かに、専門職としての専門性を発揮することで本人の生活をまもり、本人に「安全」を提供することはできますが、「安心」は提供できているでしょうか。

　市民後見人は、専門職のような専門的知識はありません。しかし、その知識がないからこそ何度も本人と顔を合わせ、時間をかけて話に耳を傾け、何を望んでいるのかということを住民目線、住民感覚でとらえることができます。それは、専門職にありがちな支援の押し付けを回避できるとともに、本人に寄り添う時間が増えることで「安心」を提供し、さらに本人が人生の主体者として「生かされている」ではなく「生きている」と実感できることにつながります。つまり、あえて市民後見人が意識していなくても普段の後見活動そのものが自然と「意思決定支援」をしていることになるのです。

　また、さらに視野を広げて考えていくと、本人が住み慣れた地域で生活する中で、近隣住民と良好な関係を保ちながら生活できるように市民後見人が地域住民と「つながる」ことで、その地域における福祉への意識向上につながり、単に本人に対する後見活動をすることだけにとどまらず、結果として地域福祉の推進役

第3章

としての役割を担うことも期待しています。

（第3章①②③　生宗　悟）

実践例④　市民後見活動の実際

(1)　活動の開始と形態

　平成23年、私は笠岡市社会福祉協議会かさおか権利擁護センター（以下、「センター」といいます）が実施する「市民後見人」養成の第1期生として研修を受け平成27年から活動を始めました。待機期間はセンターによる定期的な研修と、さまざまな職種を経てこられた同期の人たちとの交流もあり、モチベーションを維持することができたと感じています。

　形態は、市民後見人とセンターがそれぞれ家庭裁判所から成年後見人として選任され、複数後見という形で始まりました。

(2)　被後見人の状況とかかわり

　被後見人は認知症で夫と死別して独居、子どもはなく親族との交流はありません。病識がないことから他者の受け入れに拒否的で暴言が出ることもありますが、信頼関係ができれば話好きな一面もある人でした。

　センターの活動は、遺産相続の手続と財産管理・夫の死後の事務処理等、そして市民後見人の相談窓口という内容で、私は現在も月に1度の報告と何か判断に迷うことがあればそのつどアドバイスをもらっています。

　市民後見人として私がしてきたことは日常的に使用する金銭の管理や契約等の事務的な仕事はもちろんですが、信頼関係を早く築きたい思いで最初は定期的に面会を週1回から始めました。しかし、次第に気になることが多くなり様子を見に行くことが増えていきました。同じ地域で近い距離にいることが市民後見人のよさの1つだと感じます。

(3)　チームとしての連携

　社会とつながりがなかった被後見人はデイサービスを利用したり人とかかわることで、状態の波はあっても表情や話す言葉も落ち着いていきました。

　後見人だけでは何もできません、ケアマネジャー・ヘルパー・福祉サービスの事業者・町内の住民等、連絡を取り合うことで何か問題が起きたとき、たとえば体調を崩したり訪問や電話での勧誘で何かを頼んだり契約してしまったとき等、早い対応ができたと思います。在宅ではいろいろな問題があり、見守りがいかに

大切かを感じました。

(4)　命を考えての決断

身体は動かすことができ、会話もできる被後見人ですが、認知症の進行により妄想や作話が増えていきヘルパーへの拒絶や排泄の問題も深刻になっていきました。一番心配になった症状は口にするものに危険性があるとわかったことで、腐敗したものがそのままになっていたり水分補給もできていなかったりして発熱の症状での受診が増えたことです。センターとも在宅での限界を話し合うようになり、施設入所への申込みに踏み切りました。

被後見人には家を守りたいという気持ちがあり、安全性を考えての決断でしたがこれでよいのだろうかという思いもありました。しかし、このままの生活を続けたときに起こり得ることを想像すると、それはどの場合も本人が苦しい思いをすることになると考えました。いろいろな考え方があると思いますが、最悪のことを想定して動くことは大切ではないだろうかと思います。

(5)　グループホームへ

施設はできるだけ被後見人の状態に合った所と考え、細かい対応ができるグループホームを選びました。入居までの間は少しでも慣れてもらうために併設しているデイサービスを利用し、そのためかスムーズに入居できました。

しかし、入居してからは落ち着かず1人で外へ出て行くようになり、職員を拒絶するようになりました。そのため施設側と協議を重ね、GPSで位置確認ができる靴を履いてもらうことを試みました。職員について来られるのを嫌がっていた本人は、それがなくなったことで警戒心が薄れたのか職員との関係性はよくなっていき、次第に落ち着くというよい結果になりました。

(6)　市民後見人として活動をしてみて

市民後見人としての活動は4年が過ぎ、このうち在宅が3年、施設へ入られてのかかわりが1年余りとなります。ここ数年の夏の危険な暑さ等、異常な自然の様子を考えても施設を選んでよかったと思っています。私は一般市民にすぎません。活動前は自分にできるだろうかと不安もありました。しかし、活動が始まると前だけを見て進んでくることができたような気がします。それは被後見人や地域の人たちとのかかわりで多くのことを学ばせてもらえていると感じるからかもしれません。

これからもいろいろなことがあると思います。センターに相談しながら、そしてさまざまな立場の人たちとの出会いを大切にしながら被後見人とかかわっていきたいと思います。

第 4 章

対人援助の基礎

　成年後見制度における対人援助の理念と、そのために必要なスキル、さらに本人の生活全体をコーディネートする支援の手法について学びます。

成年後見制度における対人援助

1 判断能力が不十分な人の支援

(1) ていねいな援助が必要

　成年後見制度における対人援助は、対人援助の中でも最もていねいな援助が必要となる領域です。それは、援助の対象者（被後見人）が、判断能力の不十分な人だからです。援助の対象者（被後見人）が自分の意思表示をすることが難しかったり、自分のためになる判断ができなかったりするときに、その人のために、その人の判断や意思決定の支援をすることが援助の中心的な内容となります。親族でもない他人の後見業務は、誰でも簡単に担えるものではありません。それゆえ、これまで、親族が後見人を担えない場合や担うことが不適切な場合には、他人の権利を擁護し、代弁することが専門職性に合致する専門職（社会福祉士、司法書士、弁護士等）が後見業務を担ってきました。後見業務を担うには、後見業務の事務処理をする能力だけではなく、対人援助のための基礎的な知識とスキルを有していることも必要になります。

(2) 市民後見人養成の必要性

　近年、さまざまな理由から、市民後見人の養成が求められています。成年後見制度を利用する必要のある人々の数が多いこと、今後もそのような人々が増えることが予測されること、後見事務を担える親族が身近にいない人も今後増えることが予測されること、それに対して、後見事務を担当することができる専門職の数には限りがあることなどが理由としてあげられます。そこで、研修を受けた市民の人が後見人を担うことになりました。平成28年には成年後見制度利用促進法が成立し、その中で市民後見人の養成や研修がより一層推進されることが規定されています。

　諸外国でも、このような制度運営は珍しいことではありません。筆者が20年ほど前に海外研修でスウェーデンを訪れたとき、視察団への説明をしてくれた市議会・福祉部会の議員がいました。その人は市の福祉施策全般について説明をしてくれましたが、話の中で、「自分はボランティアで高齢者（障害者）の後見人に

就任している」と教えてくれました。また、私たちは、視察先の知的障害者のグループホームで、視察団へ説明してくれている職員に、入所者が支払っている費用（利用料）について質問をしました。すると、職員はいっさい答えられませんでした。なぜなら、入所者の財産管理は後見人が行い、職員はいっさい金銭管理にかかわらないため、利用料などの質問に答える知識をもっていなかったのです。

（3）　判断能力が不十分な人の援助

　成年後見制度における対人援助が時に困難で、援助に必要な知識とスキルが必要となるのは、成年後見を利用する人の判断能力が不十分である、という特質によるものです。被後見人となる人は、主に、認知症高齢者、知的障害者、精神障害者です。成年後見制度は、これらの人々の判断を支援する制度です。その支援の具体的な内容が財産管理や身上保護となります。適切な財産管理と身上保護を行うためには、適切な判断が必要です。

　判断とは、前後の事情を総合して、ものごとの是非や選定を最終的に取り決めることです。

　図表2－57に判断の構造を示しました。判断能力の不十分な人は、図表2－57のいずれかの過程で、自分のためになるような判断をすることが難しくなっているか、または、難しいときがあります。それゆえ、他人の力を借りて「判断」する必要があるのです。

　判断をするためには、まず、「前の事情」を考慮に入れます。図表2－57の「前の事情」の欄にあるように、被後見人には、生活をするうえで前提となる条件があります。それを考慮に入れて、さまざまな是非や選定を決めます。被後見人の「前の事情」、つまり、生活をするうえで前提となる条件は、たとえば、収入額、利用可能なサービスの有無・内容、生活歴などがあります。また、これまでの生活水準、嗜好や好みなども「前の事情」にあたります。

　次に、「後の事情」を考慮に入れます。「後の事情」とは、ある特定の判断や選

図表2－57　判断の構造

「前」の事情	「後」の事情（予測する）	判　断
前提となる条件（利用可能なサービスの有無・内容、収入額、生活歴等）	生じる結果（サービスを利用することにより生活の困難が解消される一方で利用料の支払義務が発生する、サービス利用しないと生活が成り立たない、買い物により生活が充実する一方で生活費が費やされる、買い物しないと日用品が不足する、等）	ものごとの是非や選定を行うこと（サービスを利用する・しない、買い物をする・しない、等）

定をしたときに生じる結果です。結果を完全に予測することはできませんが、通常、私たちは、何かを判断するときには、「こうなるだろう」と予測しています。被後見人の生活に関しても、是非や選定を決めた結果を予測して、その予測をもとに、判断します。具体的には、「もしサービスを利用したら、このような生活の困難が解消される一方で、これくらいの利用料の支払義務が発生する」「もしサービスを利用しないと食事や入浴ができない」「もし、（この特定の）買い物をしたら、生活は充実する一方で、生活費が減少し、生活がしにくくなる」「もし、（この特定の）買い物をしないと、日用品が不足する」などです。

　このように、「前の事情」と「後の事情」の両方を考慮に入れたうえで、私たちは、判断をします。被後見人の判断も同じことです。具体的には、サービスを利用する・利用しない、買い物をする・買い物をしない、などについて判断し、契約などをしています。

　判断能力が十分にあれば、判断をした結果、本人が困窮してしまうとか、生活が成り立たなくなるというようなことは、通常はありません。しかし、判断能力が不十分な場合には、自分のためにならないような判断をすることがあります。そのために、後見人が判断の支援をするのです。

　日本では、ほとんどの社会福祉サービスは「契約」に基づいて提供される制度になっています。自分で契約することができなくなった場合には、誰かが判断を支援して契約をする必要があります。そこで、自分で契約をすることができなくなった場合、一人ひとりのニーズや意向に合わせて、誰かがその人とともに、判断していく必要があるのです。そのしくみの1つが成年後見制度です（補足的な制度として、社会福祉協議会等で行っている日常生活自立支援事業があります）。

2　価値観の異なる人を支援する

(1)　他人の価値観を尊重する

　対人援助において、価値観の異なる人を支援するのは難しいことです。成年後見制度が旧制度のときから親族による後見を当たり前のように認容してきたのは、親族（特に身近な家族）であれば、被後見人の価値観をよく知り、被後見人のニーズや意向を尊重して、その人のために判断するに違いない、という仮説を前提にしていたからであるといえます。それゆえ、被後見人の価値観を理解せず、そのニーズや意向を尊重した判断をすることができそうにない人は、たとえ親族であっても、後見人に選任しないように家庭裁判所は配慮するでしょう。

　他人である市民が後見人になるときにも、同じような問題が生じることがあります。自分の知らない他人の代わりに判断をするのですから、後見人は、他人の価値観を尊重できる人でなくてはなりません。

(2)　人はさまざまな価値観や考えをもっている

　人はさまざまな価値観をもち、ものごとに対して多様な考えをもちます。どのように生きるか、生活の重点をどこにおくかといったことについても、さまざまな考えがあります。たとえば、住居に多くのお金を使うか、食事に多くのお金を使うか、保険に多くのお金を使うかなどについては、価値観により異なってきます。したがって、後見人となる人は、被後見人がどのようなことを大切にして生きてきたのか、どのようなことに誇りをもってきたのか、そして、何に価値をおくのかを理解し、そのうえで、被後見人のために、被後見人の価値観に合わせた後見業務を行う必要があります。

　後見人と被後見人の価値観が全く同じということは、ほとんどありません。それゆえ、後見人は、価値観の異なる人を支援しているという自覚をもって支援する必要があります。

(3)　相手の気持ちや考えをいったん受け止める

　被後見人がみずからの意思を表示できる状態であるときは、被後見人の気持ちや考えをいったん受け止めることが大切です。カウンセリング入門やケースワークの基礎を学ぶと、人の考えや気持ちを受け止めること、つまり受容の大切さを学びます。受容とは、母親のような愛情をもって、どのような人のどのような行為であっても受け止めることです。対人援助には、受容する力が求められます。

　たとえば、収入に限りがある状態にありながら、「何かを購入したい」、あるいは、「（遠方への）墓参りに行きたい」という希望が被後見人から出されたとき、どのように対応するでしょうか。お金がなく、収入が十分にないからと、頭ごなしに「無理です」「ダメです」と答えるだけでは、被後見人との信頼関係を築くことはできません。まずは、被後見人の「○○を購入したい」あるいは「（遠方への）墓参りに行きたい」という気持ちをいったん受け止める必要があります。そのうえで、そのような支出が不可能であれば、そのことについて、温かみを保ちながら、相手に伝え、理解を求めます。

　人は、自分の考えや気持ちを頭ごなしに否定されない、また、非難されない、とわかったときにはじめて心を開くものです。そのため、「相手の気持ちをいったん受け止める」ことは信頼関係を築くための基礎です。

⑷　自分が「正しい」と思っている人は要注意

　多くの人は、「自分は聞き上手だから、相手の気持ちや考えを受け止めることができる」と自己評価し、できているつもりでいます。ところが、自分の価値観や考えが「正しい」と思っている人は要注意です。社会の中で有用な役割を担ってきた人、あるいは、組織の中で「仕事ができる」とされてきた人の中に、自分が「正しいと思っている考え」を押し付けてしまう人が多くいます。

　後見人が自分の（正しいと確信をもっている）考えを押し付けるばかりでは、被後見人は心を閉ざしてしまいます。そのため、後見人は、自分がこれまで社会の中でどれほど正しく生きてきていても、まずは、相手の言っていることや価値観をいったん受け止める必要があることを忘れないで活動する必要があります。

⑸　常に実践することは簡単ではない

　人の考えや気持ちを否定したり、非難しないで、「相手の気持ちをいったん受け止める」実践は意外と難しいものです。多くの人は、「正しい」と思っている自分の考えを相手に伝えたことが、「考えの押し付け」あるいは「相手の考えや気持ちの否定」であることに気づかないでいます。「自分は人の話をよく聞く」「自分は多くの人の考えを受け入れることができる」と自己評価していながら、相談援助の場面で、自分の考えを押し付けたり、相手の考えや気持ちを否定したりしてしまう人は少なくありません。

　たとえば、ぎりぎりの生活ができる程度の年金収入で生活している人の後見人に就任したとします。その人が、日常生活の中での唯一の楽しみとしてタバコを吸うとき、多少のお酒をたしなむとき、あるいは、おしゃれのために衣服を購入するとき、あなたはどのように考えるでしょうか。「もったいない」「浪費だ」と決めつけるでしょうか。そればかりでなく、「やめるべき」あるいは「やめなさい」などと伝えようとするでしょうか。被後見人には、これまで生きてきた人生があります。つつましい人生の中でも、ささやかな楽しみを大事にしている人もいます。そのようなことを受け止める力が後見人には必要です。

3　権利を擁護する支援

　後見人は、一方で被後見人のために権利擁護をするという役割を担います。被後見人の権利を守るために、後見人がかかわるさまざまな機関に依頼したり、意見を言ったり、意向を伝えたり、苦情を申し立てたりします。

(1)　人権が保障されているか

　成年後見制度の目的は、判断能力の不十分な人の権利を擁護することです。何らかの事情により判断能力が低下している被後見人の中には、後見人に就任できるような家族・親族のいない人もいるでしょう。そのような人たちは、さまざまな制度を利用するにしても、不利な立場におかれがちです。保健・福祉・医療などの制度によるサービスを利用している場合でも、人権が十分に保障されるような利用の仕方ができているとは限らないときもあります。サービスの内容や提供方法に不適切な面があるときもあります。また、制度の狭間におかれて、十分な支援を受けられないときもあります。本来、誰かが気にかけ、何らかの工夫をすれば、サービスの利用に結び付くはずの人でも、そのように動いてくれる人がいないために、適切な支援が受けられないままでいることがあるのです。

　日本は、基本的人権が保障され、一定以上の保健・福祉・医療のサービスメニューがそろっている国ですが、判断能力の不十分な人の基本的人権が保障されないような事態が生じていることもあります。ですから後見人は、被後見人の人権が保障されているかどうかを常に見守っていく必要があります。

(2)　被後見人のために立ち上がり、行動できるか

　後見人は、被後見人の権利を守るために、立ち上がり、行動しなければなりません。被後見人の多くは、さまざまなサービスの利用を通して、日常生活を維持しています。そのようなとき、後見人は、被後見人が、それまでの生活歴が尊重され、十分に配慮された生活をしているかを見守る必要があります。

　保健・福祉・医療サービスを提供する施設や病院に入所や入院をしていても、後見人は被後見人を定期的に訪問し、どのようなサービスが提供されているのかを確認するべきです。

　保健・福祉・医療のサービスを提供する機関やスタッフが、残念ながら被後見人の人権に配慮した対応をしていないこともあります。また、被後見人の意向に沿ったサービスの提供がされていないかもしれません。被後見人の身の回りの世話を直接担ってくれている人たちに、後見人は、遠慮の気持ちが生じるかもしれません。やっとのことで入院や入所をしたのであれば、その施設・機関に対して意見を言うことをためらう気持ちが生じるかもしれません。地域生活で、多くのサービスの組み合わせで本人の日常生活が成り立っているような場合も、サービスの手配に心をくだいてくれる事業所に意見を言いにくいと感じることがあるかもしれません。

　しかし、後見人は、そのような気持ちが生じても、伝えるべき意見を飲み込ま

ないようにする必要があります。後見人は、被後見人の権利を守る最後の砦^{とりで}です。後見人が被後見人の権利について、気が付いたことを伝えないでいると、後見人が選任されている意味がなくなります。もちろん、伝え方には工夫が必要ですが、伝えるべきことは伝えていかなければなりません。後見人は、被後見人の人権が保障されていないと感じるところがあれば、本人のために意見を伝えていく存在なのです。気になることがあれば、市町村の中核機関に相談するのもよいでしょう。

　サービスを提供している施設・機関・事業所は、サービス内容の不十分さや不適切さに気づかないでいることもあります。あるいは、担当者の固有の問題で、サービスが不十分あるいは不適切になっていることもあります。こういった場合には、相手に気づいたことを要望という形で伝えることで、事態が改善する場合もあります。

　後見人は、サービスを提供している施設・機関・事業所の「不作為（行為をしないこと）」による不適切な対応にも注意を払います。たとえば、本来、退院できるはずの状態の人が、長期間、退院できないでいるような場合もあります。退院するためには、退院先の環境を調整することが必要であることから、対応に労力が必要となるので、家族のいない人の処遇が後回しにされることもあります。そのような不作為に対しても、後見人は、被後見人のために動くべき役割を担っています。

　まずは、入所・入院先施設・機関と協働しながら進めます。そのようなやり方ではうまくいかない場合は、地域でのサービスに詳しい事業所に相談し、担当となる人などに早くからかかわってもらいながら、被後見人のために、退院（所）後の生活全体のコーディネートをしていくことになります。

Ⅱ　コミュニケーションの基本

1　はじめに

　Ⅰでは、後見人が対人援助の知識とスキルを必要とする背景について述べました。それでは、対人援助を適切に行うためには、どのような知識やスキルが必要となるのでしょうか。後見人は、被後見人とかかわります。被後見人がすでにあまり意思表示などをすることができない場合には、被後見人の関係者とかかわります。相手が誰であっても、対人援助の基本はコミュニケーションです。判断能力が十分ではない人とコミュニケーションをとるときには、工夫が必要です。

2　言語的コミュニケーション

　言語によるコミュニケーションを言語的コミュニケーションといいます。この項では、この言語的コミュニケーションについて説明していきますが、あわせて、「言語的コミュニケーションに伴う非言語的要素」についても説明します。

(1)　易しい言葉を使用する

　判断能力が十分ではない人を対象に話をするときには、「易しい言葉」を使うように心がけます。難解な言葉で説明しても、十分に伝わらないことが多いでしょう。被後見人が「はい」「わかりました」などの応答をしたからといって、「理解した」と即断してはいけません。これまでの生育歴の中で、そのような応答をすることが習性となっている人もいます。そのため、大事な話について本人の意思を確認するときには、本人がどの程度の内容を理解しているかについて確認しつつ、できるだけ易しい言葉を用いて話します。

(2)　難しい言葉は言い換えをする

　後見業務を行うときには、世間話や日常会話ばかりするわけにはいきません。金融機関や行政、福祉・医療サービス提供機関などに関する会話の中に難しい言葉が出てくることがあります。専門用語や難解な用語が使われているときには、その言葉をそのまま繰り返すのではなく、できるだけ易しい言葉に言い換えて説

明するようにします。そして、本人の理解を確認しながら進めます。

　たとえば、「医療情報提供書を介護保険の通所介護事業所に提供しますが、よろしいですね？」というより、「○○さんのお身体の状態について、診断書のようなもの——これを医療情報提供書と呼ぶのですが——を、デイサービスの担当者さんに届ける必要があるので、それについて、手続をしてもいいでしょうか？」などのように、わかりやすく、具体的に説明します。

(3)　ゆっくり話す

　話すスピードへの配慮も大切です。被後見人に対しては、意図的にゆっくり話すようにします。一般に、音声による言語を人に十分に理解してもらうためには、1分間で300文字〜400文字程度（漢字かなまじりで）に抑えるべきだといわれています。被後見人に対しては、一般の人よりも、ゆっくり話す必要があります。相手にとってわかりやすいスピードで話すことが大切です。

(4)　言葉を区切って話す

　ゆっくり話すことも大切ですが、同じ話でも、言葉と言葉の間を意識的に区切ると、よりわかりやすくなります。判断能力が不十分な人の場合、流暢（りゅうちょう）に話される言葉は、頭に入りづらく、言葉と言葉の区切りをとらえることが難しいものです。そのような状態を避けるために、難しい言葉と言葉の間を区切って話します。

(5)　高齢者には高音領域が聞こえづらい

　高齢者は聴力が衰えがちです。高齢によって聴力が衰えるときには、高音領域から聞こえにくくなるそうです。ですから、話が聞き取れない高齢者へ向かって、高い音域で言い直すのは、不適切です。耳が遠い高齢者から聞き返されたときは、できるだけ音域を下げて、低めの声で言い直すようにしましょう。

(6)　温かみのある声音（こわね）

　声には表情があります。トーン、声の抑揚などを含め、声にはさまざまな情報が付加され、相手に届きます。声音は、もって生まれた要素（遺伝的な要素など）も関係するでしょうから、自分でコントロールできない部分もあると思います。しかし、どのような人であれ、「温かみのある話し方をしよう」と心がけることで、相手に伝わる感じが変わってきます。そうして、話し言葉が温かみのある声音になっていきます。

3　非言語的コミュニケーション

　言葉によるコミュニケーション以外のコミュニケーションが非言語的コミュニケーションです。

(1)　表　情

　非言語的コミュニケーションの多くは、視覚情報として相手に伝わるものです。表情は、非言語的コミュニケーションとして伝わる情報の中で占める割合が高いものです。皆さんは、被後見人と接するときに、どのような表情をして接するでしょうか。堅い、威圧的な表情になっていないでしょうか。これまでの職業柄、堅い表情で人と接するのが当たり前だった人は、特に気を付ける必要があります。こちらが内面でどれほど相手のことを思っていても、その気持ちが表現されなければ、相手には届きません。被後見人に対する純粋な興味関心、相手を尊重する気持ち、相手への共感などは、表情をはじめとする非言語的コミュニケーションで伝わります。

　このような説明をしても、実際にどのような表情をすればよいかということになると、なかなか想像して実行することが難しい人もいるかもしれません。そのような場合、自分の身近にいる「温かみのある人」を思い浮かべてください。そして、自分が同じような表情を浮かべる練習をしてください。表情は、顔全体の筋肉を使って出すものです。いつも、堅く、冷たい表情をしている人が、急に温かみのある、優しい表情をすることは難しいかもしれません。それでもまずは、一瞬であっても、微笑む、にこやかな顔をするなどを心がけるとよいでしょう。

(2)　身振り

　身振りとは、身を動かして感情・意思などを表すこと、またその身のこなしです。被後見人と話をするとき、後見人は身振りもまじえて自分の温かい気持ち、共感する気持ちを相手に伝えます。

(3)　態　度

　態度とは、状況に対応して自己の感情や意思を外面に表したものです。表情、身振り、言葉つきなどを総合的に表した表現です。後見人は、被後見人を尊重する態度で、人として、対等な立場で被後見人と接します。

Ⅲ　信頼関係の構築

1　信頼関係を構築することの大切さ

　後見人は、被後見人と信頼関係を構築する必要があります。信頼関係の構築をしていくときに大切だとされるのが、傾聴することです。「傾聴をしなさい」と言われ、そのことを理解していても、人と話をするときに本当に傾聴することは意外と難しいものです。そのため、この節では、傾聴の難しさについて説明した後、質問と応答の仕方を具体的に解説していきます。これらの項目をきちんと活用することができるようになると、自然に被後見人のペースに合わせ、被後見人を受け止めながら話を聞くことができるようになります。

(1)　傾　聴

《事例1》
「私なんかいなくなったほうがいいのよね」と言われたとき、どのような応答をしがちでしょうか。

《回答例1－1》
(よくない例)
「そんなことないわよ」

　親しい人に対してであれば、このように即答してしまうこともあるでしょう。

《回答例1－2》
(よくない例)
「若いのに、なにバカなこと言ってるの」
「将来があるのに」

　年上の人が年下の人の話を聞いているときであれば、このように即答してしまうかもしれません。

《回答例1－3》
(よくない例)
　「長生きしてくださいよ」

　逆に、お年寄りの話を若い人が聞いているときであれば、このように即答して

しまうかもしれません。

　以上の３つの回答例は、「軽くいなしている」という感じを受けないでしょうか。いずれの例も、人間らしいやりとりです。人間らしい、よくあるやりとりなので、「よくない」という意識をもたずに応答してしまうでしょう。しかし、このような応答は、傾聴とはいえません。傾聴とは、相手がどのような話をしてきたとしても、まずは、じっくり話を聞いて、その人の心の奥にある気持ちなどを聞き出すことです。

　被後見人は、このとき後見人に何か伝えたいことを抱えていた可能性があります。後見人はそれに気づくことができるでしょうか。気づかないまま、事務的な対応をしてしまうかもしれません。そのようなやりとりを続けていると、被後見人は心を閉ざし、「この人に言っても仕方ない」と見極め、心の奥にある思いを打ち明けることはなくなるでしょう。

(2)　質問の仕方

　自分の価値観を相手に押し付けず、相手の話をじっくり聞くときには、いくつかのポイントを押さえて話を聞くとよいといわれます。まずは、「開かれた質問」をしていく必要があります。

　「開かれた質問」とは、「閉ざされた質問」の反対語です。閉ざされた質問は、「はい、いいえ」で答えられる質問のことです。開かれた質問は、その反対に、「はい、いいえ」では答えられない質問のことです。

(A)　閉ざされた質問

　後見人が被後見人にかかわって間もない時期に、閉ざされた質問のみで対応することは好ましくありません。まずは、好ましくない例として、閉ざされた質問の例をあげます。

《事例２》
（よくない例）
後見人「お元気そうですね。調子もいいんでしょうね？」
後見人「あら、顔色悪いですね。調子が悪いんじゃないですか？」

　これに対して被後見人が答えるとすると、「はい」「いいえ」のいずれかで答えなければなりません。「はい」あるいは、「そうでもないんですけど」（つまり、「いいえ」）など、答えても短い答えになってしまいがちです。

　このとき、被後見人は、自分の気がかりなことや調子について、後見人に話したいのかもしれません。しかし、後見人が閉ざされた質問のみをすると、その中

に後見人の価値観や期待が入ってしまうため、被後見人は言いたいことを言う機会が与えられず、ただ、「はい」か「いいえ」（という意味）の返答を続けるのみになってしまいます。

　(B)　開かれた質問（よい例）

　信頼関係を築く話の聴き方をしていくためには、開かれた質問、つまり、「はい、いいえ」では答えられない質問をしていく必要があります。「はい、いいえ」では答えられない質問とは、答える側に回答の幅がある質問や、どのような内容でも切り出せるような質問のことです。

《事例2－1》
（よい例）
後見人「最近、どのようなことが気がかりですか？」

　これは開かれた質問です。答える側は、次のいずれでも答えてよいことになります。

被後見人「気がかりになってることはないです。快適に生活しています」
被後見人「嫌なことばかりあるんです。聴いてください……」
被後見人「少し困りごとがあるくらいだね」
被後見人「ほとんどないです」

　自分の気がかりのレベルにあわせて回答できる質問です。回答する幅のある質問なので、開かれた質問となります。

《事例2－2》
（よい例）
後見人「さっき、『怖い社会だね』とおっしゃいましたが、生活にかかわるところではいかがですか？」

　これも開かれた質問です。

被後見人「大したことはないんだけどね……」
被後見人「実はホームの中で……」
被後見人「うーん、後見人さんに言うほどでもないのかもしれないけどね。ちょっと遠い親戚が……」

　本人の抱える問題を引き出しやすい質問となっています。このような質問をすることによって、はじめて、相手は「この人には何でも話していいのかな……」と思い、ポツポツと話し出すようになるかもしれません。このように、話を聞き始めるときには、「開かれた質問」をできるだけ効果的に用いるようにしましょ

う。

⒞ 明確化・細分化の質問

被後見人の意見や意向をていねいに確認しようとするとき、後見人は、適切に明確化あるいは細分化するような質問を投げかける必要もあります。

《事例2－3－1》

（よくない例）

後見人「最近、気になることは？」

被後見人「いやあ、ホームでちょっといろいろありましてね」

後見人「そうですか。いろいろありますよね……。ところで出費のことですが……」（×）

会話の後、別の話題に移ってしまっています。被後見人が気になることについて話を始めようとしているのに、後見人のほうで、「いろいろ」という抽象的な言葉だけを受け止めて、そのまま別の話題に移ってしまうと、被後見人の「いろいろあること」は判明しないままになります。このようなときには、被後見人のコミュニケーション能力に合わせながら、明確化あるいは細分化する質問をしていきます。

《事例2－3－2》

（よい例）

後見人「最近、気になることは？」

被後見人「いやあ、ホームでちょっといろいろありましてね」

後見人「そうですか。いろいろあるというのは、どのような内容ですか？」（○明確化）

被後見人「実は……ホームの個室でいるときに、あるケアワーカーさんが……（話が続く）……」

このように、「いろいろある」という話は大切な話なので、聞き流さず、明確化の質問をして、何が気がかりかを尋ねていきます。

《事例2－3－3》

（よい例）

後見人「最近、気になることは？」

被後見人「いやあ、ホームでちょっといろいろありましてね」

後見人「そうですか。いろいろあるというのは、いつ、どのようなことがありますか。教えていただけますか」（○細分化）

被後見人「実は……昨日もあったんですけど、食事のときにデイルームで私が食べようとしていると……（話が続く）……」

　あるいは、このように「いろいろある」という話を聞き流さず、具体的な例などを引き出すような質問をしていき、**細分化**の質問をしていきます。

　後見人は、被後見人の生活上の気がかりや困りごとなどについては、特に明確にしていくようにしましょう。被後見人が意思表示できないような場合は、被後見人を訪ねたときに、周りの様子などを注意深く観察します。そして、何か気になることがあれば、本人とかかわっている人に尋ねていきます。相手があいまいな答えをするときは、聞き流さず、「どのような内容ですか?」「いつ頃そのようなことが起こりましたか?」「頻度は?」など、明確化・細分化する質問をして、問題や課題を把握するようにします。ただし、専門職を拘束する時間はほどほどにしたほうがよいです。

⑶　応答の仕方

　相手が話を始めたとき、私たちはどのように応答するでしょうか。やっと自分のことを話し始めても、私たちの応答の仕方次第では、相手は心を閉ざしてしまいます。応答の仕方によって、話がすぐに切り上げられてしまうこともあれば、深まっていくこともあります。よく話を聞く、相手のことを審判しないで、こちらの価値判断を押し付けないで話を聞くためには、上手な応答が必要です。

⒜　まずは、いったん受け止める

　「まずは、いったん受け止める」とは、相手の考えや状況の認識などをいったん受け止めることです。

　後見人は、さまざまな価値観や考えをもつ被後見人とかかわります。被後見人は、いつも「受け止めやすい」人ばかりではありません。中には、そのまま受け入れることが困難だと感じる価値観や考えの人もいるでしょう。たとえば、周りのことを否定的にばかり言う人、後ろ向きなことばかり言う人、集団のルールに合わせた行動をしようとしない人、衣食住よりもその他の楽しみ（買い物やパチンコなど）を優先する人などです。

　信頼関係を構築し維持するためには、どのようなときにも、自分の価値観や考えを押し付けずに、まずは、いったん受け止める必要があります。そのようにして、相手のペースに沿いながら話を聞いていきます。

《事例3－1》

　被後見人から、「どうせ、この先長くないんだから、食べる物がなくてもいいの。少しは自分の楽しみを優先させてもいいでしょう」と言われたとき、どのように応答しますか。

《回答例3−1−1》

（よくない例）

後見人「何を言っているの。まだまだ長生きしてもらう必要があるし、食べること
　　　　が健康の基本でしょう。それよりも、くじを買ったり、生活に必要のない
　　　　買い物を優先するなんて、おかしいでしょう」

このように、すぐに否定してしまうかもしれません。このような応答は、相手
の価値観や考えをいったん受け止めていません。それではどのように応答すると
よいのでしょうか。

たとえば、以下のような例があります。

《回答例3−1−2》

（よい例）

後見人「この先長くはないと考えておられるのですね。それで、自分の楽しみを優
　　　　先させたいのですね……」

《回答例3−1−3》

（よい例）

後見人「長くないと思って（認識して）しまうんですね。それで、楽しみを優先さ
　　　　せてもいいと考えてしまうのですね……」

この2つの例は、被後見人の認識を受け止めています。このように、相手の言
っていることを、まずは受け止めるのです。「認識して」が（　）に入っている
のは、一般に、応答の中で「認識」という言葉は用いないであろうからです。
「思って」という言葉の中に「認識して」というニュアンスが含まれていると理
解してください。

このような回答は、次のような同意とは異なります。

《回答例3−1−4》

（よくない例）

後見人「そのとおりだね」

また、次のような安易な同調でもありません。

《回答例3−1−5》

（よくない例）

後見人「そう考えてしまうのは当然だよ。わかるよ」

第4章

さまざまな状況が生じたときに、どのように認識するかは人それぞれです。被後見人の認識を、あるがままに、いったん受け止めたのが、《回答例3-1-2》《回答例3-1-3》です。

(B)　共感する、共感を相手に伝える

共感するとは、相手の立場だったらどのような気持ちだろうと想像し、感じることです。心の中で、相手の立場を想像し、「その人の立場であったら、どのような気持ちになるだろう？」と想像し、感じることができると、共感できたことになります。そのため、人は、まったく接したことのない人に対しても共感できます。相手の立場を想像し、感じることができればよいからです。しかし、会っている人に共感を伝えるには、もう少しレベルの高いスキルが必要になります。

被後見人とかかわり、質の高い信頼関係を築くためには、共感したうえで、共感したことが相手に伝わるようなコミュニケーションをすることが必要です。なぜなら、後見人がどれほど心の中で被後見人の気持ちに共感できていても、それが表情や言葉に表れず淡々と事務的な手続をするだけでは、共感は伝わらないからです。被後見人が「この人は自分のことをよく理解しようとしてくれている」と具体的に実感してはじめて、後見人を信頼しようという気持ちになります。信頼関係が築かれないままでいると、後見人が「よかれ」と思ってした行為であっても、被後見人に誤解されたり、トラブルが生じるもとになることもあります。また、後見人の期待するような反応が被後見人から得られないことも多くなってしまいます。人は、「この人なら信頼できる」と思ってはじめてその人に心を開き、身を委ねていくものです。たとえば判断能力がだんだんと低下してきているような状態の人は、わからないがゆえに不安になります。不安になったときに、温かみのない対応をされると、猜疑心が出てきがちです。そのような状況に陥らないよう、後見人は、共感を表していきます。

「共感を相手に伝える」とは、共感した内容を相手に何らかの形で伝えることです。これは、非言語的コミュニケーションでも行うことができます。たとえば、つらい話に共感しているときには眉をひそめる、目を細くして眉間にしわを寄せる、肩をすくめるなどです。うれしい話に共感しているときには、微笑む、目を見開いて大きくうなずくなどです。また、あいづちを打つときの動作などでも共感を伝えることはできます。

しかし、非言語的コミュニケーションだけでは、伝わりにくいこともあります。そこで、共感を相手に伝えるときに、言語化することが大切です。できるだけ気持ちを表す言葉を使って、こちらが共感している内容（相手の気持ち）を相手に

伝えます。繊細なレベルで気持ちを表す言葉を多く知り、それが使えると、より
レベルの高い信頼関係が構築できます。

《事例3－2》

被後見人「近所でも、サービス提供者も、みんな私をバカにしたように扱うのです
　　　　　よ。私が何だか間違ったことを言っていると言って、よってたかって、
　　　　　私の考えと違うことを押し付けようとするのです」

被後見人からこのように言われたら、あなたはどのように共感するでしょうか。

《回答例3－2－1》

（よくない例）
後見人「そんなことはないでしょう。あなたの思い違いだと思いますよ」

このように答えるのはどうでしょう。ありそうな応答ですが、「否定」と「考
えの押し付け」になっています。共感の言葉はありません。

《回答例3－2－2》

（よくない例）
後見人「そんな状態じゃ、ケアマネさんも大変ですね」

これはどうでしょうか。これも、ありそうな応答です。これは共感になるでし
ょうか。ケアマネジャーへの共感ではあっても、話している被後見人の心情への
共感はありません。

《回答例3－2－3》

（よくない例）
後見人「まあ、かわいそうに……」

これは、聞き手の同情の気持ちを言葉にして、相手に投げかけただけです。話
し手の気持ちを想像しての共感ではありません。同情の気持ちは、人間としても
っていけない感情ではありませんが、相手に直接投げかけると、相手を一段下に
みているような感じが伝わってしまうことが懸念されます。

《回答例3－2－4》

（よくない例）
後見人「私も似たような経験をしましたよ」

後見人「私の母も同じようなことを言っていました」

　自分の「似たような経験」を材料に応答するのは、共感の例にはなりません。同じような体験をしたことの表明は、「体験の分かち合い」「気持ちの分かち合い」として意味があるときもあります。しかし、支援をする側とされる側の立場が明確なときに、相手の話にいちいち「自分も」という反応をすることは、共感的な対応とはいえないのです。

　すぐに自分の経験談を持ち出す人は注意が必要です。せっかく相手（被後見人）が話し始めたのに、「私も……」と応答することで、話の焦点をこちら側に引き寄せてしまうからです。十分な共感をせず、信頼関係が構築される前に、自分の経験談を話してしまうと、相手は、「聞き役」を押し付けられているように感じてしまうこともあります。また、相手（被後見人）の経験と、聞き手（後見人）の経験を、「似たような経験」「同じ体験」の一言で済ませてしまうことには危険が伴います。相手（被後見人）からすると、「自分の話が重く受け止められていない」と聞こえるかもしれません。似たようなつらい体験をした人が後見人として話を聞き、アドバイスすることに意味がある場合はあります。しかし、個人の体験は、一つひとつ固有のものです。後見人は、安易に「同じだ」と口にしないようにして、よく話を聞き、共感していくべきです。

《回答例3－2－5》

（よい例）
後見人「大変ですね」
後見人「つらいですね」

　これらはどうでしょう。話し手は、そのような立場にあって、「大変だ」「つらい」と思っているかもしれません。共感になっています。これらの言葉は、どのような繊細な気持ちも含むことのできる言葉です。初心者は、積極的に使うとよいでしょう。

　ただ、あまりに便利な言葉ですので、この言葉をあいづち代わりに使いすぎると、深みのないやりとりになります。また、「大変だ」「つらい」の下にどのような繊細な気持ちがあるのかを想像して言語化する力があるほど、共感は深みのあるものになります。ですから、これらの言葉を多用することには注意しなければなりません。

《回答例3－2－6》

（非常によい例）

後見人「バカにされたような感じは、悔しいですね」

後見人「こちらの言うことを受け止められないように感じて、もどかしいですね」

後見人「いろいろな人が異なることを言ってくると混乱しますね」

　これらは、相手の立場だったらどのような気持ちになるかを想像して言語化した、よい例です。「このような気持ちなのではないですか」と相手に伝えてみます。気持ちは推測して言語化してみます。

　人の気持ちは、本人にしかわかりません。どのような専門家であっても、常に相手の気持ちを完全に言いあてることはできません。しかし、繊細なレベルで気持ちを理解しようとしていることが相手に伝わることが大切なのです。気持ちを想像して言語化して伝えてみたとき、それが本人の気持ちと異なる場合は、「いや、そうではないんだ。○○という気持ちなんだ」と言い換えてくれることもあります。このようなやりとりは、お互いに信頼関係を高め合う、よい機会になります。

　⒞　キーワードを繰り返す

　人とのコミュニケーションを深めていくときには、相手のペースに合わせて話を聴くことが大切です。そして、話を聞いていることが相手に伝わるような話の聴き方をする必要があります。そこで、一般的に、長い話を聞くときには、「あいづちを打つ」ことが奨励されます。あいづちを打つこともよいのですが、「キーワードを繰り返す」ということをするとさらによいでしょう。キーワードを繰り返すとは、相手の話の中の重要な言葉を、あいづち代わりに繰り返すことです。キーワードとなる単語やフレーズを、ニュートラル（中立的）に、自分の価値判断を含まないで、語尾をあげずに繰り返すことがポイントとなります。

《事例3－3－1》

（通常のあいづちを打つ）

被後見人「夫が死んでから、こうやって１人で一所懸命生きてきたんですよ」

後見人「ええ……」

被後見人「子どももいないものですから、自分たちのことは自分たちでやるつもりでね」

後見人「はい……」

被後見人「でも、こんな小さなお店なんて、もう、誰も立ち寄りやしない」

後見人「はあ……」

被後見人「夫婦ともに兄弟もいないもので、後を継いでくれる親戚もいないしね」

後見人「ええ……」

被後見人「わずかな蓄えを何とかしようと、証券の人に預けたのが失敗だったのね」

後見人「ええ……」

被後見人「金目のものは何もなくなってしまって……」

後見人「はあ……」

被後見人「だんだんといろいろなことがわからなくなって、こうやってあなたに
　　　　お願いすることになっているんですよね」

後見人「ええ……」

被後見人「ありがたいとは思っているのですよ。でも、なんだか情けない……。
　　　　夫に申し訳がたたない……」

後見人「ええ……」

このように、あいづちを繰り返すことで、傾聴になります。

　ただ、あいづちは、話を上の空で聞いていてもできてしまうという面があります。また、相手の耳に何か言葉が入るわけではないので、相手が一方的に話しているような感じになることがあります。

　そこで、「キーワードを繰り返す」ことを取り入れると、効果的になります。

《事例3-3-2》

(キーワードを繰り返す＝○)

被後見人「夫が死んでから、こうやって1人で一所懸命生きてきたんですよ」

後見人「一所懸命……」(○)

被後見人「子どももいないものですから、自分たちのことは自分たちでやるつもりでね」

後見人「自分たちで……」(○)

被後見人「でも、こんな小さなお店なんて、もう、誰も立ち寄りやしない」

後見人「誰も……」(○)

被後見人「夫婦ともに兄弟もいないもので、後を継いでくれる親戚もいないしね」

後見人「いない……」(○)

被後見人「わずかな蓄えを何とかしようと、証券の人に預けたのが失敗だったのね」

後見人「証券の人……」(○)

被後見人「金目のものは何もなくなってしまって……」

後見人「なくて……」(○)

被後見人「だんだんといろいろなことがわからなくなって、こうやってあなたにお願いすることになっているんですよね」

後見人「……」

被後見人「ありがたいとは思っているのですよ。でも、なんだか情けない……。夫に申し訳が立たない……」

後見人「ご主人に……」（○）

　この例では、あえて、ほとんどすべての応答を、「キーワードを繰り返す」に
置き換えましたが、実際は、あいづちとキーワードを繰り返すこと、共感的反映
や肯定をすること、を交えて応答するとよいでしょう。後見人が被後見人の話を
聴くときに、応答の中で後見人の話した「キーワード」が被後見人の耳に入って
いくと、「本当に話を聴いてもらっている」と相手に伝わります。また、相手の
ペースに合わせて話を聞くこともしやすくなります。

　さらに、「キーワードを繰り返す」をうまく活用すると、被後見人が、頭の中
を整理し、適切な対応をする方向性へ自分の意見や考えをまとめていくことにつ
ながることもあります。

　　⒟　話をまとめる

　「話をまとめる」という形での応答も活用します。これは、相手の話を要約し
て言語化するということです。特に、被後見人の伝えたいことと後見人の理解し
たことが合致しているか、相違はないか、理解が抜け落ちている部分はないか、
などを再確認するのに、「話をまとめる」を活用していきます。場合によっては、
被後見人の意見や意向を、後見人としてどのように理解したかについて、話をま
とめて伝えると、被後見人はまとめた内容を訂正するかもしれません。それは、
お互いの理解を明確化するのに役立ちます。

　　《事例3－4－1》
　（よくない例）
　後見人「はいはい、そういうことですね」
　後見人「気持ちはよくわかります」

　このような応答で会話をしめくくることもあるかもしれませんが、これは、ま
とめたことにはなっていません。抽象的な言葉でしめくくっているので、被後見
人の伝えたかったことと、後見人の理解したこととのすり合わせがありません。

　　《事例3－4－2》
　（よい例）
　後見人「ということは、○○さんは最近、ホームヘルパーさんが自分の話を聞い
　　　　　てくれない、置き場所を変えないでほしいものがあるのに変えられてし
　　　　　まうために、困っておられるのですね。それを相手に伝えることがうま
　　　　　くできないように感じているのですね。それで、ケアマネさんに伝えた

りしてほしいのですね」

　このように、相手の話を聞いたあと、その内容をまとめるとよいでしょう。お互いに、話していることの理解が一致しているかどうかが確認できます。

　この節でみてきたように、後見人は、被後見人と信頼関係を築いていく必要があります。後見人が被後見人と信頼関係を築くためには、傾聴や共感をする必要があります。後見人は、しっかりと傾聴・共感しながら、被後見人と接触するようにしてください。

Ⅳ　生活全体のコーディネートの支援

1　対人援助の過程

　後見人は被後見人の権利を擁護するため、財産管理のほか、身上保護も行います。身上保護は、後見人みずからが被後見人の身の回りの世話をすることではありません。そうかといって、後見人が生活全体のコーディネートを、他人に任せきりにしてしまうと、後見人の義務を果たしていることにはなりません。後見人は被後見人の生活全体のコーディネートを行います。

　生活全体のコーディネートは、対人援助の一種です。ソーシャルワークをはじめとする対人援助は、一定の過程に沿ってなされます。①対象者の理解、②アセスメント（見立て）、③支援の計画、④支援の実施とモニタリング、⑤再アセスメント（場合によっては終了）があげられます。

2　被後見人を理解する

⑴　被後見人の理解
　後見人に就任すると、被後見人の財産状況などについて書類等から知り、その情報に基づいて財産管理等の事務を始めることになります。一方、被後見人の生活全体のコーディネートについては、まずは、被後見人を理解するところから始めます。被後見人を理解してはじめて、生活全体のコーディネートが可能となるからです。

　被後見人を理解するためには、まず、本人と会って話を聞くことが大切です（面接）。ただし、本人が話をすることができない状態の場合もあると思われます。そのような場合には、必要に応じて、本人のことをよく知る人に会って情報を得るようにします。

⑵　人を包括的に理解するときの４側面
　人を理解するときには、包括的な理解をすることが必要です。包括的な理解をするためには、一面だけについての情報を得るのでは不十分です。

　そのため、従来から、身体的－心理的－社会的アセスメントの必要性がいわれています。

　ここでは、被後見人を４つの側面で把握し、理解していく方法について説明していきます。３つの要素（身体的－心理的－社会的）のうち、「社会的」な側面については、「日中の活動」に関する側面と、「家族・友人関係や余暇活動」に関する側面に分けてみています（図表２−58）。

　(A)　身体的側面

　(a)　現在の病気

　被後見人の病気の状態などについて情報を得ます。特に、現在の病気についての疾患名、病状、予後の見立て、服薬状況などが大切です。これらの情報は、居所等の変更が必要となったときなどに、その選択肢に大きくかかわります。たとえば、地域生活をしている人が特別養護老人ホームへ入所するときなど、疾患の有無や程度によっては、断られることもあります。また、特別養護老人ホームに入所している人も、病状の悪化などにより、入院が必要となることがあります。入退所や入退院があると、後見人は双方の施設・機関と連絡をとることになります。転院・退院・退所などを求められる場合には、後見人は、被後見人の状態、退院等が求められる理由などをよく把握したうえで、被後見人の権利を擁護するために、必要なことを代弁していくことになります。

　認知症についても、認知症という診断名のみならず、どのタイプの認知症であるのか、鑑別診断までなされているのかなどを把握します。認知症のタイプによって予後が異なってくるので、これを理解しておくと、以後の対応を検討するときに役に立ちます。

図表２−58　人を包括的に理解するための４側面

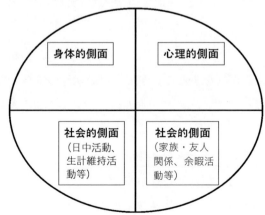

(b)　既往歴

　過去にかかったことのある病気などについても、できるだけ情報を得ておきます。手術を伴った病歴や、精神疾患の既往歴などについての情報は、後見人が支援していくうえでも大切な情報です。

(c)　障　害

　知的障害、発達障害、精神障害など、障害の状態や必要な支援の程度などについての情報を把握しておきます。障害には、状態が固定的なものと、変化するものがあります。特に、障害の程度が重くなっていくようなものであれば、予後の予測について把握しておきます。

(d)　身体的な活動能力

　被後見人の身体的な活動能力についても情報を得ます。介護保険や障害者総合支援法の制度をすでに利用している場合などは関係機関が得ている情報などがあります。そのような既存の情報を活用して状態を把握します。

(e)　身体的な健康度

　身体的に健康の程度が高い人なのか（元気か）、あるいは、虚弱な人なのか（病気がち）なども把握します。

(f)　コミュニケーションにかかわる器官の状態

　視力・聴力の程度や、言語障害の有無などは、コミュニケーションのとりやすさと直接に関係します。本人が意思表示できるのか、しにくいのかなどについて理解する手立てとなります。

(B)　心理的側面

(a)　性　格

　被後見人の性格・人柄を把握します。

　たとえば認知症高齢者を支援する場合、後見人が選任されたときの人柄を知ることも大切ですが、壮年期の頃の人柄を知ることはとても大切です。両方を記録にとどめておくとよいでしょう。「現在：気分の変化が激しく、時に攻撃的になる。過去：穏やかな性格で、近所の人たちから慕われていた。職場でも、熟練した職員として頼りにされてきた」などと記録しておきます。

(b)　気　分

　被後見人の気分の傾向を把握します。いつも明るく楽観的な人もいれば、どちらかというと気分が沈みがちで悲観的な人もいます。後見人として選任されたときの状態をよく把握し、記録しておき、その状態に変化があれば、対応を検討します。

(c)　感　情

感情とは、喜怒哀楽を代表とする心理的な状態のことです。感情は、その時々で変わります。特に、不安感が強い、自分のおかれている状態への不満が強い、怒りが強く人に対して攻撃的、などの感情がみられる場合は、気にかけ、配慮します。

(d)　精神症状

精神疾患のある被後見人については、主たる症状を情報として把握することが望ましいでしょう。精神疾患は、疾患名を知るよりも、主たる症状を知ったほうが、本人にとって何がつらいことなのか、そして、どのような症状が出てきたときにより注意が必要なのか、などを知る手かがりになります。信頼関係を築いたうえで本人に尋ると、教えてくれることもあります。医療・福祉関係者に尋ねてもよいです。

(C)　社会的側面（日中活動、生計維持活動等）

(a)　日中の活動

人は、1人では生きていけません。ほとんどの人は、日中、他人とかかわり合って過ごしています。そして、そのことにより、社会の中で意義ある活動を行ったり、社会とのつながりを感じているのです。

そこで、どのような状態にある人であっても、日中の活動について、把握する必要があります。現在はどのように過ごしているのか、どのように過ごしたい意向なのかなどを把握するようにします。そして、必要に応じて、さまざまな施設・機関の提供するサービスに結び付けていきます。

(b)　過去の日中活動

日中活動については、過去の活動も把握します。被後見人が過去にどのような仕事をしてきたのかを知ることによって、その人の考え方を理解しやすくなります。また、学歴、どのような分野を学んだのか、どのような資格をもっているのかなどについても把握すると、その人の得意な部分が理解しやすくなります。

(c)　生計維持活動

被後見人が生計をどのように成り立たせているかを把握します。仕事をしているのか、年金はあるのか、年金以外に収入があるのか、年金などが不十分な場合には生活保護を受けているのか、などを把握します。そして、被後見人の意向に応じて、場合によっては、就労できるような方向への支援をすることもあります。

(D)　社会的側面（家族・友人関係、余暇活動等）

(a)　家族関係

被後見人の家族関係について把握します。

家族・親族については、後見人が選任される過程で一定程度明らかにされていることが多いと思われます。被後見人を理解するためには、現在の家族関係を理解するだけではなく、生育歴（どのように生まれ、育ってきたか）、そして壮年期の頃の家族関係を知るとよいでしょう。疎遠になっている子どもがいる場合は被後見人にその人と連絡をとる方法などを尋ねておきます。また、家族がいるにもかかわらず市民後見人が選任された場合には、その家族との関係性についても把握しておく必要があるでしょう。

(b)　親族関係

親族で、被後見人のことを気にかけてくれている人の存在はないでしょうか。後見人に就任することまでは同意しなくても、そのような人が存在することはあります。過去の親族関係についても把握しておくと、長期間にわたって後見人に就任する場合には、それらの情報が役に立つ場面も出てきます。

(c)　友人・知人関係

社会的側面の中で、家族や親族との関係を除いて、その人の生活を最も彩るものが友人関係・知人関係です。どれだけフォーマルな（制度的な）制度の利用ができていても、インフォーマルな関係（家族、親族、友人、知人などとの関係）がないと、人の生活は味気ないものになります。それゆえ、後見人は、被後見人の友人・知人関係で、特に本人のサポートとなっている存在を把握し、成年後見の利用が始まった後も、何らかの形でそれらの人たちが被後見人を気にかけ、かかわってくれることを望ましいものとしてとらえるべきです。後見人に選任されたからといって、被後見人の交友関係を一方的に制限するようなことはするべきではありません。

ただし、知人の中に、被後見人に近づき、何らかの利益を不当に得ている（得ようとしている）人もいることがあります。被後見人は、それらの人を「友人」と認識していることもあるでしょう。しかし、被後見人が経済的搾取の対象となっている場合には、被後見人を守る必要があります。したがって、後見人は、そのような知人から、被後見人が不利益を受けることのないように行動していく必要があります。

友人・知人との関係は、目に見えないことが多いので、注意深くその質を判断する必要があります。友人・知人との関係の質を把握し、それを被後見人のため

になるように支援していくべきです。

(d)　余暇（休日や夕方から夜までの時間）の使い方

　被後見人の休日や、夕方から夜までの時間の過ごし方に関する情報は大切です。支援をするときには、つい制度的なサービスの組み合わせのみに目がいきがちです。しかし、後見人は、生活全体のコーディネートを通して、被後見人の生活の質が高く保たれるように努める役割を担っています。被後見人の生活の質は、制度的なサービスを利用するのみでは、十分に満たされません。余暇を楽しむことも必要となります。収入に余裕がなく、ぎりぎりの生活をしている人であっても、生活に楽しみは必要です。後見人は、生活に必要な消費活動以外のことをすべて「浪費」と決め付けるのではなく、収入の範囲内で楽しむことのできる余暇活動の後押しをしましょう。

(e)　趣味活動

　(d)の余暇の使い方ともかかわりますが、人間は、生活の中に何か楽しみをもつことが必要です。被後見人の生活を豊かにするためには、後見人が被後見人の趣味について情報を得ることは大切です。過去に何を趣味にしていたか、その人がどのような嗜好をもっているかを知ることにより、はじめて、その人が心地よいと思う環境について思いを馳せることができるといえます。このような知識は、被後見人が居所を変更しなければならないとき、入所や入院が必要となったときなどに、その人に代わって判断するにあたっての判断材料になることもあります。

３　アセスメント（見立て）をする

(1)　アセスメントとは

　アセスメントとは、①関連する情報の収集・分析・統合を通して、②対象者の課題やニーズ、そして強みを明らかにして、③対象者の課題やニーズが生じた原

図表2-59　アセスメントとは

行　為	明らかにする対象	分析・統合して明らかにする対象	目　的
関連する情報の**収集**	対象者の課題	**維持**要因	ニーズ充足に最善の方法を見出す
情報の**分析**	対象者のニーズ	**影響**要因	課題解決に最善の方法を見出す
情報の**統合**	対象者の**強み**		

因、課題の維持要因や影響要因を明らかにし、④対象者のニーズ充足や課題解決に最善の方法を見つけ出すことです（図表2-59）。

(2)　被後見人の課題・ニーズ

被後見人の課題やニーズは、利用者の理解をするために収集したさまざまな情報を分析・統合することによって見出すことができます。「○○ができない」「○○が問題だ」と考えるより、「○○ができるようになったほうがよい」「○○の問題は解決したほうがよい」というように考えていきます。それにより、解決すべき課題、充足すべきニーズを見出すことがアセスメントです。

(3)　被後見人の強み

被後見人の強みについても、利用者の理解をするために収集したさまざまな情報を分析・統合して見出すことができます。このとき、他人と比べて何か秀でたことを見出そうとすることには、あまり意味がありません。被後見人の中には、逆境にありながら人生を切り開いてきたこと自体に多くの「強み」を見出すことのできる人がいます。また、病気や障害のために、徐々に機能が落ちたり、障害が重くなるような状態にありながら、「今でも○○は自分でできる」「○○は、自分でできることもある」という「強み」を見出すことのできる人もいます。現在の機能などをいかに把握するか、ということが大切です。

(4)　ニーズや課題を時間の流れの中で把握する

ニーズや課題は、多くの場合、ある日突然に現れるというものではありません。一定の過程を経たうえで、表に出てくるもののほうが多いといえます。

そこで、ニーズや課題が、①どのような原因で生じたのか、②どのような過程を経て生じたのか、③ニーズや課題を維持させている要因は何か、④ニーズや課題に影響を与えている要因は何か、などについて把握します。

認知症の高齢者が成年後見を利用するに至ったとすると、①の原因は認知症です。しかし、認知症にはさまざまな種類があるので、その種類まで明らかになっているか否かにより、予後の予測も異なってきます。②過程については、認知症の中でも、周辺症状といわれる対応困難な行動が生じているのか、生じているとしたら、どのような経緯で生じたり、悪化したのかなどを知ると意味があります。悪化の原因などがある程度わかれば、悪化しないような対応の仕方を計画しやすくなるからです。③維持している原因については、たとえば、認知症の周辺症状は、周囲の温かみのない冷たい対応のせいで維持されることもあります。入院中に管などを外そうとする行為は、看護する側からは「課題ある行動」ととらえられがちですが、その行為を維持する要因として、痛みを伴っている、体にあたる

ところに炎症が起こっているなどのことがあるかもしれません。④ニーズや課題に影響を与えている要因としては、さまざまなものが考えられます。特に、居住環境は整理されているか、安全であるか、安心感のあるかかわりを周囲の人がしているかなどについて、見守る必要があります。

(5)　ニーズの充足や課題の解決に最善の方法

ニーズ充足といえば、まずは、制度的なサービスの利用を思い浮かべることが多いと思います。しかし、ニーズ充足は、できるだけ柔軟に、幅広く考える必要があります。

介護保険のサービスであれば、ケアマネジャーによる支援を利用すれば受けることができますし、障害者の支援に関するサービスであれば、相談支援専門員等が支援することになります。被後見人に最も近い立場にある後見人が、被後見人の生活全体のコーディネートを行うためには、これらの制度的サービスを活用しながら、一方ではそれ以外の部分にも配慮していく必要があります。

課題にはさまざまな種類のものがあります。解決するのが簡単なことではないこともあります。しかし、課題があるときに、それにかかわる負担を軽減したり緩和したりすること、そして、少しでもよい方向に向かうように働きかけることが必要となるときがあります。後見人は、そのような方向に向かうための最善の方法を見出します。

4　支援の計画を立てる

ニーズが明らかになったら、支援の計画を立てます。すでに、被後見人の身体的・心理的・社会的側面が明らかになりました。そして、さまざまな情報を収集・分析・統合することにより、ニーズや課題が明らかになりました。これらをもとに、ニーズ充足、あるいは、課題解決（軽減・緩和）、そして、長所や強みを伸ばし、維持するための支援計画を立てます。

複数のことに着手しなければならないときには、緊急度の高いこと、生活に直結することから着手するように支援計画を立てます。たとえば、趣味を充実させることよりは、収入を確保するために年金の受給手続をすることなどが優先されます。

支援計画の到達目標が高い場合には、高い目標を小さなステップに分けて、支援計画を立てていきます。たとえば、若い障害者が一般就労したいという目標をもっている場合には、生活のリズムを整える、つきたい職種を絞る、求人情報を

見る、などの小さなステップに分けて支援計画を立てます。

　なお、身上保護の中核として、介護保険や障害者の支援に関するサービスを利用するときは、計画が、被後見人の望む暮らしに沿っているかどうかを確認し、必要に応じて修正を求めます。

5　支援の実施とモニタリング

　支援計画を立てたら実施します。

　複数の支援計画がある場合には、緊急度の高いこと、生活に直結することから実施します。たとえば、介護保険を利用をしないと生活が成り立たないような被後見人の場合、まず介護保険の認定手続を進めます。また、被後見人が高価な品物の購入契約などをした場合には、必要に応じて、契約の解消に向けた手続を行います。

　後見人は、被後見人の身の回りの世話を直接することが任務ではありません。生活全体のコーディネートをして、それぞれの関係機関・関係する人が適切に、役割どおりのサービスを提供しているか否かを確認する、モニタリングの機能を発揮することが大切です。

　介護や障害者福祉に関するサービスを利用するときには介護支援専門員（ケアマネジャー）や相談支援事業所の相談支援専門員などが立てた計画に沿って、適切なサービスが提供されているかを確認します。また、病院に入院しているときには、治療計画に沿って治療・療養がなされているかを確認します。

　計画どおりではないサービス提供がなされているときには、そのことを被後見人とともに確認し、指摘し、是正を求めます。また、計画の有無にかかわらず、被後見人にとって不適切なサービス提供がなされている場合にも、同じように、被後見人とともに確認し、指摘し、是正を求めていきます。

6　再アセスメント、評価

　後見人は被後見人を支援する計画を立てて支援を実施し、また、実施のモニタリングを行います。さらに、一定期間が経過した段階で、再アセスメントや評価を行う必要があります。

　再アセスメントでは、あらためて被後見人を身体的・心理的・社会的に包括的に理解するため、情報収集を行い、分析・統合します。そして、被後見人のニー

ズや課題、そして強みを見出します。ニーズは充足するように、課題は解決・軽減・緩和するように、そして、強みは維持できるように、その最善の方法を見出します。

　評価は、それぞれの支援計画に基づく支援が、計画どおりに当初めざしていた目標を達成しているか、被後見人の生活の質は向上しているか、快適・適切な形で維持できているかなどをもとに行います。

第4章

Ⅴ　他職種・他機関との関係

第4章

1　1人で抱え込まない

　後見人は、被後見人の後見業務についての責任を負います。しかし、判断能力の不十分な人の支援を行うときには、1人で判断して行動するのが難しく感じるときもあります。そのようなときには、どのような行動をとることになるのでしょうか。以下の3つが代表的な対応の仕方です。

---

　①　1人で抱え込み、何もしない。

　②　1人で抱え込み、不適切な判断をもとに行動する。

　③　相談に乗ってくれたり、助言を与えたりしてくれる人に相談し、それから行動をする。

　1人で抱え込んでしまうと、①や②の行動をとってしまうことがあります。しかし、①のように、必要な行動をしないことや、②のように、不適切な行動をとることは、被後見人の権利を侵害することになります。

　後見人は、被後見人のために行動するべき存在であることからすると、被後見人についての守秘義務などに配慮しつつ、③のように、適切なところへ相談することが必要となるでしょう。市町村の中核機関、成年後見を支援する機関、後見監督人（法人）や家庭裁判所などに相談する必要が出てくることもあるでしょう。場合によっては、社会福祉士会、司法書士会、弁護士会などに相談する必要が出てくることもあるかもしれません。自治体によっては、後見人同士が支え合うためのグループが存在することもあります。後見人として活動するときには、そのような情報を収集しながら任務を行うことが必要となるでしょう。いずれにしても、後見人は、自分のためにではなく、被後見人のために任務を遂行していることを忘れずに行動する必要があります。

2　後見人は代弁・調整・交渉をする

⑴　代弁とは

　成年後見制度の重要な目的に、権利擁護があります。権利を守るためには何が必要となるでしょうか。後見人が、その役割を最も期待されているのは、被後見

人の権利が侵害されているときにその侵害を排除するためや、生活上の課題（ニーズ）を解消するためなどに、その代弁機能を果たすことです。代弁とは、本人に代わって意見などを述べることです（図表2−60）。

　たとえば、被後見人が有料老人ホームや特別養護老人ホーム、グループホームに入所していたり、精神科病院や一般病院に入院したりしているときには、被後見人の生活上のニーズは満たされることが期待されます。しかし、そのサービス提供の態様はさまざまです。それにより、本人の生活もさまざまとなります。本人がどのような生活を望んでいたかをもとに、現在もっている能力を最大限に活かした、尊厳の保たれる生活ができているかを確認し、必要に応じて代弁機能を果たしていくことが必要となります。

　また、被後見人が地域で生活している場合には、訪問介護（ホームヘルプサービス）をはじめ、訪問看護、訪問リハビリ、訪問診療など、訪問型のサービスを利用することがあるでしょう。また、宅配の食事サービスを利用して十分な栄養を確保することもあるでしょう。さらに、デイサービスや、デイケア、就労継続支援、就労移行支援、機能訓練、生活介護など、通所型のサービスを利用することもあるでしょう。このように、訪問型のサービスや通所型のサービスなどをさまざまに組み合わせて生活がコーディネートされているときに、望むようなサービスが提供されているか、望んでいる内容や方法で提供されているかなどを確認し、必要に応じて代弁機能を果たしていくことが必要となります。

⑵　代弁の流れ

　代弁をするときの主な流れは、次のとおりです。

① 　本人の意思・意向の確認　　まずは、本人の意思や意向を確認します。意思や意向を確認しにくいときには、本人の望んでいた生活をもとに判断します。

② 　相手方（サービス提供者等）への確認　　サービス提供者等に、サービス内容、サービスの提供方法などについて、確認します。

図表2−60　後見人の代弁機能

③　代弁　　本人の意思や意向を、相手に明確に伝えます。このとき、どのようなサービス内容、サービス提供方法を望んでいるのかなどについて具体的に伝えることが望ましいでしょう。

④　場合によっては、同席して伝える　　③の代弁は、本人が直接に意思を表示することができないときや困難なときに行いますが、本人が意思表示できるときには、本人が相手に伝えるときに同席したりして、支援することもあります。被補助人や被保佐人の場合は、このような支援のほうが適していることも多いでしょう。

⑤　結果を確認する　　代弁などを行った場合、サービス提供者等が、本人の意思をくみ取り、それに沿って何らかの対処をすることが必要です。適切な対処がなされたか否かを確認します。

(3)　調整とは、交渉とは

「調整」とは、調子を整え、過不足をなくし、ほどよくすることです。

「交渉」とは、相手と取り決めるために話し合うことです。後見人は、被後見人の権利を擁護するために、狭義の代弁（意見を代わりに述べること）にとどまらず、必要に応じて調整や交渉を行います（図表2−61）。

被後見人は、判断能力が十分でないために、成年後見制度を利用しています。後見人は、身上保護のために、被後見人の生活全体のコーディネートをすることになります。生活をするために必要なサービスを組み合わせて利用するのですが、ニーズに合致しないサービス提供がなされていることもあります。

(2)で述べたように、過不足があれば、後見人が代弁するなどしてサービス事業者等に要求することになります。ただし、制度的なサービスには制約もあります。また、被後見人の機能や障害の内容などによっては、サービスの内容や方法に限界があることもあります。そこで、調整や交渉を行うことになります。

図表2−61　後見人の調整・交渉機能

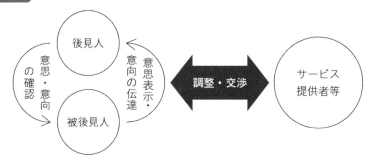

(4)　調整・交渉の流れ

調整・交渉の流れは、次のようになります。なお、①〜④については、代弁とほぼ同じです。

① 　本人の意思、意向の確認

② 　相手方（サービス提供者等）への確認

③ 　代弁

④ 　場合によっては、同席して伝える

⑤ 　交渉　　こちらの意向どおりには相手がサービス提供できない場合、こちら側の意見（要望）のうち、どうしても必要なものについて、明確に伝えていきます。また、どのようなサービス提供（内容や方法）であれば提供できるのかを確認していきます。そして、被後見人の生活の質が保たれる合意点を探っていきます。合意ができたら、合意内容を確認します。

⑥ 　調整　　サービスは提供されているものの、過不足がある部分、あるいは、提供の方法に工夫が必要な部分などについては、サービス提供者側と調整を行います。サービスの回数・頻度などを変更すれば本人の生活の質が高くなるような場合には、調整して、合意したことを明確に確認していきます。また、複数のサービス提供者の間で一貫したサービスが提供されない場合、あるいは、サービス提供内容に過不足が出る場合などは、複数のサービス提供者と話し合って、調整します。そして、合意したことを確認していきます。

⑦ 　結果を確認する

3　他職種・他機関と連携・協働する

(1)　連携とは、協働とは

連携とは、共通の目的をもつものが、互いに連絡をとり、協力し合って、ものごとを行うことです。協働とは、異なる機関等に所属するものや、異なる立場のものが、協力して働くことです。

(2)　後見人と連携・協働

後見人は、被後見人の支援を行います。しかし、被後見人の生活は、多くの場合、後見人の支援のみでは成り立ちません。後見人に就任したとき、すでに、介護や障害者福祉の制度的なサービスの利用が始まっていることも少なくないと思います。後見人に就任してから、サービスの利用を開始することもあるでしょう。生活保護など、公的扶助を受けていることがあるかもしれません。

　このように、被後見人には数多くの機関がかかわり支援をしています。後見人は、それらの多くの機関、そして、それらの機関の担当者、サービス提供者と連携し、協働して、被後見人の生活の質が保たれるように、あるいは、よりよいものになるように支援していきます。

<u>(3)　連携や協働に必要な要素</u>

　(A)　目的を共有する

　後見人は、被後見人の支援に携わるさまざまな機関と、目的を共有して、支援にあたります。被後見人が、安心して、安定した生活を送ることが、まず共有すべき大きな目標となるでしょう。また、被後見人のこれまでの生活歴・意思・意向などに沿って生活できるように支援することも、共有すべき目標となります。そのうえで、どのような方向で被後見人の生活を支えるかについて、関係者の間で細かな目的を共有するべきです。

　(B)　互いに連絡をとる

　連携や協働は、お互いに連絡をとらずに行うことはできません。後見業務などの対人援助を行う人は、他人と連絡・調整することに積極的であるべきです。後見人は、本人の意思を代弁する存在です。多くのサービス提供者が、本人とのかかわりにおいて、利益相反する立場を兼ねるのに対して、後見人は、本人の利益に最も近い立場におかれています。そのため、被後見人を取り巻くネットワークの中で、後見人は要（かなめ）に近い部分に位置づけられます。要に近い部分におかれる他の職種としては、福祉事務所の担当ケースワーカーや、介護保険のケアマネジャーや障害者総合支援制度の相談支援専門員などがあります。後見人は、それらの人と協力しながら、多くのサービス提供者と連絡をとり、被後見人を支援していくことになります。

　(C)　協力し合う

　連携や協働では、お互いに協力し合う必要があります。後見人は、本人の代弁者であり、権利擁護をする立場にありますから、個々の時点における被後見人の考え・意思・意向について、確認や表明することが期待されます。そのために、最大限役割を果たし、他の人や機関と協力していきます。

　また、(B)で説明したように、後見人は、制度的に、本人の利益に最も近い立場におかれ、ネットワークの要として位置づけられます。そのため、後見人は、被後見人にかかわるさまざまなサービス提供機関と直接連絡を取り合う役割を担うことになります。後見人が他の人や機関と協力し合うことよって、被後見人を取り巻くネットワークが望ましい方向へ機能していくということも少なくないのです。

Ⅵ　現実検討

第4章

1　現実検討とは

　被後見人が自分の意思を十分に表示できる場合、後見人は被後見人の判断を常に尊重し、被後見人の意向を確認しながら被後見人の意向に沿った支援をしていきます。しかし、時には、本人の判断が、客観的にみたときに本人のためにならないように感じられるときがあります。そのような場合には、一般的に、周囲の人は「指導」しようとしたり、「説得」しようとしたり、「説教」したりします。しかし、指導・説得・説教は、本人の意思や意向に沿った支援にはなりません。

　被後見人の判断が本人のためにならないようなとき、後見人は、「現実検討」をしていきます。現実検討とは、「現実吟味」という言葉で表現されることもあります。現実的に考えたときに、何が本人にとって利益（あるいは不利益）になるのかを検討して、そのうえで判断することをいいます。通常、人は、常に現実検討をしながら生きています。被後見人も現実検討をすることが大切です。

　たとえば、入所施設から退所して地域生活を始めた知的障害のある被後見人について考えてみます。地域生活を始めたということは、地域生活をするだけの生活スキルがあると判断されたから退所したはずです。しかし、入所施設での生活と異なり、地域生活は、自分の判断で決めなければならないことの連続です。自由度も、入所生活とは格段に違います。そのような状況では、被後見人が、自分の生活費の使い方をうまくコントロールできないこともあります。生活費は、それが生活保護費であっても、基本的には、本人が自由に使えるお金です。ましてや、障害者基礎年金、雇用された事業所からの給料などであれば、なおさら、使い道は本人が決められるはずです。

　しかし、被後見人を狙うかのように近づいてくる、さまざまな人がいます。そのような人は、被後見人と友達になったかのように装い、金銭を詐取したり、高額な買い物をさせたりします。被後見人は、そういった業者を「友だち」だと信じてしまい、疑いもなく高額な買い物を続けてしまったりもします。被後見人が「買いたいから買うのだ」と言っても、後見人としては、「そのまま見過ごすわけにはいかない」と感じるでしょう。指導・説得・説教したくなることがあるかもしれません。

このようなときに、現実検討をすることによって、被後見人の判断そのものを手伝うようにしましょう。以下のようなプロセスをたどって、ていねいに、いっしょに考えることによって、被後見人も「自分のために判断する」練習ができます。押し付けたり、説教の材料に使うのではなく、「いっしょに考えていこう」という姿勢を示し、いっしょに考えていってください。

2　現実検討の流れ

現実検討の流れは、次のようなものです。

① 　まず、前提となる生活条件を確認します。たとえば、収入はいくらあるのか、生活費の中で固定費はどれくらいかかるのか、残りはどのくらいの割合で支出してしまう予定なのか、などを検討します。

② 　「買いたい」対象となっている物について検討します。どのような価値のものか、価値に見合う値段がついているのか、そのものを買う必要性はどれくらいあるのか、そのものを買うことによってどのようなメリットがあるのか、一度きりの支出で済むものなのか、などを検討します。

③ 　買った場合の結果について検討します。その物の値段は収入に対してどれくらいの割合になるのか、貯金をどれくらい減らしてしまうことになるのか、その物を買うことによって貯金の残高はどれくらいになるのか、貯金がない場合には生活費のうちどれくらいの割合を占める支出なのか、などを検討します。特に生活費が不足することが予測される場合には、そのことを強調します。

④ 　買わなかった場合の結果についても検討します。買わないとどのようなことで困るのか、どのようなことで物足りないと感じるのか、誰に対して悪いという気持ちになるのか、などを検討します。

⑤ 　買う場合と買わない場合の結果を比べてみて、本人にとって最もよい決断（判断）がなされるように支援します。「あなたにとって、どちらがよい結果になりますか？」などと温かみを保ちながら本人に尋ねるとよいでしょう。

このようにして、被後見人とともに、日々の生活上の「判断」で、つまずいてしまいがちな部分について、一緒に検討していきます。

　本章では、これまで、対人援助の基本について記してきました。人とかかわること、人とコミュニケーションをとることは、社会生活の基本ですから、特別な

ことを学ばなくても、うまく被後見人とかかわることのできる人も少なくありません。一方で、知識としてはさまざまなことを知っていても、実際に被後見人とかかわるときには、うまく関係を取り結ぶことのできない人もいます。そのような人は、残念ながら、専門職と呼ばれる人の中にもいます。

　対人援助については、長い間、さまざまな研究の積み重ねがあります。基盤となる部分において、どのようなことが大切かということについては、かなり共通の認識がなされてきています。本章では、そのようなことを中心に説明してきました。

　しかし、どのような人に対しても必ずうまくいく対人援助の方法はありません。それぞれの後見人が、被後見人のことをよく理解し、被後見人のことを思って、ていねいに支援していくしかありません。

　対人援助の基本を学んだことが、今後に活かされていくことを願っています。

（第4章　福島　喜代子）

第 5 章

体験実習
（フィールドワーク）

　実際の後見業務に触れることで、自宅での生活実態なども含め
た被後見人の状態像を体感し、実践感覚を養います。

　また、後見業務への同行を実施しない場合でも、介護施設等を
見学することで、市民後見人としてかかわる被後見人と同じような
状況にある方の状態を体感し、施設職員の接し方などから実践感
覚を養います。

I 体験実習についての留意点

1 体験実習の目的

　この章では、後見人が実際に行っている現場に同行することにより後見業務の実務を学ぶ「体験実習」について説明します。

　後見人は、本人の身上保護・財産管理などの後見業務を行う中で、いろいろな関係機関の担当者と打ち合わせや相談をしたり必要な手続を行ったりしています。

　後見人が出向く場所は、本人が生活する自宅や施設はもちろん、手続の内容に応じて、市・区役所などの行政機関や、年金事務所、銀行などの金融機関、病院などへ行くこともあります。

　これらの場所は、一般には行き慣れない場所であり、特殊な手続をすることも少なくありません。

　後見人がそれぞれの場所で、関係者とどのようなかかわりをもち、どのような手続を行っているのか、どのような態度で接しているのかなど、講義で学んだ知識の確認をするとともに、講義だけでは学ぶことのできない事項について、後見業務の現場を学んでいくことになります。

　体験実習は、限られた時間の中で、本人はもちろん関係者の協力があってこそ可能となる勉強ですから、これらの人々には感謝の気持ちをもって、現場に立ち会うようにしてください。

　なお、受講者が後見人に同行してその実務を目の当たりにすることはとても貴重な体験ではありますが、こういった実習を行うことは、本人の状態に悪影響を及ぼす可能性があること、正式な権限をもたない受講者が本人のプライバシーに深くかかわることになること、本人の有効な同意を得られるかどうかわからないことなどといったマイナスの側面もあります。そのため、体験実習は行わず、介護施設などを訪問することで本人のおかれた状況に近い状況を経験する、といった実習内容になることも考えられます。

2　あらかじめ注意する事項

(1)　心構えと目的意識をもつ

　受講生にとっては体験実習という研修の一環であっても、それぞれの現場では、日々、多くの関係者が忙しく業務を行っています。受講者は、後見人はもちろん、現場の関係者の業務に支障が出ることのないように、以下の点に配慮して、注意深く行動するように心がけてください。

①　受講者であるという自覚をもつこと

②　後見人や現場の業務に支障を来さないように行動すること

③　後見人や関係者の言動を注意深く観察すること

(2)　言葉遣いや服装に気を配る

　後見人は、身上保護と財産管理により本人の生活を支援するというとても重要な業務を行います。ですから、本人や関係者から信頼されるような言動が求められます。

　本人と話す際の言葉遣いには十分に気を付けるようにしましょう。本人の名前の後には「様」や「さん」を付け、「〇〇様」「〇〇さん」と呼びかけます。本人に対して、「あなた」や「おじいさん」「おばあさん」という言葉は使いません。親しみは、使う単語にではなく、「気持ち」に込めることが大切です。

　車椅子を利用している人に呼びかける際は、同じ目線になるようにかがみこんで話しかけます。上から見下ろすように話しかけることは、相手に威圧感を与えることになります。

　また、話しかける際には、本人が聞き取れるように、明確に、はっきりと発声するよう心がけます。必要以上に大きい声を出すことも、相手に威圧感や恐怖感を与えることになります。

　服装について、正装する必要はありませんが、Ｔシャツやサンダル履きなどのような相手に不快感を与える恰好をすることのないように配慮しましょう。

(3)　個人情報・プライバシーを守る

　体験実習中には、本人についての多くの個人情報を見聞きすることになりますが、これらの情報については取扱いに注意しなければなりません。

　本人は、自分が成年後見制度を利用しているということ、住所や名前、年齢、通っている病院や施設、後見人と話した内容などについて、他人に知られたくないと思っていることも少なくありません。財産の金額、お金を預けてある金融機

関の支店、口座番号などについては、他人に知らせることがそもそも不適切であると考えられます。

なお、平成27年10月から施行されたマイナンバー制度により本人に通知されているマイナンバーについては、後見人の配慮により体験学習では受講者が目にすることはないと思われますが、万が一、目にした場合には、他人に知らせるべきではありません。

本人にかかわる人たちが、これらの個人情報を他人に漏らすことは、職務上禁止されています。

受講者は、体験実習中に知った被後見人に関する個人情報について、自分の両親、家族、友人などに話したり、話題にしたりしてはいけません。これは、市民後見人養成研修の受講者が相手でも同じです。

受講者には、研修の実施にあたって提出した誓約書に基づく守秘義務があり、これは、養成研修が終わった後でも、同様に課せられるものです。十分に注意してください。

3　その他の気を付ける事項

(1)　体調管理に気を付ける

体験実習に参加するにあたっては、自分の体調を確認します。風邪やインフルエンザなど、感染する可能性のある病気にかかっている場合には、参加するべきではありません。関係者に感染させることは絶対に避けるように心がけましょう。特に被後見人の入居している介護施設を訪問するような際には、多数の人がいることからそれだけ多くの人を感染の危険にさらすことになりますし、高齢者の場合にはもともと身体機能が弱くなっていますから感染した場合の容態が重くなりやすいものです。体調が悪い場合には、無理をせずに、体験実習に参加することを中止してください。

(2)　携帯用具を確認する

筆記用具および身分証明書を必ず持つようにします。

施設内では、携帯電話の使用は禁止されることが多いので、気を付けなければなりません。

(3)　メモはこまめにとる

同行中には、気づいた点や参考になった点について、こまめにメモをとるようにします。同行する後見人の言動を注意深く観察しましょう。記録するべき事項

としては、たとえば次のようなものがあります。

① 活動した日時、場所、面談相手の資格・氏名

② 活動の内容

③ 後見人から受けた指導の内容

(4)　疑問点や質問事項がある場合

同行中に感じた疑問点や質問事項は、その場を離れてから後見人に質問するようにしましょう。本人や関係者がいる場所では、話すことに不都合がある事項かもしれないからです。

また、関係者に直接質問したい場合には、あらかじめ後見人に了解をとるようにしましょう。

(5)　受講者の独断では対応しない

体験実習中、受講者が単独で行動することは、基本的にはないと思われます。ただし、もし何らかの事情で後見人から離れて行動することになった場合、本人や関係者から後見業務について質問や依頼を受けるといったことがあるかもしれません。そのような場合、受講者は、その場で判断や回答をしないようにしましょう。後見業務に関する事項については、必ず後見人に確認をとり、受講者ではなく、後見人が判断し、回答することになります。

また、受講者が本人のために立替えをしたり、関係者と金銭の授受をしたりすることは、しないようにしましょう。

(6)　まとめ

受講者が後見人に同行し、本人をめぐるさまざまな情報に接することは、本人の同意はもちろん、多くの関係機関・関係者の信頼と理解があるからこそ実現できるものです。

受講者は、後見人がこれまでに構築してきた被後見人・関係機関との信頼関係や市民後見事業の信頼を損なうことのないよう、十分に配慮して行動するようにしてください。

Ⅱ 後見人の後見業務に同行する際に注意すべき事項

1 被後見人に関する情報を事前に確認する

　後見人に同行する場合には、体験実習に必要な範囲で、後見人から、被後見人に関する情報の提供を受けます。これは、被後見人の心身の状態や状況をある程度知っているほうが、現場でされているやりとりの内容についての理解がより深まるからです。

　一方で、必要以上に個人情報の提供を受けることは、被後見人や関係者だけでなく、受講生にとっても負担になりますから、後見人が配慮する必要があります。

　なお、受講者が被後見人に関与することについては、後見人または成年後見支援センター等の関係者が、事前に被後見人や関係者から承諾を得ることになります。

2 被後見人に面談する場合の注意事項

(1) 自宅へ訪問する場合に注意する事項

(A) 本人自身から確認する事項

　後見人は、本人の状態に応じて定期的に訪問し、面談しています。同行の際には、本人の判断能力、健康状態、生活状況等について、以下のような事項に注意するようにしましょう。後見人の質問に対する本人の回答や、本人の自発的な訴えからだけでは、本人の気持ちやおかれた状況を読み取れないことも多いのです。

① 顔の表情・声の調子、言葉遣い、会話の様子
② 着ている衣服、髪や爪等の身体の清潔度
③ 食事の摂取や睡眠などの１日の生活状況
④ 生活用品の備蓄状況
⑤ 外出の頻度や外出先
⑥ 訪問者や電話など外部からの接触者の有無とその特定　など
⑦ 本人の意向確認と、その意向が反映されているかの確認

(B)　本人以外から確認する事項

(a)　生活部屋、寝室、洗面所、浴室等の様子はどうなっているか

　食卓に食事の食べ残しが放置されていないか、居室は整理されているか、ゴミは処理されているかなど、生活場所の清潔度について確認します。

　本人が自宅に１人で生活している場合には、特に注意が必要です。見慣れない物が増えていないか、同じものが大量に保管されていないかなど、定期的な訪問をするたびに、居室内の様子の違いを注意深く確認します。

　後見人は、本人との会話や自分自身の目で見て、疑問があれば、本人や、ヘルパー・ケアマネジャーなど自宅に出入りしている関係者に確認をとります。そのような場合に、受講者は、後見人がどのような視点で、どのようなことについて確認しているのか学んでください。

(b)　財産管理状況の確認

　現金が放置されていないか、預貯金通帳がきちんと保管されているかといったことのほか、前回の面談から今回の面談までの収支状況について確認します。

　本人が家族と生活している場合、後見人は、本人の日常生活や生活資金の使い方などについて家族にも話を聞くことになるでしょう。

(c)　その他、日常生活全般についての確認

　本人に、知らない人からの訪問や電話などがないか、確認します。悪質商法の販売員など、被後見人の財産・生活を脅かす人間が関与していないかについては、十分に注意しなければなりません。

(2)　施設へ訪問する場合に注意する事項

　被後見人は、自身の自立生活能力や家族など支援者の有無をはじめとするさまざまな状況によって、自宅以外の場所（施設や病院）で生活している場合があります。そのため、体験実習の一環として、そういった施設等を見学することも考えられます。

　そこで、ここでは、本人が生活する自宅以外の場所を訪問する場合の注意点を説明します。

　施設には、高齢者向けのものだけでも、特別養護老人ホーム、有料老人ホーム、老人保健施設、グループホーム、ケアハウスなど、いろいろな形態のものがあります。

　施設における生活にはどのような課題があるのか、その課題に対して後見人はどのような対応をしているのか、施設関係者とどのような関係をもっているのかなど、受講者は、後見人から説明を受けながらも、自分自身の目で学習するよう

にしてください。

(A)　受付における対応

(a)　訪問記録へ（面会者簿）の記載

ほぼすべての施設において、訪問先や訪問者の氏名、連絡先などは、申出事項になっています。受付に記録用紙が用意されていますので、訪問時には、必ず記載し、訪問者の身分や入所者との関係を明らかにします。

なお、入館証の携帯が義務づけられている施設もあります。

(b)　施設利用料を支払う場合

後見人が受付で施設利用料を支払う場合があります。請求事項の内容の確認や領収書など書面の受領などの流れについて学習します。

(c)　本人あての郵便物や訪問者の確認をする場合

施設には、本人あての郵便物が届いていることがあります。郵便物の中には、後見人が対応しなければならない書類がある場合があります。特に提出期限がある場合には期限を渡過しないよう注意が必要です。また、本人への訪問者や連絡してきた者がいた場合には、後見人は、本人との関係や来訪（連絡）の用件などを確認しますので、施設の職員とどのようなやりとりをしているか、確認しましょう。

(B)　手洗い・うがい・消毒の励行

高齢者は身体機能が低下し、抵抗力が弱くなっています。施設を訪問するときには、自分の体調に十分に注意しましょう。体調が悪いときや感染症（風邪や発熱など）がある場合には、決して無理をせずに訪問は中止します。

施設によっては、受付に消毒液やマスクなどが用意されている場合がありますので、利用するように心がけましょう。

(C)　本人との面談の際に注意する事項

本人の顔の表情・声の調子、会話の様子、着ている衣服、髪や爪等の身体の清潔度、食事の摂取の状況等について確認することは、自宅を訪問した場合とほぼ同じです。

施設で生活している場合は、日常生活において介助が必要なことが多いので、特に衣服や身体の清潔さを見て、必要な介助がされているかどうかの確認をします。

後見人は頭髪や皮膚、口腔内の清潔さや衣服の交換状態などについても、自分自身の目で直接確認します。

気になることがあった場合は、記録をとったうえで、介護者や施設管理者に対

して必要な対応を求めることになります。そして、次回訪問するときに、後見人の要請した対応が行われているかについて、確認することになります。

　また、ベッドや居室内に、介護の記録用紙が備置されていることがあります。寝返りの介助や食事の摂取状況など、担当者が記入した記録も参考になりますので確認するとよいでしょう。日常生活や介護の状況などを、介護者に直接確認することもあります。

(D)　居室における注意事項

　ベッドやテーブルの周辺、シーツ、タオルや布団、衣服、居室内の体感温度や臭気などの状況や清潔度などについて確認し、施設側がきちんと対応しているかどうかをチェックします。気になる点があった場合は、後見人はその場で関係者に確認しますから、どのようなやりとりをしているか、学習してください。

(E)　介護者等に対して確認する事項

　後見人は、本人からは確認できない事項について、施設関係者から直接に聞き取ることがあります。たとえば、以下のような事項です。

①　食事の摂取や会話の内容などの生活状況や生活態度

②　介助に対する拒否の有無や逆に歓迎している介助行為など

③　定期診察や医療行為の有無

④　訪問者があった場合の本人との面会の様子

　後見人から施設関係者へ本人やその周辺の状況を聞き取ることは、施設に対して後見人の関心度を訴えることにもつながります。

　受講者は、後見人が本人に対してどのような会話や確認行為をしているのか、施設関係者に対してどのような確認や相談をしているかなどについて、注意深く観察するようにしましょう。

(F)　施設から受領する書類などがある場合

　施設によっては、施設利用料や介護サービスに関する書類について、定期訪問の際に後見人に確認を求めることがあります。料金、介護サービスの内容などが実際と書面（利用明細書）の内容に食い違いがないかといったことは、必ず確認しなければなりませんので、後見人がどのような点に注意して書類を見ているか、学習してください。

　また、日常生活費として施設に預けた金銭がある場合は、毎月の収支の明細について領収書や現金を確認することもあります。

第5章

3　介護関係者と面談する際の注意事項

　後見人は介護サービス計画（ケアプラン）を作成するケアマネジャーと、その内容について協議します。また、ケアプランに基づいて本人の生活支援を行うヘルパーと、本人の生活の様子について情報交換をします。

　そのほか、デイサービスへ通っている場合の事業者や日常生活の支援を受けている世話人など、本人の生活にかかわっている関係者からも、こまめに情報提供を受けています。

　受講生は後見人が情報交換する相手やその内容について学習してください。

4　金融機関における注意事項

　金融機関の本人名義の口座については、後見人の届出が必要です。すでに後見人の届出がしてある場合でも、預金の預入れ・払戻しをする際に後見人であることの証明書（登記事項証明書）を求められる場合もあるようです。

　また、預金口座については、月１回程度通帳記入をすることにより、現金とともに、月間の収支について確認が必要です。

　受講者は、後見人による窓口における対応、帳簿等の実際の作成について学習してください。

5　行政機関における注意事項

　後見人は後見業務において、市町村の関係部署を訪ねることもあります。

　本人の本籍や住所に関しては戸籍住民係、健康保険や介護保険などについては各保険課、市民税や固定資産税については税務課など、それぞれの手続によって相談する窓口が異なります。

　市町村によって手続が同じであっても、担当窓口が異なることがありますので、事前に確認しておくことが必要です。

　行政機関の窓口でも、後見人が手続をする場合には、身分証明書の提示を求められることがありますので、必要な証明書や印鑑は常に携行することが大切です。

　受講者は、行政機関の手続に必要な書類や携行物を確認してください。

6　体験実習記録の作成（業務日誌）

　後見人は、後見業務を行った際は、すぐに記録を付けます。その際の記録事項としては、主に次のようなものがあります。

①　日時、場所（電話記録）、立ち会った関係者（連絡相手）

②　内容、気になった点

③　金銭の授受があった場合は、金額と用途

　訪問記録（業務日誌）を付けることは、本人の現在の状況を記録しておくだけでなく、今後の介護方針を立てるうえでも重要なことですから、後回しにせず、そのつど記録するようにします。受講者は、後見人がどのような点に注意して記録しているか、実際の日誌を見ながら確認するようにしましょう。

　また、体験実習において、受講者自身も報告書を提出することが必要になる場合もあります。個人情報に留意して速やかに作成し、提出するようにしましょう。

（第5章　橋本　健司）

第5章

第**6**章

家庭裁判所の役割

　後見等開始の申立てがされてから市民後見人が選任されるまでの家庭裁判所における手続の流れや、後見人として就任した後に受けることになる監督について学びます。

第
6
章

I　家庭裁判所における成年後見関係事件の位置づけ

　家庭裁判所（☞第1巻第1章XI）は、家事事件、人事訴訟事件および少年事件を、それぞれ取り扱っています。

　家事事件は、家庭内の紛争など、家事事件手続法その他の法律で定める家庭に関する事件をいい、家事審判事件と家事調停事件に分かれています。家事審判事件は、さらに家事事件手続法の別表第1の審判事件と、別表第2の審判事件とに分類されます（図表2－62）。

　別表第1の審判事件には、氏・名の変更の許可、相続放棄、養子縁組の許可などがあり、後見開始、後見人の選任・解任、後見監督といった成年後見に関係する事件もこれに含まれます。これらの事件は、当事者の合意に基づく調停によっては解決することはできず、もっぱら家庭裁判所の審判によって取り扱われます。これらの事件は、いずれも公益的性格が強いため、申立てをした人が自分の意思で決めることができるとするのは適当でなく、家庭裁判所が後見的な立場から関与する必要があるためです。

　たとえば、認知症により判断能力が低下した母に代わって銀行の定期預金を解約するために、長女が後見人になることを希望しており、母もこれに同意しているという例を思い浮かべてください。この場合、母と長女が合意していることのみをもって、後見を開始して長女が成年後見人になることができるとすれば、成年後見による保護を必要とするほどに判断能力が低下しているのかどうかもわからないまま、母の行動が制限されてしまうことになります。そこで、民法は、中立的な公の機関である家庭裁判所が母の判断能力を見極めて成年後見による保護が必要かどうかを判断し、後見を開始する場合には、適切な後見人を選任することとしているのです。

図表2－62　家事審判事件の分類

別表第1の審判事件	別表第2の審判事件
○氏・名の変更の許可、相続放棄、養子縁組の許可、後見開始、後見人の選任・解任、後見監督等	○婚姻費用の分担、子の監護に関する処分（養育費、面会交流等）、財産分与、親権者の指定・変更、遺産分割等
○比較的公益性が高い。	○比較的公益性が低い。
○調停によって解決することができない。	○調停によって解決することができる。

成年後見関係事件の種類と取扱件数

　家庭裁判所が取り扱う成年後見関係事件は、家事事件手続法の別表第1の1から54までおよび111から121までに列挙されており、多種多様なものが含まれています。家庭裁判所は、当事者からの申立てによりまたはみずからの権限（以下、「職権」といいます）で、これらの事件について必要な事実の調査をし、審判という形で判断を示します。このうち特に取扱件数が多いのは、後見等の開始、後見等の事務の監督です。

　平成30年の取扱件数をみると、後見等の開始の申立てが約3万7000件（平成13年は約1万件）、後見等の事務の監督が約16万2000件（平成13年は約7000件）でした。17年前と比べると、後見等の開始申立ては約3.7倍、後見等の事務の監督は約23.1倍と大幅に増加しています。

　『平成30年版高齢社会白書』によれば、65歳以上の高齢者人口（平成29年10月1日時点で約3500万人）は、今後も増加し、令和24年に3935万人でピークを迎えると予測されています。また、厚生労働省によれば、平成24年時点の認知症高齢者は462万人と推計されており、令和7年に約700万人、65歳以上の高齢者の約5人に1人に達することが見込まれています。

　また、障害者についても、政府は、障害の有無にかかわらず、ともに支え合って共生する社会の実現をめざしてさまざまな取組みを進めています。

　加えて、平成28年5月に施行された成年後見制度利用促進法に基づいて、平成29年3月に成年後見制度利用促進基本計画が閣議決定され、各地域で成年後見制度の利用が必要な方が制度を利用でき、必要な支援につないでいくしくみとして、権利擁護支援の地域連携ネットワークや、そのコーディネートを担う中核的な機関（中核機関）の整備が進められています。

　このような状況からすれば、今後も成年後見制度の利用件数は増加し、それに伴って家庭裁判所の監督の対象となる事件数も累積的に増加すると予想されます。

III　家庭裁判所の役割

1　はじめに

　成年後見制度において家庭裁判所が果たす役割を大まかにいえば、制度の利用を検討している方に手続の説明・案内をし、後見の開始が申し立てられた場合は、本人の判断能力を吟味して成年後見制度による保護が必要かどうかを判断し、後見を開始するときは、本人の利益保護のために最も適切な後見人を選任したうえ、後見の終了に至るまで、後見人による事務が本人の利益に沿って行われているかを監督するということになります。

　以下、手続の流れに沿って、家庭裁判所の果たす役割について具体的に説明します。

2　家事手続案内

　家庭裁判所では、手続を利用しやすくするため、窓口を訪れた方の抱えている問題が家庭裁判所の審判や調停の手続によって扱うのに適しているか、適している場合にはどのような申立てをすればよいのか、その申立てをした場合の手続の流れなどについて、説明・案内を行っています。これを「家事手続案内」と呼んでおり、成年後見関係事件の申立てを検討している方にも手続案内を実施しています。

　成年後見関係事件は、本人の権利や利益を守るために家庭裁判所が後見的立場から関与する類型の事件です。そのため、成年後見関係事件については、手続案内の際に、本人のニーズに応じた適切な説明・案内を行うため、本人の住所、本人の判断能力の状態のほか、申立ての動機・目的などの事情を聴いています。手続案内の担当者は、これらの情報を踏まえたうえで、申立てはどこの裁判所にすればよいのか、どのような書類を作成すればよいのか、などを説明しています。また、成年後見関係事件の手続案内においては、来庁者が本人ではない場合も多いことから、手続案内の担当者は、来庁者と本人との関係を確認し、来庁者自身に申立権があるかなどの説明もしています。

　最近は、金融機関において本人確認の手続が厳格化された関係で、判断能力が

低下した本人の預貯金等の管理や解約を目的として後見開始を申し立てる事例が多いようです。また、従来からよくみられる目的として、施設入所等のための介護保険契約締結、相続手続、不動産の処分、保険金の受領などがあげられます。

　手続案内の際には、最高裁判所が作成したパンフレットやDVD、各家庭裁判所が実情に応じて独自に作成した申立ての手引きやQ&Aなどを利用することにより、わかりやすく、かつ、担当者ごとにばらつきのない説明を行うように工夫しています。そして、具体的に申立てをする予定のある来庁者に対しては、申立ての書式や添付書類のひな形といった書類一式に必要な説明を添えて交付することにより、以後の申立てや審理が円滑に進むように配慮しています。

　手続案内では、成年後見制度があくまで本人の保護を主眼としており、申立てをする親族のためのものではなく、後見人は本人の利益のために後見事務を行わなければならないことを十分理解していただけるよう留意しています。また、後見開始の申立ては家庭裁判所の許可がない限り取り下げることができないこと、いったん後見が開始すると、申立ての直接のきっかけとなった目的（特別の整理や手続等）を達成した後も、本人の判断能力が回復しない限り、制度の利用は生涯にわたって継続することについても、説明するようにしています。さらに、来庁者自身が後見人の候補者にあげられることが多い実態を踏まえて、候補者が必ずしも後見人に選任されるわけではなく、第三者が選任される可能性もあること、後見事務は公の事務であり、家庭裁判所の監督に従わなければならないこともあわせて説明しています。

3　後見開始の申立てから審判まで

(1)　後見開始に関する審理・判断

　後見開始の申立てがされると、家庭裁判所は、申立てを受理し、まず申立てをする権利がある方によって申立てがされているか、申し立てられた家庭裁判所に管轄があるかといった形式的な要件をチェックします。

　そのうえで、後見を開始する実体的な要件が満たされているかどうかを審理します。後見開始の申立てを例にとれば、本人が「精神上の障害により事理を弁識する能力を欠く常況にある」かどうか、具体的には、本人が、契約などをするための判断能力を欠いているのが通常の状態であり、成年後見人による支援が必要な状態にあるのかを審理・判断することになります。

　後見を開始すべきかどうかを判断するにあたって、最も重要な資料となるのは、

本人の判断能力の状態について診断した医師の意見です。医師の意見は、診断書や鑑定書の形で示されるのが通常です。家庭裁判所は、法律上、本人の精神の状況につき鑑定をしなければ、後見または保佐開始の審判をすることができないとされています。これは、後見または保佐開始の審判がされると、本人が締結した契約が後見人または保佐人によって取り消されうることになるなど、本人の行為が制限されることになるため、慎重な判断が必要だからです。

　もっとも、明らかにその必要がないと認めるときには、鑑定を実施しないことができるとされています。鑑定には費用と時間がかかりますので、明らかに鑑定の必要がない事案では、鑑定を実施せずに迅速な審理を行うことが、後見または保佐開始による保護を必要としている本人の利益に適うと考えられます。そのため、家庭裁判所では、診断書を中心とするさまざまな資料から、本人の精神状態について、明らかに保護が必要な状態と判断できる場合には、鑑定の必要がないものとして、鑑定を実施しないことがあります。

　なお、診断書や鑑定書の書式は、平成29年3月に閣議決定された成年後見制度利用促進基本計画を踏まえ、医師が医学的判断の結果をより適切に表現することができるよう書式を改定しました。また、福祉関係者等が有している本人の生活状況等に関する情報を医師に提供することにより、十分な判断資料に基づく適切な医学的判断が行われるようにするため、新たに福祉関係者等が記載する「本人情報シート」を導入し、平成31年4月から運用を開始しました。

　また、後見開始の審判をするには、本人の陳述を聴かなければなりません。これは本人の自己決定権を尊重するためですが、被後見人となるべき本人について、心身の障害によって陳述を聴くことができない場合には、陳述を聴くことなく後見開始の審判がされることがあります。

(2)　後見人の選任に関する審理・判断

(A)　家庭裁判所の権限

　家庭裁判所は、本人について後見を開始すべきかどうかの審理・判断と並行して、後見を開始した場合に誰を後見人に選任すべきかを審理・判断します。

　法律上、後見人を選任するには、本人の心身の状態並びに生活および財産の状況、後見人となる者の職業および経歴並びに本人との利害関係の有無（後見人となる者が法人であるときは、その事業の種類および内容並びにその法人およびその代表者と本人との利害関係の有無）、本人の意見その他一切の事情を考慮しなければならない（民法843条4項）とされています。誰を後見人に選任するかについては、家庭裁判所の判断に委ねられており、家庭裁判所が本人の利益保護のために最も

適切であると判断して後見人を選任した審判に対しては、不服を申し立てることはできません（ただし、後見を開始するかどうかの審判に対しては不服を申し立てることが可能です）。

　後見開始の申立書の書式には、後見人の候補者を記載する欄がありますが、候補者をあげることは必須ではありません。また、候補者があげられていても、家庭裁判所はこれに拘束されません。候補者が必ずしも後見人に選任されるわけではなく、第三者が選任される可能性もあります。

(B)　後見人を選任する際の考慮要素

　成年後見制度利用促進基本計画において示された「利用者がメリットを実感できる制度・運用の改善」に向けて、家庭裁判所は、本人の生活状況等を踏まえ、本人の利益保護の観点から適切な後見人を選任するために、一般的に次のような事情を考慮しています。

(a)　本人に関する事情

　まず、本人に関する事情については、「心身の状態」として、認知症、知的障害、精神障害などによる精神上の障害の内容や程度、原因、身体の健康状態などを、「生活……の状況」として、居住環境（在宅か施設入所か、一時的な入院中であるか等）や同居者の有無などを、「財産の状況」として、本人の保有する財産の種類・額などを、それぞれ考慮します。

　また、本人の自己決定権を尊重するため、「本人の意見」として、本人が誰を後見人に選任することを希望しているかを聴取します。もちろん、本人の希望する候補者に本人の財産の無断使用がみられるなど、客観的にみて適格性に疑問があることもありますし、意見を述べた時点における本人の判断能力の状態も考慮する必要がありますので、必ずしも本人の希望する方が後見人に選任されるわけではありません。

(b)　候補者に関する事情

　次に、候補者に関する事情については、「職業及び経歴」として、弁護士、司法書士、社会福祉士等、後見事務に関する専門職であるかどうかや、後見人の経験の有無、後見等の業務を適正に行うことを目的とした研修受講の有無等が考慮されます。

　また、「その他一切の事情」として、候補者と本人との親族関係、申立てに至るまでの候補者による本人の財産管理の状況（本人の財産を無断で使用したことがないかなど）、成年後見制度に関する知識や理解の程度（本人を保護するための制度であることを理解しているかなど）、予定される職務の難易度（訴訟等の専門的知

第6章

見を要する事務が予定されているかなど)、事務報告を適正に行う資質・能力、年齢、健康および経済状態などを検討します。

さらに、家庭裁判所は、後見人の選任の審判をするには、候補者の意見を聴かなければならないとされています。後見人は、長期にわたって重い職責を負うことになりますので、選任前に候補者の意見を聴いておく必要があるためです。

(c)　利害関係の有無

候補者と本人との「利害関係の有無」も重要な考慮要素です。候補者と本人との間に利害関係がある場合の典型例は、候補者と本人が被相続人の共同相続人である場合、候補者が本人に対して立替金や貸金等の債権があると主張している場合などがあります。

たとえば、父が亡くなったため、母と長男とが父の遺産を分割して相続することになったものの、母が認知症により判断能力を欠いているので、長男が自分を候補者として後見開始を申し立てたという場合、長男を母の後見人に選任すると、長男が自己に有利な遺産分割をする可能性があるため、慎重な検討が必要になります。そして、長男が後見人に選任された場合は、長男みずからが母を代理して遺産分割をすることはできず、家庭裁判所に申し立てて利害関係のない第三者を特別代理人に選任してもらい、長男と特別代理人との間で遺産分割の協議をしなければなりません。

(d)　親族の意見

以上のほか、「その他一切の事情」として、本人の親族(とりわけ推定相続人)の意見も考慮要素となります。このような親族は、本人の財産や生活状況について関心があり、後見人として適切でないと思う候補者についてはそのような意見を述べると考えられるからです。

(C)　親族と第三者の選択

家庭裁判所は、これらの事情を総合的に考慮して、本人にとって最もふさわしい方を後見人として選任しますが、多くの事案で問題となるのは、申立人が候補者として掲げる親族を選任するか、第三者(特に弁護士、司法書士、社会福祉士等の専門職)を選任するかという点です。

一般に、親族の候補者は、本人の療養看護を含む身の回りの世話を実際に行っていることが多く、当該候補者に後見事務も任せることにより、親族の情愛に基づくきめ細かな配慮の行き届いた後見事務を期待することができ、本人に財産が少なく報酬の財源がない場合にも選任できるという特長があります。反面、親族の候補者の中には、他人の財産を管理するという意識が希薄な方もいて、専門職

のように所属団体等による監督や制裁もないため、ほとんどの親族後見人が誠実に事務を行っている中で、残念ながら、本人の財産を着服するなどの不正行為に及んでしまう親族後見人がいることも否定できません（最高裁判所の実情調査によれば、後見人による不正事例の大半は親族の後見人によるものとされています）。

　また、①本人の心身の状態や生活の状況に照らし、介護サービスの利用契約や施設への入所契約に際して専門的な判断が必要な場合、②本人について、訴訟・調停・債務整理等、法的手続を予定している場合、③本人の財産が多額かつ複雑でその管理に専門的知見が必要な場合等、予想される後見事務を適切に行うのに専門的な知識を必要とすると考えられる場合には、本人の権利を守るために、身上保護や財産管理に通じた第三者を後見人に選任することが適切であると考えられます。

　そこで、家庭裁判所は、予想される後見事務の専門性、後見人候補者の能力や適性、不正行為防止の必要性、本人と候補者との従前の関係や本人の意向、生活および財産の状況等を総合考慮し、誰を後見人に選任するべきかを判断しています。

　たとえば、本人の不動産の売却や保険金の受領が申立ての動機とされている場合は、現金・預貯金といった流動資産が大幅に増加することが予想されますので、その金額や受領時期によっては、財産管理についての専門的知見を有する弁護士、司法書士等の専門職を選択することが適切なことがあります。また、本人の親族同士、特に推定相続人の間で相続争いの前哨戦として本人の財産管理方法等をめぐって紛争が生じている場合には、対立親族の中から後見人を選任すれば、後見事務が円滑に遂行できないことが予想されるため、専門職が選択されることが多いようです。

⑴　監督人が選任される場合

⒜　監督人の概要と職務

　専門職以外の人が後見人に選任される事案では、監督人（成年後見監督人、保佐監督人または補助監督人）が選任されることがあります。監督人は、本人、その親族もしくは後見人の請求により、または、職権により選任することができますが、実際に監督人が選任される事案の多くは職権によるものです。監督人は、後見開始の審判と同時に選任される場合だけではなく、後見開始後に必要に応じて選任されることもあります。

　監督人は、後見人が就任時にする財産の調査・財産目録の作成に立ち会ったり、後見人に対し、後見事務の報告や財産目録の提出を求めたり、後見事務の状況を

調査したりすることにより後見人を監督します。また、後見人が適切に後見事務を行うことができるように必要な助言や指導も行います。後見人が欠けた場合に新たな後見人の選任を請求したり、緊急の事情がある場合に後見人に代わってみずから必要な行為をしたりもしますし、後見人と本人との利益が相反する行為については、本人を代理してその権利・利益を保護します。また、後見人が不動産の売却などの重要な法律行為をする場合には、監督人の同意が必要とされます。

　監督人は、以上のような職務を行う過程で、後見人の不正行為を発見したときは、速やかに家庭裁判所に報告し、また、後見人の解任請求をすべきことになります。

(b) 監督人が選任される事例

　家庭裁判所は、基本的に後見人を直接に監督しますが、多数の後見人を同時並行的に監督せざるを得ない家庭裁判所の監督に加えて、個別事案ごとに適切な監督人を選任すれば、事案に応じたよりきめ細かな指導・監督を期待することができます。

　監督人が選任される例としては、①遺産分割協議など、後見人と本人との間で利益が相反する行為について、監督人が本人の代理をする必要があると考えられる場合、②管理財産の額が多額で、後見人による不正行為を防止する必要性が高い場合、③後見人と本人との間に貸借や立替金があり、その清算について本人の利益を特に保護する必要がある場合、④中核機関や福祉機関等による後見人への支援が期待できず、後見人のみでは、適切な後見事務の遂行に不安があり、少なくとも一定期間、監督人による指導・援助の必要性がある場合などがあります。また、地方自治体等による養成研修を受けた専門職以外の第三者を市民後見人として選任する場合に、社会福祉協議会を監督人に選任する運用例もみられます。このほか、家庭裁判所による監督が継続する中で、後見事務の内容に問題点がみられる場合に、監督人が選任され、監督人による調査・指導が行われることもあります。

(c) 適切な監督人の選任

　監督人には、多くの場合、弁護士、司法書士等の専門職が選任されています。これは、監督人の基本的な職務が、後見人による事務が適正であるかどうかを監督することにあり、監督の実効性を担保するためには、後見人と利害関係のない第三者、それも後見実務に関する専門的知見がある専門職であることが必要であるためと考えられます。

　専門職の監督人に期待される役割は、事案の特徴や監督人選任の目的によって

さまざまですが、いずれの事案においても、法的課題について的確に対応すること、後見人の不正行為を防止する観点から監督することのみならず、より広く不適切な後見事務を防止するため、後見人を支援する観点から、後見監督事務を通じて指導、助言や相談対応を行うことが期待されています。後見人は、監督人の合理的な指示に従う必要があり、これに反した場合には後見人を解任されることがあります。

　⒠　後見開始の審判への参与員の関与

　家庭裁判所が後見を開始するかどうか、開始するとして誰を後見人に選任するかを決めるに際し、参与員の意見を聴くことがあります。これは、法律上、家庭裁判所は、参与員の意見を聴いて審判をするものとされているためです。

　参与員は、人望があり、社会人としての健全な良識を有する一般国民の中から、個別の事件ごとに指定される非常勤の裁判所職員です。

　参与員の意見を聴くことは、法律的な判断だけでなく、国民の良識を審判に反映することにつながるとともに、国民の司法参加の一環としても意義があります。誰を後見人に選任するべきかといった事項は、法律的な判断だけでなく、さまざまな事情を考慮して決めることになるため、基本的には参与員の意見を聴くことが有益であると考えられます。

　なお、参与員は、家庭裁判所の許可を得て、意見を述べるために、申立人が提出した資料の内容について、申立人から説明を聴くことができるとされています。

4　後見開始の審判から後見等の終了まで

⑴　親族後見人に対する基本的な説明

　家庭裁判所は、親族を後見人に選任する場合、その前後にわたり、担当者からの口頭説明に加え、パンフレットやQ&Aを交付したり、後見人の事務の概要を説明している後見人用DVDを視聴してもらったりして、後見人の仕事の内容と責任の重さについて説明を尽くすように努めています。成年後見制度について専門的な知識のない方が適正に後見事務を行うには、正しい知識を身に付けることが何よりも重要であると考えているからです。

　このように、家庭裁判所は、後見人が知識不足のために不適切な事務に及んでしまうことがないように努めています。さらに、後見開始の審判後に、親族後見人の方に対して一定の講習の受講を義務づけている家庭裁判所もあります。これらの後見人に対する取組みは、後見人による適切な報告や、知識が不十分・不正

確なことによる不正行為等を含む後見事務の遂行にかかわる問題を予防することに役立っており、後見人の事務への不安の解消にも効果を上げているところです。

(2)　初回財産目録等の点検

　成年後見人は、就任後速やかに本人の財産の調査に着手し、1カ月以内に調査を終えて財産目録を作成する（この財産目録は、実務上「初回財産目録」などと呼ばれます）ほか、本人の生活、療養看護および財産の管理のために必要な年間収支予定を立てなければなりません。家庭裁判所は、後見開始の審判が確定すると、いつでも後見人に対し後見事務の報告、目録の提出を求め、後見の事務または本人の財産の状況を調査することができますが、後見人の就任後まず、初回財産目録等の内容を点検し、その事務が適切に行われているかどうかを監督することになります。初回財産目録や年間収支予定は、後見事務を監督する出発点となる大変重要な資料ですから、成年後見人としては期限内にこれらを作成し、家庭裁判所の求めに応じて提出する必要があります（なお、保佐人や補助人については、法律上はこれらの事務に関する定めがありませんが、財産管理について代理権を有する場合には、家庭裁判所から同様に財産目録や年間収支予定を作成・提出することを求められるのが通常です）。

(3)　定期的な後見監督の実施

　初回財産目録や年間収支予定を点検した後、家庭裁判所は、本人について後見が継続する間（本人について後見開始の審判がされてから、本人が病気などから回復し判断能力を取り戻すか、本人が亡くなるまでの間）、必要に応じて後見事務の状況を確認することにより監督を行います。確認の方法として一般的なのは、後見開始時または初回財産目録の点検時に、家庭裁判所が後見人に対して後見事務の状況の報告を求める時期を定め、その時期に後見人が自主的に事務報告書や財産目録、その裏づけとなる資料などを提出するというものです。後見人としては、家庭裁判所から求められた時期に速やかに報告ができるように、準備を整えておくことが必要です。

　専門職後見人についても、自主的な事務報告や報酬付与の申立ての際にあわせて報告される後見事務の状況を点検することにより監督を行うのが一般的です。そして、予定されていた時期に報酬付与の申立てなどがない場合には、家庭裁判所から報告を求めて、専門職後見人による事務の遅滞等が生じないような運用がされています。

(4)　後見監督の具体的な方法

　家庭裁判所は、後見人が提出した事務報告書や財産目録、その裏づけ資料等を

点検し、後見人が、本人の意思を尊重し、本人の心身の状態や生活の状況に配慮して事務を行うに際し、その裁量を大きく逸脱していないかどうかを確認しています。具体的には、後見人が選任された後、予定を立てた年間収支予定に沿って、本人の利益のために適正に後見事務が行われているかといった点を中心に、後見人等から提出された事務報告書等について点検を行っています。

　後見人は、本人の財産を管理し、かつ、その財産に関する法律行為（契約が典型例）について代理する権限を有しています。本人の意思や利益に沿って事務が行われる限り、後見人の行為には基本的に制限がなく、後見人には広い裁量が与えられています。法律上、事前に家庭裁判所の許可を得る必要があると明記されているのは、本人の居住用不動産を処分する場合および本人が死亡した後に遺体の火葬または埋葬に関する契約を締結するなどの場合だけですし、代理権が制限されるのも、監督人が選任されている場合や本人と後見人との利益が相反する行為を行う場合等に限られます。

　後見人は、職務上一般に要求される注意義務を果たしながら、本人の意思を尊重し、かつ、本人の心身の状態および生活の状況に配慮しつつ、この広範な権限を行使しなければなりません。もし、後見人が、自己または本人以外の第三者の利益を図るために本人の財産を着服するといった不正行為に及んだ場合は、民事上の損害賠償義務を負うとともに、業務上横領罪などの刑事責任を問われることがあります。

　このように後見人は、広範な権限を有しており、本人の幸せのためにさまざまなことができる一方で、本人の利益に反する行為に及んだ場合は、重い責任を負う立場にあります。保佐人や補助人については、与えられた権限の範囲によって状況は異なりますが、財産管理に関する代理権が広く付与されている場合には、後見人の場合と同様のことがいえます。つまり、後見事務を適切に行うことについて、第一次的責任を負っているのは、後見人自身なのです。

　このような後見人の立場を踏まえ、家庭裁判所は、後見人が本人の利益に反した事務を行った場合には、本人の権利・利益を守るために、監督権限を行使して躊躇することなく介入する一方で、本人の意思や利益に沿った事務が行われている限りは、細かな干渉はしませんし、むしろ、干渉するべきではないと考えられます。なぜなら、個々の事案において、何が本人の意思や利益に適うかについては、本人の身近で日々事務を行っている後見人こそが最も適切に判断できると考えられるからです。

　そのため、家庭裁判所の監督は、後見人の行う事務が裁量を大きく逸脱してい

ないかという観点から行われているのです。

　なお、後見人の事務が裁量を大きく逸脱していないかを判断する際には、国民の良識に基づく参与員の意見を聴くことが有益ですので、後見監督にも参与員が関与することがあります。

(5)　後見事務における問題を把握した場合の対応

　後見人が家庭裁判所により定められた期限までに必要な報告をしない場合や、事務報告の内容から後見人が裁量を大きく逸脱するような行為に及んだ疑いがある場合、家庭裁判所は、裁判所書記官を通じた報告の督促や是正指示、家庭裁判所調査官による調査、裁判官による審問といった手続を必要に応じて選択し、速やかに事実の調査を行います。

　裁量逸脱行為の典型例は、後見人が、自己または第三者の利益を図るため、本人の財産を着服するという不正行為です。事実の調査の結果、不正行為の兆候がうかがわれる場合には、家庭裁判所は、速やかに金融機関に口座情報を照会するなどして客観的な状況を把握し、弁護士の後見人を追加選任して財産管理権を委ねたり、後見人の職務の執行を停止するなどして、後見人の財産管理権をはく奪し、被害を最小限にとどめる措置を速やかに講じています。そのうえで、本人の財産状況や被害回復措置の必要性等の事情を考慮して、後見人を解任するなど更なる被害の拡大を防ぐために適切な措置を講じています。また、後見人の行為が業務上横領等の犯罪にあたると考える場合には、捜査機関に対して後見人を告発することもあります。後見人が調査や報告に協力しないため、不正行為があるかどうかがわからない段階でも、任務に適しない事由があるとして後見人を解任したり、別の後見人を追加選任して財産管理に関する事務を委ねたりすることもあります。

　後見人を解任された方は、二度と後見人になることはできません。また、不正行為に及んだ後見人は、民事・刑事の両面から重い責任を問われる可能性があります。そして、何よりも、後見人の不正行為が相次げば、本人の利益を保護するためのものであるべき成年後見制度に対する国民の信頼が失われてしまいます。後見人に選任された場合は、これらのことを肝に銘じて事務を行う必要がありますし、家庭裁判所としても、適切な後見人の選任や選任後の適切な指導や監督により、不正行為をできる限り防止するとともに、不正行為が判明した場合には迅速かつ厳正に対応し、被害を最小限に止めるように努めなければなりません。

　なお、本人の財産を適切に管理するための1つの選択肢として、**後見制度支援信託または後見制度支援預貯金**が利用されています。これらのしくみは、本人の

金銭のうち、日常的な支払いをするのに必要十分な金銭を預貯金等として後見人が管理し、通常使用しない金銭を信託財産または特別な預貯金として金融機関が管理するものです。信託財産または特別な預貯金を払い戻したり、解約したりする場合には、家庭裁判所が発行する指示書が必要となります（手続の詳細については、各地の家庭裁判所や裁判所のホームページで入手可能なパンフレット「成年後見制度──利用をお考えのあなたへ──」を参照してください）。

　このしくみを利用することによって、後見人は、日常的に必要な金銭のみを管理することになり、財産管理の負担が軽減されます。本人のために急に多額の金銭が必要となった場合には、家庭裁判所は、指示書を速やかに発行するように配慮しています。

　前記のとおり、家庭裁判所の監督は事後チェックが中心となるため、後見制度支援信託および後見制度支援預貯金の利用は、専門職後見人の選任と並び、後見人の不正を未然に防止し、本人の財産を適切に管理するための有効な方策として活用されています。

⑹　後見事務に関する日常的な問合せへの対応

　家庭裁判所には、必ずしも法律的な判断に関連しない事項や、後見人の裁量による判断に委ねられる性質の事務に関しても、日々問合せがあります。家庭裁判所では、これらの問合せについても、必要に応じて親身な助言・指導に努めていますが、先に説明したとおり、後見人の行為が本人の利益のために行われている限りは、基本的に後見人の裁量に委ねられるべきものですので、すべての事項について家庭裁判所が具体的な助言・指導ができるわけではありませんし、相当でもありません。

　たとえば、本人の生活環境の改善のため、費用はかかるものの設備やサービスの充実した施設を選ぶか、設備やサービスはやや劣るものの、万が一の出費に備えて費用を抑えた施設を選ぶかといった事項は、家庭裁判所が適切に判断できる性質のものではなく、後見人の裁量による判断に委ねられると回答をせざるを得ません。

　後見事務について疑問が生じた場合に、そのままにせず、家庭裁判所に相談していただくことは重要ではありますが、家庭裁判所に与えられた権限と役割に照らし、すべての疑問について具体的な回答ができるわけではないことをご理解ください。

　なお、地域において福祉関係の相談機関が存在するとともに、中核機関等が後見事務に関する日常的な相談に対応するなど、後見人に対する支援が行われてい

るところもありますので、後見人の方は、このような機関を活用することも考えられます。

(7)　付随的な事件の処理

家庭裁判所は、後見人に対する監督のほか、さまざまな付随的な事件を処理しています。ここでは、特に取扱件数の多い特別代理人の選任、居住用不動産の処分の許可、後見人に対する報酬の付与、郵便物等の回送嘱託および本人死亡後の遺体の火葬または埋葬に関する契約の締結等の許可について説明します。

(A)　特別代理人の選任

特別代理人の選任は、後見人と本人の利益が相反する行為を行う場合に必要になります。典型例は、後見人と本人が共同相続人である場合に、後見人が自分と本人の利益のために遺産分割を行うときです。

このような場合、家庭裁判所は、後見人の申立てを受けて、適切な特別代理人を選任し、本人の利益を確保する形で遺産分割が行われるようにする役割を担います。後見人は、特別代理人を選任しない限り、有効な遺産分割を行うことはできません。

なお、監督人が選任されている場合には、監督人が後見人に代わって本人の代理権等を行使することになるので、特別代理人を選任する手続は不要です。

(B)　居住用不動産の処分の許可

本人の自宅の土地建物等の居住用不動産について、売却、賃貸借、抵当権の設定または解体などの処分をすることは、本人の生活に大きな影響を与えるため、後見人が居住用不動産の処分をするには、事前に家庭裁判所の許可を得ることが必要です。

家庭裁判所は、後見人の申立てを受けて、対象となる不動産が居住用のものにあたるか、居住用不動産を処分する必要性があるか（本人の療養看護費用や生活費用の捻出のために必要か）といった点を審理したうえで、特別の必要もないのに居住用不動産が処分され、本人が生活の本拠を失うような事態が生じないようにする役割を果たします。

(C)　後見人に対する報酬の付与

後見人は、常に本人の意思を尊重し、心身の状態や生活の状況に配慮しながら、本人の財産を適切に管理し、必要な契約を結ぶという重い職務を担っています。このため、家庭裁判所の審判に基づいて、その職務内容に応じた報酬を本人の財産から受けることができます。

家庭裁判所は、後見人の申立てを受けて、本人の財産の額や内容、事務報告か

ら把握できる後見人が行った職務の内容等に応じて、適正と考えられる報酬を後見人に付与します。報酬は、個別の事案に応じて裁判官が決定するものであり、統一的な基準はありません。家庭裁判所によっては、報酬のおよその目安を示しているところもありますが、あくまで目安にすぎず、最終的には裁判官の判断に委ねられていることに注意が必要です。後見人は家庭裁判所から報酬付与の審判がされた後、認められた報酬額を本人の財産から受け取ることができます。

　なお、市区町村の中には、成年後見制度利用支援事業に基づき、本人に報酬を負担する資力がない事案について、報酬の助成を行っているところもあります（平成24年4月から、障害者に関しては必須事業とされています）。助成の手続や基準は市区町村ごとに異なるようです。助成を受けられる見込みがあるかどうかを家庭裁判所が考慮して報酬額を決定する場合もありますので、本人の資力がない事案において報酬を請求する場合には、事前に市区町村に助成の可否について問合せをすることも有益であると考えられます。

　⒟　郵便物等の回送嘱託

　家庭裁判所は、成年後見人の申立てを受けて、成年後見人がその事務を行うにあたって必要があると認めるときは、郵便物等の送達事業者に対し、6カ月を超えない期間内で、本人にあてた郵便物等を成年後見人に配達（回送）すべき旨を嘱託することができます。

　以前は成年後見人が本人あての郵便物の回送を受けられず、同居の親族以外の成年後見人は本人の財産状況を把握することが難しかったため、平成28年にこの制度が設けられました。なお、対象は後見類型のみとなっていることに注意が必要です。

　⒠　本人死亡後の遺体の火葬または埋葬に関する契約の締結等の許可

　本人の死亡後、本人の相続人が相続財産を管理することができるに至るまで、成年後見人は、①相続財産に属する特定の財産の保存に必要な行為、②相続財産に属する債務（弁済期が到来しているものに限ります）の弁済、③遺体の火葬または埋葬に関する契約の締結その他相続財産の保存に必要な行為（①②を除きます）をすることができます。ただし、いずれも本人の相続人が反対している場合はできませんし、後見類型のみが対象の制度となります。

　また、成年後見人が③遺体の火葬または埋葬に関する契約の締結や相続財産全体の保存に必要な行為（具体的には、本人が住んでいた居室の電気・ガス・水道の供給契約の解約や、債務を弁済するための預貯金の払戻しなどがあげられます）をするためには、家庭裁判所による許可が必要です。

5　任意後見制度における家庭裁判所の役割

　任意後見制度は、本人があらかじめ任意後見受任者との間で結んだ任意後見契約に従って、本人の判断能力が不十分な状況になったときに、任意後見受任者が任意後見人となって本人を援助する制度です。

　任意後見契約が登記されている場合において、精神上の障害により本人の判断能力が不十分な状況にあるときは、家庭裁判所は、本人やその親族または任意後見受任者の請求により、任意後見受任者に欠格事由や不適格事由がないことを確認したうえで、適切な任意後見監督人を選任します。任意後見監督人の選任によりはじめて任意後見契約の効力が発生し、任意後見受任者は、任意後見人として、契約の内容に従って事務を行います。

　任意後見監督人を選任した後、任意後見人の事務の監督は任意後見監督人が行い、家庭裁判所が任意後見人を直接監督することはありません。この点は、たとえ監督人が選任された場合であっても、家庭裁判所が後見人を直接に監督する法定後見の場合とは異なります。

　家庭裁判所は、任意後見監督人に対し、任意後見人の事務に関する報告を求めたり、任意後見人の事務や本人の財産状況の調査を命じたりすることによって、任意後見人を間接的に監督することになります。そして、任意後見人に不正な行為がある場合は、任意後見監督人や本人の請求により任意後見人を解任することができますが、法定後見の場合とは違って、職権により解任することはできません。

　このように、家庭裁判所の監督が間接的なものとされているのは、任意後見受任者やその事務内容等を決めるのは本人自身であり、家庭裁判所が職権で後見人を選任する法定後見とは異なっているためです。任意後見契約が締結される際には、本人は十分な判断能力を有していることが前提となっているため、法定後見の場合よりも本人の自己決定権が尊重されるのです。

　もっとも、任意後見監督人の選任が請求される事案の中には、推定相続人の一部が判断能力の不十分な本人を利用して、自分に有利な財産管理をしようとしていることが疑われるものもあります。このような事案では、任意後見受任者に不適切な点がないかを十分に吟味するとともに、適切な任意後見監督人を選任・監督することにより、任意後見人が本人の利益のために事務を行うように注意しなければなりません。そのため、家庭裁判所は、任意後見受任者に使い込み等の不

適切な点があれば、任意後見契約を発効させないために任意後見監督人選任の申立てを却下したり、独立性の高い第三者を任意後見監督人に選任するなどして、本人の利益が害されないように努めています。

第6章

Ⅳ　市民後見人の育成・活用

　近時、第三者の後見人として、専門職以外の第三者である市民後見人の活用状況について関心が高まっています。全国の家庭裁判所における市民後見人の選任件数は、平成23年が92件であったのが平成30年は320件であり年々増加しています。

　具体的な選任形態は、各地域においてさまざまなバリエーションがあり、各地での実情をみると、①当初から市民後見人を選任するスタイル、②市民後見人と専門職などが複数で後見人に選任されるスタイル、③市民後見人に社会福祉協議会等が後見監督人として選任されるスタイル、④当初は専門職が後見人を務めていて、本人の生活が安定した後に市民後見人に引き継ぐスタイルなどがあり、そのほかにも、社会福祉協議会やNPO法人が後見人に選任され、そのスタッフとして養成された市民が事務を遂行するスタイルなどがあります。

　市民後見人の育成・活用については、老人福祉法等において、市区町村長による後見開始等の申立ての円滑な実施に資するよう、後見事務を適正に行うことができる人材（いわゆる市民後見人）の育成および活用を図るため、研修の実施、候補者の家庭裁判所への推薦その他の必要な措置を講ずることが市区町村の努力義務とされています。都道府県は、これらの措置の実施に関し、助言等の援助を行うように努めなければならないとされています。

　また、成年後見制度利用促進法では、市民の中から後見人の候補者を育成し、その活用を図ることを通じて、後見人となる人材を十分に確保すること等により、地域における需要に的確に対応することを旨として、成年後見制度の利用促進を図るものとされています。さらにこれを受けた成年後見制度利用促進基本計画では、各地域で市民後見人の積極的な活用が可能となるよう、市区町村・都道府県と地域連携ネットワークが連携しながら取り組むことにより、より育成・活用が進むことが考えられると指摘されています。

　今後、成年後見制度の利用増加が確実に見込まれる中で、適切な後見人の担い手が増えること、とりわけ、近年増加を続けている市区町村長による申立事案においては、必ずしも財産が多い方ばかりではない事案もあり、後見人を選任する際の選択肢が増えることは、家庭裁判所が本人の利益保護のために最も適切な後見人を選任するうえで望ましいことであると考えられます。

　家庭裁判所は、市民を後見人に選任するだけでなく、地方自治体等による研修等に職員を講師やオブザーバーとして派遣したり、市民後見人の選任イメージや支援態勢の整備について、地方自治体等と協議を行うなどして、司法機関としての中立性に反さず、かつ、本来的な業務の支障とならない範囲で、市民後見人の育成や活動の促進に積極的に協力しています。

　もちろん、こうした研修等を通じて育成された市民後見人であっても、実際に後見事務にあたる際には、研修で学んだ知識だけでは対応が困難なさまざまな問題に直面し、悩む場面もあると思います。育成された市民後見人に後見事務を的確に遂行してもらうためには、地域連携ネットワークや地方自治体等による適切な支援のシステムの構築が必要であり、育成からその後の支援に至るまで一貫した体制が整備されることにより、家庭裁判所も安心してこのような市民後見人を活用することができるようになると思われます。

　なお、すでにある程度市民後見人の養成が進み、選任実績がある市区町村においては、中核機関等において、市民後見人の活動を支援する態勢を確立する取組みが進められており、家庭裁判所にとっても、安心して市民後見人を選任できる環境が整備されています。今後、このような取組みが各地域でさらに広まり、市民後見人の育成・活用が進むように、家庭裁判所としても、地方自治体等と連携を図り、協力していきたいと考えています。

第6章

第6章

Ⅴ　他機関との役割分担

　以上のとおり、成年後見制度において、家庭裁判所は、申立てを検討している人への手続案内、後見開始の申立てがあった後の判断と最適な後見人の選任、選任から後見等の終了に至るまでの後見人に対する監督等、不可欠かつ重要な役割を果たしています。高齢社会の進展により、成年後見関係事件の増加が見込まれる中で、家庭裁判所の役割はますます高まると考えられます。国民の家庭裁判所に対する期待も一層高まっていくと考えられますので、家庭裁判所としても、このような国民の期待に応えることができるよう、あくまで本人の権利擁護を優先しつつ、利用者の利便性にも配慮しながら、運用上の工夫を積み重ねていかなければなりません。

　もっとも、当然のことではありますが、成年後見制度は、家庭裁判所のみによって支えることのできるものではありません。

　たとえば、成年後見制度を利用するには家庭裁判所への申立てが必要ですが、制度を必要とする人に広く利用してもらうためには、制度の周知や申立ての支援、財政上の援助が不可欠です。また、全国どの地域においても必要な人が成年後見制度を利用することができるよう、権利擁護支援の地域連携ネットワークを構築し、中核機関を整備するとともに、後見人等の担い手を育成していく必要もあります。これらに関しては、申立費用や報酬の助成を含む成年後見制度利用支援事業を実施する市区町村、同事業の支援や周知に取り組む厚生労働省、制度を所管する法務省、身寄りのない高齢者・知的障害者・精神障害者等に代わって申立てをする市区町村長、制度に関する相談に応じ、申立ての支援に取り組む地域包括支援センターや社会福祉協議会、専門職団体等が重要な役割を果たします。

　また、家庭裁判所が本人の判断能力を的確かつ迅速に判断するためには、医師によって正確でわかりやすい診断書が作成され、鑑定を行うときには、鑑定を引き受けていただくとともに、なるべく速やかに鑑定書が提出されることが必要となりますが、これらについては専門医やその所属団体の協力が欠かせません。

　さらに、家庭裁判所が本人のために最適な後見人を選任するためには、担い手の充実により選択肢が広がることが大切です。この点に関しては、中核機関による後見人候補者の推薦（受任調整）が非常に重要であり、かつ、弁護士会、リーガルサポート、社会福祉士会などの専門職団体、社会福祉協議会や各種法人の協

力が不可欠です。地方自治体や社会福祉協議会による市民後見人の育成も、地域
に密着したきめ細かな後見事務を行う受け手の育成手段として期待されています。

　さらに、専門職以外の後見人等が円滑に事務を行うには、家庭裁判所による監
督のほかに、後見事務に関する疑問を抱いたときに気軽に相談できる場が身近に
あることが望ましいと考えられます。この点に関しては、中核機関による後見人
への相談対応等の継続的な支援や、地域連携ネットワークでのチームによる見守
りが重要であり、このような支援が受けられる体制が早期に整備されることが期
待されます。

　このように、成年後見制度は、関係する機関が適切に役割分担をしつつ、緊密
に連携しながら社会全体で支えていく制度であるといえます。そして、これらの
機関による連携が有効に機能するためには、地域社会ひいては国民一人ひとりの
制度に対する理解や協力が不可欠です。家庭裁判所は、与えられた役割を全力で
果たしながら、他の機関や国民の皆さんとともに、制度を支え続けていきます。

（第6章　小田　誉太郎、太田　章子）

第6章

第3版あとがき

　市民後見人の育成については、これまでは先進的な市町村が取り組んできたという感じが否めませんでした。また、最高裁判所事務総局家庭局が毎年公表している「成年後見関係事件の概況」において、成年後見人等の選任数のデータとして「市民後見人」という言葉が初めて登場したのは平成23年でしたが、その後の選任数の伸びは鈍いものがありました。

　しかし、平成28年5月に「成年後見制度の利用の促進に関する法律」が施行されてから、全国各地における成年後見制度に関する取組みは、明らかに進み始めています。そして、国の成年後見制度利用促進基本計画では、市民後見人については、その育成だけでなく、地域連携ネットワークの中でその活用・支援体制も含めて取り組むことが求められています。地域福祉における社会資源として、市民後見人に対する期待はますます高まっていくとともに、市民後見人となられた方々が安心して活動できる環境が構築されていくものと思います。

　支援を必要としているご本人には、表情を失っている方々もいます。後見人として活動していく中で、ご本人の表情に変化が生まれ、そこに笑顔を発見したとき、私たち自身も笑顔になります。市民後見人の皆様には、市民後見人としての特性を活かしご本人に寄り添い、多くの笑顔をつくっていただくことを期待します。

　本書は、市民後見人育成のためのテキストとして、専門職後見人として豊富な実務経験を蓄積してきた本法人が総力をあげて編集したものであり、実際に市民後見人としての活動を始めた方々にも座右の書として活用していただいております。そして、市民後見人の皆さまとともに、本書もまた成長を続けていかなければならないと考えております。

　編集に際しては、各界の第一線でご活躍され、これまで私たちに多くの知識や助言をくださった方々に多大なお力添えをいただきました。今回第3版の改訂にあたっても、お忙しい中、重ねてご協力を賜りました関係機関の皆さま並びに執筆者の皆さまに深く御礼申し上げます。

公益社団法人成年後見センター・リーガルサポート出版委員会委員長　山竹　葉子

事項索引

〔編者所在地〕

公益社団法人　成年後見センター・リーガルサポート

〒160-0003　新宿区四谷本塩町 4 番地37　司法書士会館

電話　03-3359-0541

http://www.legal-support.or.jp/

市民後見人養成講座　第 2 巻〔第 3 版〕
**　市民後見人の基礎知識**

令和 2 年 7 月15日　第 1 刷発行

令和 5 年10月 6 日　第 2 刷発行

定価　本体2,700円＋税

編　　　者　公益社団法人　成年後見センター・リーガルサポート
発　　　行　株式会社　民事法研究会
印　　　刷　文唱堂印刷株式会社

発 行 所　株式会社　民事法研究会
　　　　　〒150-0013　東京都渋谷区恵比寿3-7-16
　　　　　　　　〔営業〕TEL 03(5798)7257　FAX 03(5798)7258
　　　　　　　　〔編集〕TEL 03(5798)7277　FAX 03(5798)7278
　　　　　http://www.minjiho.com/　　info@minjiho.com

落丁・乱丁はおとりかえします。ISBN978-4-86556-364-1 C2036 ￥2700E
カバーデザイン・関野美香